東莞歷代著作叢書

莞城圖書館 編

粵東名儒言行録

〔清〕鄧淳 編

香權根 整理

齊魯書社

圖書在版編目（CIP）數據

粵東名儒言行録 / (清) 鄧淳編；香權根整理. --
濟南：齊魯書社, 2021.12
（東莞歷代著作叢書）
ISBN 978-7-5333-4516-7

Ⅰ. ①粵… Ⅱ. ①鄧… ②香… Ⅲ. ①儒學－文集
Ⅳ. ①B222.05-53

中國版本圖書館CIP數據核字(2021)第257990號

責任編輯：劉　强　　責任校對：王其寶　趙自環
版式設計：郭　覲　　封面設計：亓旭欣

粵東名儒言行録
YUEDONG MINGRU YANXING LU
（清）鄧淳 編　香權根 整理

主管單位　山東出版傳媒股份有限公司
出版發行　齊魯書社
社　　址　濟南市英雄山路189號
郵　　編　250002
網　　址　www.qlss.com.cn
電子郵箱　qilupress@126.com
營銷中心　（0531）82098521　82098519　82098517
印　　刷　東莞市本色印刷有限公司
開　　本　880mm × 1230mm　1/32
印　　張　13.5
插　　頁　4
字　　數　370千
版　　次　2021年12月第1版
印　　次　2021年12月第1次印刷
標準書號　ISBN 978-7-5333-4516-7
定　　價　99.00圓

《東莞歷代著作叢書》

爲東莞市文化精品專項資金扶持項目

《東莞歷代著作叢書》
編委會

總序

東莞，晉咸和六年（三三一）立縣，唐至德二載（七五七）縣城遷於到涌（今莞城），於今有一千六百八十年了。在這悠久的歷史中，東莞的先賢創造了光輝燦爛的文化，也創作了汗牛充棟的典籍。經千百年滄桑變幻，可惜傳於今者不多。據清末探花陳伯陶編的《東莞縣志·藝文略》所載，至清同治間，莞人著作有八百八十九種，二萬八千四百三十三卷，經調查，現存九十九種，六百二十六卷。同治至民國末，近九十年，約得典籍百種。合之前遺，約爲雙百之數。這是東莞歷代著作的家底。

莞城，一千多年來，都是東莞的政治、經濟、文化中心，衆多的先賢和文化名人都或多或少地與這方土地發生關係。多少歷史上精彩的故事，也都發生在這裏。因此，我們組織編輯這套叢書，既是責任和使命所在，也有編輯搜集資料的種種便利。

我們編印《東莞歷代著作叢書》的目的有二。

第一，把鄉邦文獻搶救，保存，布刊。鄉邦文獻，是一地的文化的重要標志，是研究一地的重要素材。時至今日，現存的東莞鄉邦文獻，已懸命於絲。搶救，保存，布刊東莞鄉邦文獻，祇有我們東莞人自己動手。現在搶救，保存，布刊東莞鄉邦文獻，已經遲了，如果再不動手，他日就索枯魚於肆了，我們怎對得住先賢？對後世又怎樣交代？第二，古爲今用。東莞歷代著作蘊藏着閃光的道德精神，精湛的藝術技巧。發潛德之幽光，對今人的道德教育，提供今人的藝術借鑒，東莞歷代著作有重要的價值。

編輯《東莞歷代著作叢書》，是我們的嘗試；發揮東莞歷代著作的作用，是我們的願望。我們相信，我們的嘗試是成功的，我們的願望是能實現的。

二〇一一年五月

總目録

前言

香權根

一

《粤東名儒言行録》二十四卷，清鄧淳編。

鄧淳（一七七六—一八五〇），字粹如，號樸庵，東莞茶山（今東莞茶山鎮）人。鄧淳生於官宦之家，長於書香門第。五代科甲，父大林，乾隆二十六年（一七六一）進士，官至禮部郎中，前母林蘭雪，乾隆時侍讀學士林蒲封之女，工詩。可這樣的家世，没給鄧淳帶來金錢及政治的資本，他於嘉慶二年（一七九七）成庠生，後没獲功名，以布衣終生。但良好的家庭教育，却讓他得到很好的文化與道德修養，養成慷慨大度之性格，樂善好施、愛憎分明的處世之風，以及好讀書、愛藏書之志趣，成爲博學、方正之人。由此，他深受兩廣總督阮元器重，成爲阮元編《廣東通志》的得力助手，又爲粤督盧坤所賞識，被聘主龍溪書院（院在今東莞石龍鎮）。

於鄧淳身上，更爲可貴的是他的民族氣節與愛國熱情。在國家與民衆受侵害之際，他挺身而出，竭盡其能。在鴉片戰争時，他曾作《羊城有感》三首，其一云：

經年鍛甲總徒勞，豕突狼奔擾海濤。聖主求賢頒鳳詔，疆臣籌餉竭民膏。誰能出席擒張格（原注：張格爾除夕夜被擒），我欲中宵破智高。夜夜凴欄看太白，撚鬚雖老氣猶豪。

同仇敵愾之感，戰鬥不息之心，流露詞表。他不僅凴詩寄志，還以實際行動來實踐他捍衛家國、驅除洋虜之願。道光十九年（一八三九），林則徐來粤嚴禁鴉片，與英侵略軍戰，他條陳善後十策。道光二十一年（一八四一）一月，他見英人義律等囂塵極甚，公然將寫有『爾總督琦善，將香港地方讓給英國，存有文具，是居香港者，爲英國子民，事須禀英官治理』的告示貼於街頭，即具詞呈粤督琦善，謂『僞示横悖已甚，宜加痛剿』。五月，英軍攻廣州，他屢集粤紳，一面操辦團練，嚴加防守，保衛桑梓，儼然一果决干練的軍事指揮家；一面又發揮其文人本色，以筆爲刀刃，爲槍炮，作英國强占香港後我國第一篇反抗英國侵略的檄文，即《聯懇嚴行剿辦英夷呈文》，懇請當國者嚴剿强横：

英夷逞逆，爲情理所難容，而將弁被戕，實人神所共憤。既造鴉片，久毒害夫人民；復縱狼貪，遽潜圖夫島岸。（略）不獨包藏禍心，抑顯著惡狀。即定海已作前車之鑒，則香港當爲先事之防。盈天之地，莫非版章所存；一丸之泥，難等珠崖之弃。倘或聚徒蟻穴，窺近虎門，將水陸大費張羅，斯省會豈能安枕？切膚之痛，振臂而呼。淳等素習遺經，稍知大義，懷隱憂而莫釋，篤桑梓以彌殷。白叟黄童，群思敵愾；耕氓販豎，共切同仇。仰唯憲臺大人，爲國宣猷，爲民除害。佇望陳師鞠旅，彰天伐之明威；禁暴鋤强，順輿情以撻伐[一]。

鴉片戰争事定之後，鄧淳移居東莞莞城，編書著文，不再外出。道光三十年（一八五〇），他在貧病中離世，年七十五。

鄧淳一生著述宏富。他以他的博識與辛勤，爲後人留下寶貴的文化遺産：《嶺南叢述》六十卷，舉凡有關廣東的天文、地理、物産、風俗、人物、古迹，以及文學藝術、科技、少數民族等，俱詳細記載，稱得上是道光年間廣東的百科全書，是研究廣東歷史的必備的資料；《寶安詩正》六十卷，保存了鄉邦文獻，東莞歷代詩人之遺篇逸句賴以流傳。兩書，是我們認識、研究廣東歷史可依賴的文獻。

此外，還有《粤東名儒言行録》。

二

研究廣東理學史的，案頭當不會缺《粤東名儒言行録》。它輯録了東漢光武至清乾隆『以講學爲主』[二]的廣東名儒共八十人的言行。故一編在握，則廣東千數年的理學發源、傳承及發展，一目瞭然。憑借它，知東漢光武帝時的陳元在『舊爲荒徼，是時奸宄攘奪，俗悍而鄙陋』[三]的嶺南篳路藍縷、開創發軔，以經學振起一時，乃嶺南儒學之宗師。憑借它，知明代粵東儒學大興，江門陳白沙上承宋儒理學，下啓明代心學，其『江門學派』，極一時之盛，讓嶺南文化在全國發生影響。憑借它，知廣東傳王陽明心學，乃由南海梁焯、揭陽薛侃始[四]。

如是看來，資料齊備，可稱是《粵東名儒言行録》的最佳處之一。

廣而言之，從全書看，應大致不誤；就個體觀之，從每個名儒來説，尤謂貼切。書中諸儒之下，有『紀傳』『紀言』『紀事』『紀論』諸目。其凡例有云：『儒者之學，主於躬行，故參考諸家紀傳以先之。次則略載其生平議論，蓋有德者必有言也。至傳不能悉載其軼事，則復次之以紀事。人品高下，必須名人評論，以爲折衷，故終之以紀論。』即除了輯録諸傳述其行迹外，還録其逸事，精選他的一些精彩言論以及他人的評論，讓其學術、事功、文章盡顯，讓後人從更多的渠道對他們有更全面、更深入的瞭解。其中大家如記江門陳獻章，專辟一卷，有『紀傳』一篇，『紀言』三十三則，『紀事』八例，『紀論』十二條；小家如東莞鍾景星，有『紀傳』一篇，『紀言』四則，『紀事』二例，『紀論』三條。資料所及，相當廣泛。

當然，像陳獻章這樣的名家，《粵東名儒言行録》所載，或者略嫌不足供研究者所用，可是像東莞林烈，〔康熙〕《東莞縣志》雖稱他爲『邑之理學名臣』，可僅載其傳一篇四百字及編者評論若干[五]、言論著述二則[六]，而《粵東名儒言行録》所録則頗豐，它收傳一篇外，尚有『紀事』一例千餘言，『紀言』十一則、『紀論』二條。如此，則《粵東名儒言行録》資料之詳，可見一斑。

即使是人物的紀傳，《粵東名儒言行録》也是綜合衆家記述，精心編撰而成。如唐曲江劉軻，其事迹、著作散見於《唐摭言》卷十一、《唐詩紀事》卷四十六、《郡齋讀書志》卷五、《直齋書録解題》卷四及卷七等，《粵東名儒言行録》就以黄佐《廣東通志》爲根本，參《唐摭言》《唐詩紀事》《郡齋讀書志》《直齋書録解題》諸書而成劉軻一傳。

正是《粵東名儒言行録》在正史、地方志的基礎上再集墓志、筆記等衆家之説而成人物傳，故它較正史、地方志所載更詳細具體。試比較《宋史》《粵東名儒言行録》崔與之傳：

尋特授廣西提點刑獄，遍歷所部，至浮海巡朱崖，秋毫無擾州縣，而停車裁决，獎廉劾貪，風采凛然。（略）

揚州兵久不練，分强勇、鎮淮兩軍，月以三、八日習馬射，令所部兵皆仿行之。

（《宋史》卷四〇六[七]）

尋特授廣西提點刑獄，遍所部廣右境之荒漠四州，又越海外昔日軺車所不到。與之歷巡之，朝嵐晝暑，星行露宿，衝險弗顧，自春徂冬，往返數千里，形容凋瘁，鬢毛悉斑焉。浮海巡朱崖，秋毫無擾州縣，而停車裁决，獎廉劾貪，風采凛然。（略）

揚州兵久不練，乃分等教閲。弩手以材力高强而善射者爲上，挽踏施放合格者爲中，餘爲下；槍手以身材及等仗而有膂力者爲上，雖不及等仗而少壯善擊刺者爲中，餘爲下；騎兵則以人騎輕捷、武技精熟爲高下。先布陣勢，縱横來往，用草棒相擊以習刀法，或用包頭氈槍，馳逐格刺以習槍法，然後大走馬圍射，用拒馬圍隔射垜至四十步，施放三箭，來往四遭，精熟又加步數，五日一演習之，月中比較，加賞罰，久之，上等出，則中等爲上，下等爲中。戰則上等居前鋒，中等佐之；守則上等當衝要，中等助之，下等供戰守雜役。分强勇、鎮淮兩軍，月以三、八日習馬射。諸屯軍馬，歲例九月後三、八日壓馬出城三十里回，習爲文具，始創簽牌，分寫八卦，如探得『乾』字，則令旗頭搴乾卦旗出北門，將卒視所向以往，遇岡坡溝澗徑前，不令迂繞取道，使人馬相得，遇險不懾，緩急可恃爲用。令所部兵皆仿行之。

（《粵東名儒言行録》卷三《崔與之》）

很明顯，因體例的原因，《宋史》求存其實，故枝蔓削盡，用語簡練；而《粵東名儒言行録》則是在引録《宋史》時又糅合了梁异所撰《墓志》。當中加着重號的語句爲《宋史》所無，它們翔實地描述了崔與之體訪民情、練兵布陣之況，突顯了崔與之忠於職守，勤勞實干，愛國愛民的偉大人格，以及其傑出的軍事才能。

另，《宋史》《明史》諸正史，記人物任官，多不載具体時間，如《宋史》崔與之傳稱『金南遷於汴，朝議疑其進迫，特授直寶謨閣、權發遣揚州事、主管淮東安撫司公事』[八]，不及確切時間，而《粵東名儒言行録》卷三《崔與之》稱是『嘉定七年』。又《明史》卷一九〇梁儲傳稱：『弘治四年，進侍講。改洗馬，侍武宗於東宫。册封安南，却其饋。久之，擢翰林學士。』[九]

一般的讀者讀之，或會誤『侍武宗於東宮』『册封安南』亦是『弘治四年』，即使不誤，也不知爲何時之事，而《粤東名儒言行録》卷八《梁儲》作『弘治四年，進侍講，改洗馬。五年壬子，主考順天。九年，侍武宗於東宮。十一年戊午，兼翰林院侍講，主考應天。是年冬，充正使，册封安南，却其饋。久之，擢翰林學士。』非常明晰。

如此，讀者要瞭解甚至要研究崔與之、梁儲，要爲他們編年譜，若擺在他面前的是《宋史》《明史》《粤東名儒言行録》，那他會選擇什麽呢？答案是不言而喻的。

又譬如，明東莞祁敕，〔崇禎〕〔康熙〕《東莞縣志》有傳，均稱『會有詔燒造郊壇瓷磚，以愆期逮獄，謫婺川典史』〔一〇〕，『愆期』二字，在《粤東名儒言行録》卷十三《祁敕》則有具體的内容，乃『限無過七十日。或獻計，謂以土坯而飾以瓷，庶可速成。惟允曰：「是欺君也。」俾工匠如法爲之』。至於《粤東名儒言行録》於『紀事』内記祁敕民望很高，爲『都民呼爲「祁佛爺」』，『饒人歌之曰：「有影黄堂月，無痕碧水秋。」至有私祠於家者』，更爲各種《東莞縣志》所不載。而這些，實有裨益於讀者。

『人品高下，必須名人評論，以爲折衷，故終之以紀論。』《粤東名儒言行録》之《凡例》如是説。觀其『紀論』，同樣搜録了豐富的材料以饗讀者。這些名人評論，往往一語中的，實是對其品格的評判。從中，讀者自可得悉諸儒對後世之影響，甚至可從中獲知編中『紀傳』『紀事』『紀言』未及之情事。如卷五《陳獻章》『紀論』録林光一語道：『人有言先生面有七黑子，予具書辯之曰：「吾事夫子最久，何眼拙之未見耶？」』實向我們反映了這樣一條信息：當時陳獻章聲譽極高，人們以『面有七黑子』這樣奇特的外形來神化陳獻章的才華，而林光却想要用他的親見證明陳獻章的學術造詣乃其後天奮鬥的結果。

又如明正德年間的名臣梁儲，直言敢諫，不畏權勢，剛正不阿，有匡弼之功，但因生活在君主昏庸、權宦囂甚、政局混亂的時代，所以他的所爲，不管是生前還是身後，毁譽兼之。爲正視聽，爲揚正氣，《粤東名儒言行録》特引四人之論以辯誣，其中引霍韜之言曰：

公立朝四十年，多自蔽掩，無所誇其功，故人不得知。聞謗不辯，謗言日積，居之恬然。施德於人不責報，人賴公德以自庇覆，反操戈向公，公亦不較。海内後進不面公，徒聞謗公云云，亦相附和毁公，故世罕知公者。宸濠未反時，多内交士。夫凡所饋，皆有籍記。濠誅後，閲饋籍，惟厚齋梁公、晋溪王公無受饋迹。公自入仕至歸老，負郭不增寸土。廣郡沈同知尚經曰：『順德、南海、番禺，梁厚翁無百畝田焉。所有者，香山浮坦，從化賊巢瘦瘠不食之土耳。』世人恒以辭受之濫疵公者，故著此俟篤論君子察焉。厚齋於人，凡所饋，未嘗却去，隨計其直酬之。歸老日，家無餘財。嘗見一匠人何，云：公歸閭日，議建祠妥其先，計工匠之直，曰需八金，匠何六往，曰未有以給也，盍少需八往，不能營給，祠竟不克建。公在位日，王御史溱請典刑公田，給事中賦請没公之貲，代天下輸租之半，劉瑾矯詔抄公之家，公在南京，皆不動色。上御極，言官聯疏劾公假宸濠衛兵，是曰『故縱反』者，請詔召置獄正其罪，如陸尚書完云。公不辯，惟曰：『余祇致仕去已矣，勿論宸濠衛兵事由也。』人曰：『是公大罪案，何勿論矣不辯？』劾者猶不已。久之，知與宸濠衛兵非公也，實石齋楊公當制。正德九年三月十五日也。舊例，凡閣下當制，擬旨人親署銜著筆迹焉，故不得誣移之他。君子曰：『是時也，淺夫處焉，未有不悻然且辯，返其罪於楊也已。』公惟引罪，連三疏乞致仕，無片言自辯。公去位後，大臣被劾，無不辯者，然後知公之大也，難能也已，足法也已。

（《粤東名儒言行録》卷八《梁儲》）

像林光，是陳獻章的門生；霍韜，是梁儲的同僚。他們所説的内容，可信度極高，却不見於史、志諸傳，《粤東名儒言行録》爲我們提供了如此寶貴的材料。

所以説，要研究粤東的名儒，《粤東名儒言行録》當爲不二之選。

此外，《粤東名儒言行録》『紀言』保存了粤東名儒的部分文章學説，當中有我們用以校勘、輯佚古籍的依據。如東莞祁敕、林烈，分别有集《棠野稿》《青山紀聞》一卷，其學術文章，當見於該集，可今都已佚，幸《粤東名儒言行録》卷十三録祁敕學説十二則、卷十八録林烈學説十一則。這些文字，正可謂『其資後人之論定處在此，其爲後人所取法處亦在此』〔一二〕，雖吉光片羽，也彌足珍貴。另，像《粤東名儒言行録》卷十三録東莞鍾景星詩四首、卷二十二録東莞劉鴻漸《格物要序》及《蘭軒示諸生》兩文，又分别見於《東莞詩録》卷十，〔康熙〕〔嘉慶〕《東莞縣志·藝文志》。如若校勘《東莞詩録》《東莞縣志》，它們可做他校之本。

觀全編，《粤東名儒言行録》也有不足之處。其『紀傳』部分，由於往往糅合數家文章而成一有僅列其事，而其事是鄧淳轉引抑或自撰，又讓讀者難以判辨。儒何書何文，『紀論』往往衹稱『某人曰』，其出處未及注明。這是不便於讀者使用的。『紀事』更可又因參《忠介集》《理學備考》，其行文又偶然稱『公』，頗不協調。其『紀言』多不載出自該篇，所以傳主的稱呼有前後不一的情況，卷二十《海瑞》，是依《明史》本傳，故全傳當稱『瑞』，

三

《粤東名儒言行録》，筆者目力所及，僅一版本，據扉頁左下刻『道光辛卯六月刻成』，『養拙山房藏版』，知是鄧淳的家刻本，成於道光十一年（一八三一），今據之謄正、標點。文長者分段，當中的明顯誤字如巳、已、己等徑改本字，其俗體字、古今字甚至避清帝諱字，一律改爲規範字或本字。對少數民族之稱謂有不敬者，如『猺』，實是對瑶族先民之辱稱，均改現行之字。其他如『夷』等稱呼，固有其時代局限，當予理解，但不代表我們認同其稱呼。對原書體例，稍作改動：原正文無題，以諸儒之姓名擬；原題下之小字注，則一律改爲尾注，移置正文後。當中原文有誤而能考證者，予改正，加注以按語指出。

最後，深心感謝業師楊寶霖先生的熱情指導。筆者學淺才疏，錯誤之處必然不少，敬祈方家垂教。

【注】

〔一〕轉引自楊寶霖《〈嶺南叢述〉和它的作者鄧淳》，《自力齋文史農史論文選集》，廣東高等教育出版社，一九九三年。

〔二〕《粤東名儒言行録·凡例》。

〔三〕《粤東名儒言行録》卷一《陳元》『紀論』引戴璟《廣東通志》。

〔四〕《粤東名儒言行録》卷十三《梁焯》。

〔五〕〔康熙〕《東莞縣志》卷一二《人物·理學》林烈傳。

〔六〕〔康熙〕《東莞縣志》卷一三《藝文》。

〔七〕《宋史》卷四〇六崔與之傳，中華書局，一九七七年，一二二五八—一二二五九頁。

〔八〕《宋史》卷四〇六崔與之傳，中華書局，一九七七年，一二二五八頁。

〔九〕《明史》卷一九〇梁儲傳，中華書局，一九七四年，五〇四〇頁。

〔一〇〕〔崇禎〕《東莞縣志》卷五《人物傳·清正》祁敕傳，〔康熙〕《東莞縣志》卷一二《人物·郡守》祁敕傳。

〔一一〕《粤東名儒言行録·凡例》。

粵東名儒言行録

序

陳繼昌

昔予高祖文恭公爲躬修淑世之學，於前哲之言與事，往往編録校定。或愷惻指其深心用意所在，以覺當日昏惑之錮習，至諸説紛馳，參差不齊之故，則姑以俟异時之自悟，而先集其所優，從而表揚之。自歷官於外，迄夫陳臬開府，無一人不欲使納於善類之中。其所刊布之籍，如《養正》《訓俗》《從政》各遺規，及《在官法戒録》、吕新吾《呻吟語》節録、高紫超《小學纂注》等是也。

道光庚寅，予游東粤，忝爲越華山長，所以教士者，未嘗不思以先公之意行之，兢兢然，惟恐其失墜也。適東官鄧徵君樸庵有《粤東名儒言行録》之輯，欲鋟諸木而俾予序其首。予觀其自漢至國朝，凡砥行勵志，實用及人之賢，罔不搜羅散逸，其事其言，或他人評論，一一采而列之而已，不參以辨别同异，去彼取此之見，誠以諸賢之學，是非純駁，讀其言行，當自得之。前人已論之詳而説之盡。虚心精察，勿入主出奴，勿隨衆附和，從容玩索，久之自豁然於心目之間。於是茹其醇，弃其疵，揚其善，捨其駁，無非有益於吾身，而毅然以前賢爲法。是樸庵輯書之旨，欲人人同歸於善，不溺於污濁，與先公先後本一揆也。

予側聞樸庵學承家訓，識力兼長，所纂《嶺南叢述》足備東粵掌故。今□刊行，復繼事兹役，其留心鄉國名賢，以爲振興士氣之資，視掌故不尤重歟？且樸庵尚有《家範》一書，徵引亦備，將續此開雕以範族，而樸庵心術之正更於焉可見。予因序樸庵是編，不禁緬維先文恭公當時東粤範世之盛事，而怦怦難去諸懷也。

道光庚寅元月桂林陳繼昌拜撰

自序

鄧淳

昔之儒者，闇修一室，研窮夫天人性命之旨，馳騖乎道德仁義之途，懷文抱質，探委窮源，靡不騰茂當時，垂訓後世。然原其初，不過躬行實踐，自盡吾所賦於天之理，與吾所力乎人之學，深造而自得焉。斯已矣，固不蘄乎人之知也。而後之人撫其遺編，流連慨慕，從數百年之後而追述數百年之前，竊不禁考其微言，標其奥旨，且述其生平行事，以志嚮往之私焉。

吾粤地位南離，漢唐以來，文明漸啓，歷宋迄明，而愈光其中。循博約之教者有其人，厭糟粕而談性命者亦復不鮮，濟濟彬彬，猗歟盛矣。慨自朱、陸分壇，薛、王各袒其徒，攻訐不已，是己非人，黨同伐异。而考其實，則有鄉黨自好之所不爲，恬然不識其身之無狀而妄肆譏彈者，由其未嘗誦《詩》讀《書》，知人論世，無怪乎其道聽途説，而以《北山》爲臣父之證，《小弁》爲小人之詩也。

夫見仁見知，體道雖殊，而各道其胸中之所得，其爲修身、齊家、陶世、淑人則一。學者果能識其格致同功，知行并懋，真參實踐者何如人；獨見性真，超超玄妙者何如人；文章經述，抑狂中禮者何如人；規圓矩方，鼓狷近道者何如人；取其長而遺其短，法其實而弃其虚，由是履德蹈仁，盡性至命，尚何至徇於詞章功利，鹵莽滅裂，沉溺而不返耶？『三人行，必有我師焉。』亦在乎學人善於抉擇而已。予不自揣，僭加搜括，共得八十人，題曰《粤東名儒言行録》，典型具在，寤寐羹墻，是有望於吾粤之有志向上者，抑不獨有望於吾粤已也。

道光庚寅元月東莞鄧淳撰

目録

卷四

元

卷五

明

卷六

卷七

卷八

卷九

卷二十三

國朝

卷二十四

凡例

一、是書采録諸儒，以講學爲主，蓋學術明而事功文章由此出。若徒有事功文章，雖已昭彰史册，未敢采入以混體例。

一、儒者之學，主於躬行，故參考諸家紀傳以先之。次則略載其生平議論，蓋有德者必有言也。至傳不能悉載其軼事，則復次之以紀事。人品高下，必須名人評論，以爲折衷，故終之以紀論。

一、學問之道，以各人自用得着者爲真，凡倚傍門户，依樣葫蘆者，非流俗之士，則經生之業。此編所列紀言，有一偏之見，有相反之論，學者於其不同處，正宜著眼理會，雖爲狂爲狷，或純或駁，所造不同，均屬本來面目，不必爲前輩諱，其資後人之論定處在此，其爲後人所取法處亦在此。

一、講學最忌門户之見，循循於子臣弟友之常，用功於格致慎獨之要，便是聖賢種子，故是録不敢别其源流支派以滋聚訟。

一、學術异同，自宋已然，明代猶甚，然學術雖有醇疵之殊，而其品地之高，自有不可没者，故凡屬講學之列，不敢過爲刻核，至取長弃短，學者自能抉擇。

一、人往風微，見聞有限，凡諸儒文集已無從遍覽，諸家之評論更艱搜羅，尚容陸續訪求，以昭慎重。

徵引書目

後漢書
宋史
明史
明一統志
明朝典彙
獻徵録
殿學記
琬琰録〔一〕
羅浮山志會編
西樵游覽志
粤大記
嶺海名勝記
明史竊
廣東戴志
廣東黄志
廣東郭志
廣東金志
廣東郝志
廣東阮志
廣州府志
肇慶府志
南海志

番禺志
東莞志
新會志
封川志
揭陽志
潮陽志
江西通志
福建通志
京學志
江寧志
百越先賢志
廣州人物傳
白沙弟子傳
理學名臣録
學統
理學宗傳
明儒學案

洛閩源流録
理學備考
道學録
廣州鄉賢傳
儒林録
端溪書院志
尊聞録
粤中見聞
北堂書抄
唐摭言
太平御覽
困學紀聞
貴耳録
郡齋讀書志
書録解題
月山叢談
象山學辨

皇極管窺
正學記
青山紀聞
學蔀通辨
證學編
儼山外集
日知録
經義考
同然録
正學續
五山志林
學古録
韓昌黎集
宋景文集
崔清獻言行録
文溪存稿
文文山集

琴軒集〔三〕
瓊臺會稿
白沙集
羅一峰集
章楓山集
東井集
莊定山集
甘泉集
林南川集
虚齋集
霍渭厓集
西樵遺稿
天山草堂存稿
倫迂岡集
弼唐遺言
葉石洞集
王中秘集

青蘿集　論存笥稿
莊渠遺書　蘭軒文集
泰泉集　蓼園文集
瑶石山人稿　南澗文集
瞿昆湖集　鴻桷堂文集
琭玉齋稿　唐詩紀事
葉龍潭文集　宋詩紀事
備忘集　明詩綜

【注】

〔一〕權根按：『琬琰録』，原作『琬掞記』，误。詳卷五《陈獻章》注〔一〕。

〔二〕權根按：『琴軒集』，原作『琴川集』，誤。詳卷四《李春叟》注〔三〕。

卷一

漢

陳元

陳元，字長孫，蒼梧廣信人也〔一〕。其父欽，習《左氏春秋》，曾事黎陽賈護，與劉歆同時而別自名家。元少傳父業，爲之詁訓，鋭精覃思，至不與鄉里通。以父任爲郎。

建武初，元與桓譚、杜林、鄭興俱爲學者所宗。時議欲立《左氏傳》博士，范升奏以爲《左氏》淺末，不宜立。元聞之，乃詣闕上疏，曰：

陛下撥亂反正，文武并用，深愍經藝謬雜，真僞錯亂，每臨朝日，輒延群臣講論聖道，知丘明至賢，親受孔子，而《公羊》《穀梁》傳聞於後世，故詔立《左氏》，使詢可否，示不專己，盡之群下也。今論者沉溺所習，玩守舊聞，固執虛言傳受之辭，以非親見實事之道。《左氏》孤學少與〔二〕，遂爲异家之所覆冒。夫至音不合衆聽，故伯牙絶弦；至寶不同衆好，故卞和泣血。仲尼聖德，而不容於世，况於竹帛餘文，其爲雷同者所排，固其宜也。非陛下至明，孰能察之！

臣元竊見博士范升等所議奏《左氏春秋》不可立，及太史公違戾凡四十五事。案，升等所言，前後相違，皆斷截小文，媟黷微辭，以年數小差，掇爲巨謬，遺脱纖微，指爲大尤。抉瑕擿釁，掩其弘美，所謂『小辯破言，小言破道』者也。

升等又曰先帝不以《左氏》爲經，故不置博士，後主所宜因襲。臣愚以爲若先帝所行而後主必行者，則盤庚不當遷於殷，周公不當營洛邑，陛下不當都山東也。往者，孝武皇帝好《公羊》，衛太子好《穀梁》，有詔詔太子受《公羊》，不得受《穀梁》。孝宣皇帝在人間時，聞衛太子好《穀梁》，於是獨學之。及即位，爲石渠論而《穀梁氏》興，至今與《公羊》并存。此先帝、後帝各有所立，不必其相因也。孔子曰：『純，儉，吾從衆。』至於拜下，則違之。夫明者獨見，不惑於朱紫；聽者獨聞，不謬於清濁。故離朱不爲巧眩移目，師曠不爲新聲易耳。方今干戈少弭，戎事略戢，留思聖藝，眷顧儒雅，采孔子下拜之義，卒淵聖獨見之旨，分明黑白，建立《左氏》，解釋先聖之積結，洮汰學者之累惑，使基業垂於萬世，後進無復狐疑，則天下幸甚。

臣元愚鄙，嘗傳師言。如得以褐衣召見，俯伏庭下，誦孔氏之正道，理丘明之宿冤，若辭不合經，事不稽古，退就重誅，雖死之日，生之年也。

書奏，下其議。范升復與元相辯難，凡十餘上。帝卒立《左氏》學，太常選博士四人，元爲第一。帝以元新忿争，乃用其次司隸從事李封，於是諸儒以《左氏》之立，論議讙嘩，自公卿以下，數廷争之。會封病卒，《左氏》復廢。元以才名高著名，辟司空李通府。時大司農江馮上言，宜令司隸校尉督察三公。事下三府。元上疏曰：

臣聞師臣者帝，賓臣者霸。故武王以太公爲師，齊桓以夷吾爲仲父。孔子曰：『百官總己，聽於冢宰。』近則高帝優相國之禮，太宗假宰輔之權。及亡新王莽，遭漢中衰，專操國柄，以偷天下，况己自喻，不信群臣。奪公輔之任，損宰相之威，以刺舉爲明，徼訐爲直。至乃陪僕告其君長，子弟變其父兄，罔密法峻，大臣無所措手足。然不能禁董忠之謀，身爲世戮。故人君患在自驕，不患驕臣；失在自任，不在任人。是以文王有日昃之勞，周公執吐握之恭，不聞其崇刺舉，務督察也。方今四方尚擾，天下未一，百姓觀聽，咸張耳目。陛下宜修文武之聖典，襲祖宗之遺德，勞心下士，屈節待賢，誠不宜使有司察公輔之名。

帝從之，宣下其議。李通罷，元後復辟司徒歐陽歙府，數陳當世便事、郊廟之禮，帝不能用。以病去。年老，卒於家。

子堅卿，有文章。

（《後漢書》本傳）

【注】

〔一〕原注：『今隸封川。』

〔二〕原注：『「與」，猶「黨」也。』

紀　論

戴璟《通志》曰：嶺南舊爲荒徼，是時奸宄攘奪，俗悍而鄙陋，文學儒行，則未之前聞。陳元獨能以經學振起一時，誠嶺南之儒宗也。故廣州刺史王僧孺謂嶺表多賢，自陳元諸公倡之也。

《封川志》曰：元立朝持論侃侃，至不用，托疾謝去，又非委曲從俗，苟求富貴者比也。

董正

董正，字伯和，番禺人。少有令姿，耽意術籍，年十五通《毛詩》、三《禮》、《春秋》。賦性高潔，貧寒不戚，志在規俗，孑立躬耕以供父母衣食，暇即講詩書，陳禮法，遠近多從之游。鄉閭或少爲不善，必相戒曰：『吾伯和得無入於耳否？』有不平者，多詣正直之。隱士南陽車遂聞正令名，不遠千里，徑來投正。正與同志，恩如兄弟。數年中，遂得病，正爲傾家救恤。病篤，正呼遂字曰：『德陽君〔二〕，更有以見囑否？』遂瞪目視曰：『以死累君。』言訖而絶。正爲停柩於堂，殮殯之禮一視兄弟之喪，躬送喪於南陽而返。遂以學行知名。部府以其有用世才，常詣其廬疇咨理道。

靈帝熹平末，張角、袁術起難，天下大亂。正每仰觀天象，知漢曆之不長，輒掩涕太息。或勸使出仕，歎曰：『潛龍以不見爲德，君子以藏寶自完。吾惟俟時，何乃相迫耶？』南海太守舉孝廉，力辭，以單步遁入陵山，遣家屬還府舉板，數被徵命，皆不就。粵産數多奇瑰之貨，番禺爲都會，商賈湊集，貿遷易以致富，加以夷僚叢集，習尚輕悍，鬥争射利，未嘗知學，感正清白，偷俗自爾日變。獻帝建安中，正卒，葬番禺之東，衆爲刻碑表，曰『有漢徵士董君之墓』，過者必式。晉哀帝隆和中，南海太守袁宏追慕其風采，乃訪求世俗條列行誼聞於

朝，有詔旌表門閭，墓禁樵牧。（戴璟《通志》，參《太平御覽》《明一統志》《百越先賢志》）

【注】

〔一〕原注：『《百越先賢志》作「南陽君」。』

紀事

《北堂書抄》曰：時州治蒼梧郡張使君舉正，三辟不就。後更辟書，正難重違州意，從詣州，使君聞已在途，命書佐賫別駕從事假正，正慚俯就，復上傳送本郡。

紀論

黄佐曰：君子守道，非以自善也，蓋將以爲天下用也。然必用捨之極定於中，乃可以用於天下而無憾。故時當可用，彈冠而往，非通也；苟非其時，雖鑿坏以遁，非固也。東漢之季，社君昏椓，紀綱陵遲，從以鴟張鯨突之盜，競排其鼎，可謂大厦將騫，風雨萃之。黨錮諸賢，禍烈焚如，而尚可以仕乎？儉德辟難，兹其時也。董正養真衡宇，泥視軒冕，嘉遁之貞，百世所師。嗚呼！遐裔而有斯人，殆豪傑特起者哉。

唐

趙德

趙德，海陽人，大曆十三年戊午進士。元和間，韓愈刺潮，置鄉校，延德攝海陽尉，爲衙推官，勾當州學事。稱德沉雅專静，頗通經，有文章，能知先王之道，論説且排异端，宗孔氏，可以爲師。及愈改袁州，欲携與俱，謝弗往。愈高其操，賦詩爲别，有『婆娑海水南，簸弄明月珠』之句，又以平生所作文授之。德讀而序之曰：『昌黎公，聖人之徒歟。其文高出，與古人之遺文不相上下。所履之道，則堯、舜、禹、湯、文、武、周、孔、孟軻、楊雄〔一〕所授受之實也。即其所言，則其中有定見是非，已不謬於聖人然。』

德崛起於盛唐，文章氣節，卓有植立，爲潮學宗，固非待昌黎興起者。學者稱爲天水先生。後世思其德，配祀昌黎云。

（韓昌黎《請置鄉校牒》，參戴璟《通志》、黄佐《通志》）

【注】

〔一〕權根按：『楊雄』，當作『揚雄』。揚雄，字子雲，西漢蜀人。《漢书》卷八十七有傳。下同，不出按語。

紀　論

昌黎《別趙德》詩曰：我還於揭陽，君先揭陽居。揭陽去京華，其里萬有餘。不謂小郭中，有子可與娱。心平而行高，兩通詩與書。婆娑海水南，簸弄明月珠。及我還宜春，意欲携以俱。擺頭笑且言，我豈不足歟。又奚爲於北，往來以紛如。海中諸山中，幽子頗不無。相期風濤觀，已久不可渝。又嘗疑龍蝦，果誰雄牙鬚。蚌蠃魚鱉蟲，瞿瞿以徂徂。識一已忘十，大同細自殊。欲一窮究之，時歲屢謝除。今子南且北，豈非亦有圖。人心未嘗同，不可一理區。宜各從所務，未用相賢愚。

卷二

區冊

區冊，南海人，系出區治子之後，著於長沙，以南爲名族。冊喜讀書循理，操持雅飭，人樂從之游。家徒四壁立，縹緗盈其門，挾卷呻吟，無少倦時，下筆爲詞章，千百言滚滚不休。自郡守以下，皆重其文采。貞元十九年，監察御史韓愈貶陽山令，冊冒險往陽山師愈，愈亟加稱許，及冊歸省，親送之以序，其見重於愈者如此。

（戴璟《通志》，參《廣州人物傳》）

紀論

韓昌黎《送區冊歸南海序》曰：陽山，天下之窮處也。陸有丘陵之險，虎豹之虞。江流悍急，横波之石，廉利侔劍戟，舟上下失勢，破碎淪溺者，往往有之。縣郭無居民，官無丞尉，夾江荒茅篁竹之間，小吏十餘家，皆鳥言夷面。始至，言語不通，畫地爲字，然後可告以出租賦，奉期約。是以賓客游從之士，無所爲而至。愈待罪於斯，且半歲矣。有區生者，誓言相好，自南海挐舟而來，升自賓階，儀觀甚偉，坐與之語，文義卓然。莊周云：『逃空虚者，聞人足音[一]，跫然而喜矣！』况於斯人者，豈易得哉！入吾室，聞詩書仁義之説，欣然喜，若有志於其間也。與之翳嘉林，坐石磯，投竿而漁，陶然以樂，遺外聲利，而不厭乎貧賤也。歲之初吉，歸拜其親，酒壺既傾，序以志别。

【注】

〔一〕權根按：『足音』之『音』，原奪，據《韓昌黎文集校注》（上海古籍出版社《中國古典文學叢書》本）卷四《送區册序》補。

黄佐曰：夫顏淵得孔子而名益著，樂正子獲教於孟子而造詣乎善，信之。域孟軻之没，道幾磨滅。其有明之者，漢得一人焉，曰董仲舒；唐得一人焉，韓愈。雖或未醇，亦可謂千一之儒矣。愈來莅南，册從之游，特立興起，知所向慕賢矣哉。名垂不朽，宜也。

郭棐曰：夫樂正子獲教於孟子而其學進，侯芭見知於楊子[二]而其名傳。昌黎韓子之賢，上接孟、揚之統，而區册能從之游，其行粹然一出於正，亦可謂賢矣。其樂正子、侯芭之流歟？

【注】

〔一〕權根按：『楊子』，當作『揚子』，指揚雄。侯芭見知於揚雄事，詳中華書局點校本《漢書》卷八十七揚雄傳。

劉軻

劉軻，字希仁，本沛上耕人，代業儒。天寶末，流離於邊，徙貫南鄙，至曲江，家焉。軻慕孟子爲人，故以爲名。少爲僧，止於豫章高安之南果園。軻童年嗜學，群書靡不閱覽。貞元間，扶風馬植見其文，歎曰：『韓愈流亞也。』軻歷數歲，自洙泗渡淮，達於江，過洞庭、三苗，逾郴而南，涉湞江，浮滄溟，抵羅浮，始得師於壽春楊生。楊生以傳《書》爲道者也。始則三代，聖王死，而其道盡流於《春秋》。《春秋》之道，每問一卷，講一經，説一傳，疑周公、孔子、左丘明、公羊高、穀梁赤在回環在座，以假生之口，以達其心也。元和初，又抵於匡廬。匡廬有隱士茅君，腹笥古今史，且能言其工拙贅蠹，經語之文，聖人之語，歷歷如指掌。軻又從而明之，隱於匡廬山，躬耕自給。嘗夢一書生訴殯僧舍，旅魂不安，乞爲遷葬，訪得其櫬窆之。及還武溪，夢書生來謝，持三雞子俾食之，自後文學日進。韓愈南還，過韶州，聞軻言，欲記其事，不果。軻上京師，白樂天以書介紹於所知者，若庾補闕、杜拾遺、元員外、牛侍御、蕭正字、楊主簿兄弟，謂其開卷慕孟子爲人，所著《翼孟》三卷，於聖人之旨、作者之風，往往而得。馬植薦於朝，稱其文章與韓、柳齊名。元和末進士，貢舉試《玉聲如樂》詩，遂登第。文宗朝，弘文館學士，累遷侍御史，出爲洛州刺史。卒於官。

軻所爲文精邃，追迹古人，閉户著書，有《三傳指要》十五卷，又有《漢書右史》十卷，《黄中通理》三卷，《翼孟》三卷，《隋鑒》一卷，《三禪五革》一卷，《十三代名臣議》十卷，《豢龍子》十卷，《帝王曆數歌》一篇，《唐年曆》一卷，《帝王鏡略》一卷，《牛羊日曆》一卷記牛僧孺、楊虞卿事。

（黄佐《通志》，參《唐摭言》《唐詩紀事》《郡齋讀書志》《書録解題》《經義考》）

紀　言

《與馬植書》曰：始存之不以予古拙，不責予以今人之態，能遺其鉛黄外飾，直索予心於古人之心，在今之行古者然。雖無以應君子，幸存之不友予以面。予何人，敢不以心友於存之耶！且古人相知在此。今愚忌存之固有未予知者，矧與相面者，其能异於行路之人哉？固無也。有恨群居時，口未能言及此，還罷又不相處。雖素尚蓄積，竟未得露一毫於方寸之地。每一相見，何嘗不嗛嗛於内，若飲者實滿於腹，思一吐而未果者。存之謂予是言似乎哉？以爲似，則予不得不吐於存之矣。

先此二十年，予方去兒童心，將事四方志，若學山者以一簣不止，望嶔崟於上，誓不以丘陵其心而畫乎中道也。志且未決，適遭天譴，重罹凶咎，日月之下，獨有形影。存之以予此時宜如何心哉？苟將盡餘息以鴻同大化。或有論予者，相曉以古道，且曰：『若身未立於時，若名未揚於人，若且死，獨不畏聖人之經戒，俾立身揚名之意邪？』蹶然而恐，震駭且久，曰：『微夫子，吾幾得罪於聖人矣。』噫！聖人之言天戒也，天戒何可違乎！

歷數歲，自洙泗渡於淮，達於江，過洞庭、三苗，逾郴而南，涉湞江，浮滄溟，抵羅浮，始得師於壽春楊生。楊生以傳《書》爲道者也。始則三代，聖王死，而其道盡流於《春秋》。《春秋》之道，某以不下牀求之，求之必謀吾所傳不失其旨。每問一卷，講一經，説一傳，疑周公、孔子、左丘明、公羊高、穀梁赤若回環在座，以假生之口，以達其心也。邇來數年，精歷刻竭，希金口木舌，將以卒其業。然未能無愧於古人，然於聖人之道，無不孜孜也。既而曰：『以是爲駕説之儒，曷若爲行道之儒耶？』貯之於心有經實，施之於事有古道，猶不愈於堆案滿架，矻矻於筆硯間邪？徒念既往者未及孔門之宫牆，自謂與回、牛相上下。傳經意者，家家自以爲商、偃；執史筆者，人人自以爲遷、固。此愚所以憤悱，思欲以聖人之爲市南宜僚，以解其紛，以衡石輕重，俾將來者知聖代有譙周焉。此某所以蓄其心者。

元和初，方下羅浮，越梅嶺，泛贛江，浮彭蠡，又抵於匡廬。匡廬有隱士茅君，腹笥古今史，且能言其工拙贅矗，語經之文、聖人之語，歷歷如指掌。予又從而明之者，若出井置之於泰山之上，其爲見非不宏矣。長恨司馬子長謂挈諸聖賢者，豈不然乎哉？脱漸子長之言，予之厄窮其身，將淬磨其心，亦天也。是天有意，我獨無恙，何也？夫然，亦何必瞽吾目然後《國語》，刖吾足然後《兵法》，抵宫刑然後《史記》邪？予是以自忘其愚瞽，故有《三傳指要》十五卷，《漢書右史》十卷，《黄中通理》三卷，《翼孟》三卷，《隋鑒》一卷，《三禪五革》一卷。每撰一書，何嘗不覃精潛思，綿絡指統？或有鼓吹於大君之前曰：『真良史矣。』且曰：『上古之人，不能昭明矣。』某其如何，有知予者，相期不啻於今人，存之信然乎哉？此古人所以許一死以謝知己，誠難事也。如不難，亦何爲必以古人期於今人待耶！

又自《史記》、班《漢》以來，秉史筆者，予盡知其人矣。言東漢，有若陳宗、尹敏、伏無忌、邊韶、崔實、馬日磾、蔡邕、盧植、司馬彪、華嶠、范煜、袁宏；言《國志》，有若衛顗、繆襲、應璩、王沈、傅元、茅曜、薛瑩、華覆、陳壽；言晉洛京史，有若陸機、束皙、王銓、銓子隱；言江左史，有若鄧粲、孫盛、王昭之、檀道鸞、何法盛、臧榮緒；言宋史，有若何承天、裴松之、蘇寶圭、沈約、裴子野；言齊史，有若江文通、吴均；言梁史，有若周興嗣、鮑行卿、何之元、劉璠；言陳史，有若顧野王、傅宰、陸瓊、姚察、察子思廉；言十六國史，有若崔鴻；言魏史，有若鄧淵、崔浩、浩弟覽、高允、張偉、劉横、李彪、邢巒、温子昇、魏收；言北齊史，有若祖孝徵、陸元規、湯休之、杜臺卿、崔子發、李德林、林子百藥；言後周史，有若柳虬、牛宏、令狐德棻、岑文本；言《隋書》，有若王師邵、王胄、顔師古、孔穎達、于志寧、李延壽；言皇家受命，有若温大雅、魏鄭公、房梁公、長孫趙公、許敬宗、劉允之、楊仁卿、顧允、牛鳳及劉子玄、朱敬則、徐堅、吴兢。次而修者亦近在耳目。於戲！自東觀至武德以來，其間作者遺草未有行於時，及修撰未既者，如聞并藏於史閣，固非外學者可得究諸。

予雖無聞良史，至於實録品藻，增損詳略，亦各有新意，豈無班、馬之文質，董、史之遺直者耶！蓋有之矣，我未之見也。常欲以《春秋》條貫，删補冗闕，掇拾衆美，成一家之盡善。有若采葑菲者無以下體，衣狐裘者無以羔袖。言不多乎哉？以爲多，則存之視予力志何如耳。昔阮嗣宗嗜酒，當時以爲步兵校尉，雖非其任，貴且快意。今予之嗜書，有甚於嗣宗之嗜酒，且虚其腹，若待哺而實者，存之宜如何處予哉？《傳》不云乎，『心志既通，名譽不聞』，其足下何遺耶？此存之所宜動心也。脱禄不及厚孤弱，名不及善知友。匡廬之下，猶有田一成，耕牛兩具，僮僕爲相，雜書萬卷，亦足以養高頤神。誠知非丈夫矣所立，固不失谷口鄭子真耳。敢布諸足下共圖之。某再拜。

《重與陸賓虞書》曰：別韶卿已逾時，雖游處宴賞不接，然予心未嘗一日去韶卿也。且京洛相去八百里，足以絶韶卿車轍馬迹。矧又自洛南而東，涉淮浮江，沿洄數千里，安得不悒悒西望邪？比予在輦下五六年，始不知韶卿。及知韶卿，兩心始親，而形骸已相遠。苟未能忘情，忍不酸鼻出涕，爲吾友之思邪？前陸掾來，得韶卿書，知韶卿欲屈道以從人，求京兆解送。知韶卿道在與否，固不在首解於京兆也。愚嘗謂與游者道，韶卿膚未雞，髮未鶴，然其心甚老。脱一旦脅肩低眉，與諸子争甲乙於縣官，豈愚所謂甚老者邪？韶卿曾不是思也。愚所謂首出者，謂四科首顔、閔，三十世家首太伯，七十列傳首伯夷，其爲首出，豈不多耶？韶卿不首於是，而欲首於何哉？僕又聞京兆等試，試官知與否，脱有知韶卿令聞，烏有不心躬默禮，虚冠冕以待之耶？夫然，亦何害？小伸於知己耳。不然，則東國絀臣，西山餓夫，微仲尼，何傷爲展季、伯夷矣？韶卿獨不見既得者耶？豈盡爲顔子、太伯、伯夷然？幸韶卿熟思之，無以予不食太牢爲不知味者也。前月中兩寄狀，計必有一達者。過重陽，當決策東去。計韶卿無以予身遠而不予思也。勉矣自愛，策名春官，後當會我於真山。

《三傳指要序》曰：先儒以《春秋》之有三傳，若天之有三光。然則《春秋》蓋聖人之文乎？聖人之文天也。天其少變乎？故《詩》有變風，《易》有變體，《春秋》有變例。變之爲義也，非介然温習之所至，賾乎其粹者也。軻嘗病先儒各固所習，互相矛盾，學者準裁無所。豈先聖後經以闢後生者邪，抑守文持論敗潰失據者之過邪？次又病今之學者，涉流而迷源，捨經以習傳，摭直言而不知其所以言。此所謂去經緯而從組繢者矣。既傳生於經，亦所以緯於經也。三家者，蓋同門而异户，庸得不要其終以會其歸乎！愚誠顓蒙，敢會三家必當之言，列於經下，撰成十五卷，目之曰《三傳指要》。冀始涉者開卷，有以見聖賢之心焉。俾《左氏》富而不誣，《公羊》裁而不俗，《穀梁》清而不短。幸是，非殆乎息矣，庶儒道君子有以相期於孔氏之門。

宋

馮元

馮元，字道宗，南海人。高祖禧，唐末官廣州，以術數事劉氏。傳三世至父邴，廣南平，入朝爲保章正。元幼從崔頤正、孫奭爲五經大義，與樂安孫質、吴陸參、譙夏侯圭善，群居講學，或達旦不寢，號『四友』。大中祥符元年進士中第，授江陰尉。時詔流内銓取明經者補學官，元自薦通五經。諫議大夫謝泌笑曰：『古治一經，或至皓首。子尚少，能盡通耶？』對曰：『達者一以貫之。』更問疑義，辨析無滯。補國子監直講書，遷大理評事，擢崇文院檢討兼國子監直講。王旦聞其名，嘗令説《論語》《老子》，群子弟侍聽，因薦之。真宗試進士殿中，召元講《易》。元進説曰：『地天爲「泰」，以天地之氣交也。君道至尊，臣道至卑，惟上下相與，則可以輔相天地，裁成萬物。』帝悦，賜五品服。遷太子中允、直龍圖閣，詔預内朝。直龍圖閣預内朝自此始。

天禧初，數與查道、李虚己、李行簡入講《易》於宣和門北閣，盡上下經。帝稱元誦説通而不泥，言外自有餘趣，非專門一經士也。俄改之品服，以諫議大夫假節使契丹，還，遷太常丞兼判禮院、吏部南曹。皇子爲壽春郡王，王旦又薦元宜講經資善堂。帝以元少，更用崔遵度。遵度卒，擢左正言〔二〕兼太子右諭德，代其任，它職如故。數獻歌頌，兩宫褒禮，賜予甚渥。

仁宗即位，遷户部員外郎，爲直學士兼侍講。與孫奭以經術并進講論，自是仁宗益向學。歷會靈觀副使、知通進銀臺司兼門下封駁事。天聖元年，判登聞檢院。明年，同判國子監。故事，國子監多宿儒典領，後頗用公卿子弟，任均管庫。及奭、元并進，士議悦服。三年，改禮部郎中。五年，同知貢舉，進龍圖閣學士，預修《三朝正史》。十一月，燎祭南郊，爲鹵簿使。七年，爲翰林學士。凡三禁職，皆天下選，而元兼有，士林榮之。判都省三班院，改吏部郎中。八年，以國書成，進諫議大夫，充史館修撰。九年，判吏部流内銓兼群牧使。明道元年十月，享宗廟，又爲鹵簿使，四遷給事中。明年耕籍田使任。

明道元年，當監護宸妃葬事。及帝親政，追册宸妃爲莊懿皇后，改葬永定陵。既發壙而流泉沮洳，言者以監護不職，罷翰林學士，知河陽。王曾爲言：『元東朝舊臣，不宜以細故弃外。』上悟，即召爲翰林侍講學士，遷禮部侍郎，知審官院，復判禮院、國子監。上《金華五箴》，賜書褒答。修《景祐廣樂記》，書成，遷户部侍郎。四年春，足疾氣愕，屬李淑、宋祁爲銘志。四月卒，年六十三。賜賻錢三千萬，絹百匹，贈本部尚書，謚章靖。

元性簡厚，不治聲名，非慶吊未嘗過謁二府。終日無戲言惰色，晝治官事，夜還讀書，褻御亦簡其面。執親喪，自括髮至祥練，皆案禮變服，不爲世俗齋薦，祭日，與門生誦説《孝經》而已。多識古今臺閣品式之事，尤精《易》。初，七歲，方讀《易》，每夜夢异人，以紺蓮華與元吞之，且曰：『善讀此，必貴顯。』元且老，率三日一誦《易》。初，善音者取上黨黍縱累爲因，裁十二律以獻，遂改大樂鐘石以合其私，後有建言其非者，上遣中人就舍問之，元即擿班固《律曆志》[二]、唐令兩説付中人，因對古者横黍度寸，今以縱亂横其法非是。明日召見邇英閣，上謂曰：『向考正大樂，患其寢高而急，今也下而緩，二者不得其中，失在律，卿言是矣。』因出横黍新尺示群臣，比縱尺差二寸一分而弱，以較衡斗，皆不讐。微元言，莫能正其謬也。嘗預注《真宗集》，同修《鹵簿記》，校《後漢志》《孟子》及《律義疏》，又明楊雄方部學，欲爲諸首作章句，并分撰《宋朝會要》，皆未成書。家人攟其遺文數百篇，詩百餘章，宋祁稱其清致平粹，類其爲人，今不傳。無子，以兄之子謜爲後，蔭授衛尉寺丞。孫二

人，將作監主簿。（《宋史》，參黄佐《通志》、《廣州人物志》）

【注】

〔一〕權根按：『左正言』，原作『右正言』，據中華書局點校本《宋史》卷二九四馮元傳改。

〔二〕權根按：『班固《律曆志》』之『班固』，原筆誤作『班用』，據中華書局點校本《漢書》卷二一改。

紀　論

節録宋祁撰《行狀》曰：『嗚呼！公有王佐之材，不自顯，雖持囊珥筆，在省户，爲名命，訓辭所出，裁十二三。使公當其時，稍自崖异，不難於進，且次入衡弼，不爲婆娑連蹇如今章章矣。雖然，命有屈於公，公無不歉於道，使素慨清埃，奮厲無窮，薄夫敦，夸夫懼。』言元恬退可法也。

黄佐曰：古者教太子之方，邪匿不接於耳目，非禮不近乎動履，所誦必法言，所親必正人，夫然後德器成，而宗社有所賴也。真宗雖未得爲賢君，然其教太子也，幾於古矣。宋以仁厚立國，至仁宗培而豐之，四十餘年隆平之治，卓邁今古，抑孰知其自資善堂而肇邪？夫養成君德以運諸事業，馮元之功於是爲大。何者？玄雲釀雨，驅雷雹而潤群物，雖曰大造之仁，然謂非雲雷之功不可也。宋祁以賈誼、董仲舒擬之，愚謂元之所得，爲視二子者益多矣。

（戴璟《通志》）

黄執矩

黄執矩，字才用，高要人〔一〕。質樸有古風，早厭科舉之文，慕濂洛之學，常從胡寅、張栻游，講明正道，參訂《中庸》《大學》之義以訓後進。在南軒門，嘗問：『喜怒哀樂之未發，謂之中？』答曰：『凡涉於思，皆已發也。未發之中，豈容安排量度？』『伊川與吕叔論《中庸》，最宜詳味，如問致堂「質諸鬼神而無疑」。鬼神如何可質？』答曰：『知鬼神之情狀，則可見有質之之理。』又問：『國家興亡，何以見乎蓍龜，動乎四體？』答曰：『通天下一氣，故如此。如石勒耳鳴皆成笙簫聲，隋煬帝晚年夜常恐懼不眠之類。』初調封川尉，轉新興丞。以俸資嫁侄女，鄉人稱其義焉，祀鄉賢祠。

【注】

〔一〕原注：『今隸高明。』

梁觀國

梁觀國，字賓卿，廣州人也〔一〕。志行淳懿，未嘗逾矩矱。嘗再薦於鄉，不第。退取經書，熟復誦之，歎曰：『聖賢垂教，乃使人嘩於口吻，誕於紙筆，小而干澤，大而迷國，此荆舒用以盲瞶天下者，可守而不變哉？』乃取所作科舉文畀諸火，以自治身心爲工夫，一言一動，必求與古人合。病聖道不明，由异端害之，乃力排佛老，窮其指歸，日以讀書談道爲樂，尤疾憸邪，而重忠義。每朝廷貶謫正人至廣，必求見焉。紹興中，漳浦高登忤秦檜，謫容州，觀國與之善。登以觀國所著文達於侍制胡寅。寅評其文，謂豪勁該辨不苟作，因與觀國定交，與之論人物古今，皆出寅意表，寅輒稱而揚之。時寅亦謫新州故也。後觀國卒，寅志其墓，且銘之曰：『卓哉梁生，生在遐域。無師可親，采諸方策。得匪朋來，問而知與。』又曰：『大布之衣，藜羹糗饟。其中沛然，孰爲卿相？』

觀國有持操，不爲世俗所移。蘇軾父子以文名天下，學者家傳人誦，獨觀國謂其雜以禪學，飾以縱横，非有道者之言。游其門者，稱爲歸正先生。其遺文有《歸正集》二十卷；《議蘇文》五卷，駁其羽翼异端者；編《喪禮》五卷，革用道釋者；《壺教》十五卷，付其女弟，爲師訓閭巷童女以守禮法。凡師事觀國者，喪葬不用緇黄，一時風俗，賴之一變。其所遺

書，真德秀、王應麟輩皆稱之。（戴璟《通志》，參《廣州人物傳》《困學紀聞》）

【注】

〔一〕原注：『黄、郭二《志》作「南海人」。』

紀論

黄佐贊曰：佛氏之爲中國禍也，憯矣。有識者至比之美色淫聲然。蓋其幽談廣論，雖高明之資，猶溺也。有一焉溺乎其學，則天下從而靡矣。何者？君子固天下之所視，以爲趨向者也。有宋佛氏之盛，子朱子以爲之倡諸蘇氏，又嘗論其文字多用佛老，所以鬧熱，蓋確論也。觀國之見，固子朱子之見也。是時蘇學盛行，人方歆其高曠，而忘其駁，觀國乃能持正而攻之，可謂卓識，矧以匹夫而化鄉人，信賢矣哉。故嘗謂人心無古今，苟有所得，則與聖賢一。惟其與聖賢一也，後乎開闢而未嘗今，前乎開闢而未嘗古。

翟傑

翟傑，東莞人，登宋紹興五年進士，詔就職，以親老辭。家居，敦孝友，勤孝道，以體認天理爲宗。聞龜山倡道東南，心欲就正，念百齡老父，未敢遠離，乃致書羅仲素，質疑考訂，恍然有得。後仲素爲博羅主簿，親往討論，由是神定氣和，識與不識，皆推爲有道君子。淳熙七年，親喪畢，任化州司户，均田賦，集流亡，勤教導，數載間，政通化洽。民建祠以祀之。乞休歸，構桂華書院，集四方英傑，相與講學窮經，振興絶業，邑人士皆知向學焉。（東莞舊《志》）

紀事

梁該撰《行狀》曰：先生澄心入道，嘗端居一室，察喜怒哀樂未發之前，反觀内證，恍見太極之淵涵、天機之渾穆，自是心常澄澈，無冒非幾。

陳紀曰：紹興十六年，桂華書院落成，當道、縉紳咸酌酒爲先生慶，由是藏修有所，廪餼有常。先生暇日説史談經，鼇文講藝，娓娓不倦。學者請以師禮見，先生謝而不居，而多士樂其體貌之寬，皆得從容卒業。當靖康之季，學校荒蕪，人材散失，先生獨能講學崇文，型方訓俗，其功豈不偉歟？

紀論

王問曰：寶安鄉賢，黄、邵開其先。及宋以來，彬彬蔚起，跨越前代，而巋然傑出，學正行純，當以樸菴翟先生爲最。先生托處邑城，當道造廬優禮，每過必式其存也，特建桂華坊以示寵。既歿，邑人士欣慕風徽，崇祀鄉賢祠。邑令陳公琦又於澤宮之地，再創思賢祠以尊之。祠成，議以陳謨、陳慥參列左右。厥後，祁方伯謁祠，有『風月同清白，山川共久長』之咏。

簡克己

簡克己，南海人。少習舉業，已而厭之，歎曰：『言行未寡，尤悔遽投牒事干禄，豈古人意哉？』遠游湖湘，師事張栻數年，講性理之學，以真知實踐爲事。栻稱其精確有守。退歸杜門，不妄與人交，所知詢之，則曰：『吾方治吾身心未暇也，而敢騖外乎哉？』書南軒之言爲座右銘，其取名『克己』者，蓋顧名思義之意也。鄉邑以其耆而有德，皆敬禮焉。崔與之自倅邕洎被召，往來謁見，皆執弟子禮。廖德明帥廣，日往見之，時延至郡齋講論舊學，每諦聽，必拱立。其爲名流所重如此。啓迪後生，過於父師。士無長少，咸呼簡先生云。卒，壽八十餘。（黄佐《通志》）

紀事

或時燕坐門塾，里巷子弟肄業過其門者，必呼之前，歷問所業，舉《語》《孟》要語爲之講解。有通習者，撫而勸獎之；不通者，輒加警誨。其勤於訓迪如此。

鄭南升

鄭南升，字文振，潮陽人，出漢儒元之後，宋初徙潮陽。紹熙中，朱子倡道東南，與郭叔雲同往從之，篤志力學，尤潛心於《語》《孟》，有疑質，晦翁皆答之。詳《語録》。中所問百餘條，多爲晦翁所取。嘗侍坐，晦翁語曰：『文振近看文字較細，須用常提掇起惺惺，不要昏晦。時少間事來，一齊被私意牽引得去。須用認取自家身與心，卓然在目前，爲得主宰，則事物之來，區處得當。』南升自是學益進。晦翁喜曰：『看文字須以鄭文振爲法。』又云：『渠今退去，心中却無疑也。』一時同門者皆尊禮之。熹殁，後與叔雲、陳淳輩力宗正學，往來辨析不倦。弘治丙辰祀鄉賢。

（戴璟《通志》，參郭棐《通志》、《潮陽志》）

郭叔雲

郭叔雲，字子從[一]。始見文公，問：『爲學之初在格物，物物有理，從何處下手？』文公曰：『人莫不有知，但不能推而致之耳。格物是格理至徹底處，致知、格物祇一事，格物以理言，致知以心言也。』又教以爲學切須收斂端嚴，就自家身上用工夫，自然有所得。叔雲由是一意實踐，不爲虛文之學。以禮教久廢，慨然欲講求而舉行之。有《禮經疑》二十餘條，見文公集中。文公没，與北溪陳淳講論先、後天《太極圖》、《易》、《書》之旨。與其弟割先業以充蒸嘗，忌及時，祭一案，禮書不用浮屠。編《宗禮》《宗義》二篇以訓族。卒，祀鄉賢。

（戴璟《通志》，參黄佐《通志》）

【注】

〔一〕原注：『郭《志》云揭陽人，黄《志》作潮陽人。』

紀事

嘗推本宗始祖自漳來，失其名位，且非世家，不敢僭祖，以其大父諱近者實始，其產業爲繼禰之適。其父與叔雲又皆居長，於是考小宗法，并割先業潮陽汶溝田以充嘗産，定爲世適主祭之議。立約適子不得以其田出鬻，諸子不得均分。摭程子所取韋家宗會之説，扁其樓曰『宗會』，以爲四時會合宗人之所。又取《禮經》所謂『族食』『族燕』之意，扁其寢堂曰『食燕』。祭畢，則與其宗人合餕於堂。編晦庵、蒙谷二先生宗法各一册，并藏諸堂中，以爲後代維持之計。

蔡齊基

蔡齊基，字夢傳，連州人。篤學業文，年十九預鄉薦。嘗著《周易述解》九卷，大意由象數而理於義，以爲『三古四聖』『尊君卑臣』『進陽退陰』，無非爲天下安危治亂計。嘉定八年，爲瓊州户録。瓊莞安撫趙善譚，東萊呂祖謙門人也，見其書，大喜，謄寫進於朝。參政樓鑰報善譚書曰：『湟州有此文人，瓊莞有此僚屬，王孫典遠藩而能取此書奏聞，使行於世，皆所罕見也。』齊基詩尤高，嘗自謂少從竹林先生徐張學詩，得四大法門，律詩學老杜，長篇學東坡，絶句學荆公，古詩學魯直。訓迪後學，每以此教之。其詞翰踔厲，自成一家，有集，今不存。

（戴璟《通志》）

卷　三

崔與之

崔與之，字正子，增城人。其先世汴人。父世明，試有司連黜，每曰『不爲宰相則爲良醫』，遂究心岐黄之書，貧者療之不受直。母夫人羅氏，露坐有星墮懷而生與之。幼名星郎，蚤孤，家貧，苦學讀書，務通大義，不事章句，爲文務得大體，不事綴緝。少卓犖有奇節。

光宗紹熙元年，補太學生。四年舉進士乙科，授潯州司法參軍，常平倉久弗葺，撤居廨瓦覆之。郡守欲移兑常平之積，堅不可，守敬服，更薦之。調淮西提刑司檢法官。民有窘於豪民逋負，毆死其子誣之者，其長欲流之，與之曰：『小民計出倉卒，忍使一家轉徙乎？况故殺子孫，罪止徒。』卒從之。在淮西幕時，王樞密當國，有子豪奪僧寺田，官吏無敢決，與之直筆斷，不爲權勢屈。王聞壯之，薦於朝，由是諸臺交剡争致。知建昌軍之新城縣，歲適大歉，有强發民廩者，執其首，折手足以徇，盗爲止。勸分有法，貧富安之。開禧用兵，軍旅所需，天下騷然，與之獨買以繫省錢。吏告月解不登，曰：『第罷去。』和糴令下，與之獨以時買糴，令民自概。漕使趙希懌令諸邑視以爲法。治新城，悉捐浮費，民輸直造庭下，東廡交錢，西廡給鈔，未納無泛比，已納無泛追，不事一棰而賦益辦。前是編民以役破家相踵，與之既去所以蠹役者，民爭應恐後。會歲祲，舉行荒政供億，軍無窘蹙峻迫狀，邑境帖然。通判邕州，守未赴，特旨留内差遣，力辭，竟之本任，論者高其有登進之風。武人苛刻，衣賜不時給，諸卒大閧。漕司檄與之攝守，叛者帖然，乃密訪其首事一人，斬之，闔郡胥靖。擢發遣賓州軍州事，郡政清簡。尋特授廣西提點刑獄，遍所部廣右境之荒漢四州，又越海外昔者軺車所不到。與之歷巡之，朝嵐晝暑，星行露宿，衝險弗顧，自春徂冬，往返數千里，形容凋瘁，鬢毛悉斑焉。浮海巡朱崖，秋毫無擾州縣，而停車裁決，獎廉劾貪，風采凛然。朱崖地産苦荳，民或取葉以代茗，州郡徵之，歲五百緡。瓊人以吉貝織爲衣衾，工作皆婦人，役之有至期年者，弃稚遺老，民尤苦之。與之皆爲榜免。其他利病，罷行甚衆。瓊之人次其事爲《海上澄清録》。

嶺海去天萬里，用刑慘酷，貪吏厲民，乃疏爲十事，一曰獄囚充斥之弊，二曰鞫勘不法之弊，三曰死囚冤枉之弊，四曰贓物供灘之弊，五曰户長科役不均，六曰弓手土軍騷擾，七曰催科泛追，八曰緝捕生事，九曰奸猾健訟，十曰州縣病民。申諭而痛懲之。高惟肖嘗刻之，號曰《嶺海便民榜》。廣舶趙汝楷亦見之，服爲吏師。廣右僻縣多右選攝事者，類多貪黷，與之請援廣東循、梅諸邑，減舉員賞格，以勸選人。神宗熙寧免役之法，獨不及海外四州，民破家相望。與之議舉行未果，以語顔戣，戣守瓊，遂行之。

召爲金部員外郎，時郎官多養資望，不省事，與之巨細必親省決，吏爲欺者必杖之，莫不震慄。嘉定七年，金南遷於汴，朝議疑其進迫，特授直寶謨閣、權發遣揚州事、主管淮東安撫司公事。寧宗宣引入内，親遣之，奏選守將、集民兵爲邊防第一事。既至，浚濠廣十有二丈，深二丈。西城濠勢低，因疏塘水以限戎馬。開月河，置釣橋。州城與堡寨城不相屬，舊築夾土城往來，爲易以甓。因滁有山林之阻，創五寨，結忠義民兵，金人犯淮西，沿邊之民得附山自固，金人亦疑設伏，自是不敢深入。揚州兵久不練，乃分等教閲。弩手以材力高强而善射者爲上，挽蹜施放合格者爲中，餘爲下；槍手以身材及等仗而有膂力者爲上，雖不及等仗而少壯善擊刺者爲中，餘爲下；騎兵則以人騎輕捷、武技精熟爲高下。先布陣勢，縱横來往，用草棒相擊以習刀法，或用包頭氈槍，馳逐格刺以習槍法，然後大走馬圍射，用拒馬圍隔射垛至四十步，施放三箭，來往四遭，精熟又加步數，五日一演習之。月中比較，加賞罰。久之，上等出，則中等爲上，下等爲中。戰則上等居前鋒，中等佐之；守則上等當衝要，中等助之，下等供戰守雜役。分强勇、鎮淮兩軍，月以三、八日習馬射。諸屯軍馬，歲例九月後三、八日壓馬出城三十里回，習爲文具，始創簽牌，分寫八卦，如探得『乾』字，則令旗頭搴乾卦旗出北門，將卒視所向以往，遇岡坡溝澗徑前，不令迂繞取道，使人馬相得，遇險不攝，緩急可恃爲用。令所部兵皆仿行之。淮民多畜馬善射，欲依萬弩手法創萬馬社，募民爲之，宰相不果行。

浙東饑，流民渡江，與之開門撫納，所活萬餘。楚州工役繁夥，士卒苦之，叛入射陽湖，亡命多從之者。與之給旗帖招之，衆聞呼皆至，首謀者獨遲疑不前，擒戮之，分其餘隸諸軍。

山東李全以衆來歸，與之移書宰相，謂：『自昔召外兵以集事者，必有後憂。』宰相欲圖邊功，諸將皆懷僥倖，都統劉琸承密劄取泗州，兵度淮而後牒報。琸全軍覆没，與之憂憤，馳書宰相，言：『與之乘鄣五年，子養士卒，今以萬人之命，壞於一夫之手，敵將乘勝襲我。』亟遣强勇馬軍，給以鎧仗及諸色馬杉、旗幟，使之巡淮，隨處换易，往來莫測。金人入境，宰相連遺與之三書，俾議和。與之答曰：『彼方得勢，而我與和，必遭屈辱。今山寨相望，邊民米麥已盡輸藏，野無可掠，諸軍與山寨并力剿逐，勢必不能久駐。况東海、漣水已爲我有，山東歸順之徒已爲我用，一旦議和，則漣、海二邑若爲區處？山東諸酋若爲措置？望别選通才，以任和議。』與之自劉琸敗，亟修守戰備邊，遣精鋭，布要害。金人深入無功，而和議亦寢。

時議將姑闕兩淮制置，命兩淮帥臣互相爲援，與之啓廟堂曰：『兩淮分任其責，而無制閫總其權，則東淮有警，西帥果能疾馳往救乎？東帥亦果能疾馳往救西淮乎？制閫俯瞰兩淮，特一水之隔，文移往來，朝發夕至，無制閫則事事禀命朝廷，必稽緩誤事矣。』議遂寢。

召爲秘書少監，軍民遮道垂涕。與之力辭召命，竟還。將度嶺，趣召不已。行次池口，聞金人至邊，乃造朝奏曰：『臣自外來，但知外患未息之爲可憂；致身内地，始知内治未立之爲可慮。蓋内外之情不通，最爲今日大患，人才之進退、言路之通塞、國勢之安危繫焉。願於用人聽言之際，一從公論，詔大臣首清中書之務，力爲外禦之圖，合謀而參訂之，務求必當。』又言：『立國之道，在謹邊備以爲藩籬，安人心以爲根本。根本固，則藩籬壯矣。沿邊被寇之民，宜加寬恤，春夏税役，請行減免。今邊聲可慮者非一，惟山東忠義區處要不容緩。』前後累疏數千言，每歎養虎將自遺患。

嘉定十二年己卯，陞秘書監兼太子侍講。十三年春，權工部侍郎兼國史實録院修撰。未幾，成都帥董居誼以黷貨爲叛卒所逐，總領楊九鼎遇害，蜀大擾。十三年四月，與之以選爲焕章閣待制、知成都府、本路安撫使。陛辭，奏曰：『天下之事，須中外相應，大小相維，而後有濟。蓋中外當如一家，貧富休戚，實同其責，而勢不可不相屬；大小當如一體，疾痛癢疴，皆切於身，而情不可不相孚。臣孤立萬里外，設或中外勢不相屬，大小情不相孚，以致獲戾，何足深計？而事體關係非輕，且聞軍興以來，帑庾告竭，設若有警，縛手無策，而後請於朝，恐無及矣。廣科撥以寬民力，厚儲積以壯邊聲，陛下當爲蜀計。』上嘉納之。至即帖然。時安丙握蜀重兵久，每忌蜀帥之自東南來者，至是獨推誠相與。嘉定十四年十一月，丙卒，詔盡護四蜀之師，開誠布公，兼用吴、蜀之士，拊循將士，人心悦服。先是，軍政不立，戎帥多不協和，劉昌祖在西和，王大才在沔州，大才之兵屢衄，昌祖不救，遂弃阜郊。吴政屯鳳州，張威屯西和，金人自白還堡突入黑谷，威不尾襲，而迂路由七方關上青野原，金人遂得入鳳州。與之戒以同心體國之大義，於是戎帥協和，而軍政始立。

先是，丙嘗納夏人合從之請，與之亟致書言：『金人不顧死亡，南窺淮漢，宜保障以待。蜀連年被兵，士氣未振，豈宜輕舉蕞爾？西夏不足爲恃也。』丙不從。會師攻秦、鞏，而夏人不至，遂有阜郊之敗。與之至是飭邊不得輕納。逾年，夏人復攻金人，遣百騎入鳳州，邀守將求援兵。與之使都統李冲來言曰：『通問當遣介持書，不當遣兵徑入。若邊民不相悉，或有相傷，則失兩國之好，宜斂兵退屯。』夏人知不可動，不復有言。初，金人既弊，率衆南歸者所在而有，或疑不敢納。與之優加爵賞以來之。未幾，金萬户呼延棫等扣洋州以歸，與之察其誠，納之，籍其兵千餘人，皆精悍善戰，金人自是不敢窺興元。尋復鏤榜邊關，開諭招納，金人諜得之，自是上下相疑，多所屠戮，人無固志，以至於亡。

蜀盛時，四戎司馬萬五千有奇，開禧後，安丙裁去三之一，嘉定損去過半，比與之至，馬僅五千。與之移檄茶馬司，許戎司自於關外收市如舊，嚴私商之禁，給細茶，增馬價，使毋爲金人所邀。總司之給料不足者，亦移檄增給之。乞移大帥於興元，雖不果行，而凡關外林木厚加封植，以防金人突至。隔第關、盤車嶺皆極邊，號天險，因厚間探者賞，使覘之，動息悉知，邊防益密。總計告匱，首撥成都府等錢百五十萬緡以助糴本。又慮關外歲糴不多，運米三十萬石積沔州倉，以備不測。初至，府庫錢僅萬餘，其後至千餘萬，金帛稱是。蜀知名士若家大酉、游似、李性傳、李心傳、度正之徒皆薦達之。與之身藩翰而心王室，務薦賢以報國，在蜀拔擢尤多，若洪咨夔、魏了翁、李庭芝、陳韓、劉克莊、李鼎、程公許、黎伯登、王應辰、王潩、魏文翁、高稼、丁焴、家抑、張禅、王子申、程德降、郭王孫、蘇植、黄身、高泰叔、李錫，各以道德文學表表於世，其有名浮於實，用過其才者，亦歷歷以爲言。沔帥趙彦呐方其時名，與之獨察其大言無實，他日誤事者必此人，移書廟堂，欲因其乞祠而從之，不可付以邊藩之寄。後果如其言。

與之以疾乞歸。嘉定十七年，朝廷以鄭損代。既受代，金諜知之，遂大入。與之再爲臨邊，金人乃退。召爲禮部尚書，不拜，便道還廣。蜀人思之，肖其像於成都仙游閣，以配張咏、趙抃，名三賢祠。

理宗即位，授充顯謨閣直學士、知潭州、湖南安撫使，辭。提舉西京嵩山崇福宫，遷焕章閣學士、知隆興府、江西安撫使，又辭。授徽猷閣學士、提舉南京鴻慶宫。理宗登極，爲寶慶元年，《行在太學觀齊碑》云：『除顯謨閣學士，起以湖南帥，辭不赴。遂除焕章閣學士，提舉洪慶宫。』理宗紹定二年己丑，復除徽猷閣學士，起以江西帥，冀其便道趨朝，又辭不赴。乞致仕，不許。端平初，理宗改元甲午，帝既親政，召爲吏部尚書，數以御筆起之，皆力辭。金亡，朝廷議取三京，聞之頓足浩歎。繼而授端明殿學士、提舉嵩山崇福宫，亦辭。端平二年乙未三月，俄授廣東經略安撫使兼知廣州。

先是，廣州摧鋒軍遠戍建康，留四年，比撤戍歸，未逾嶺，就留戍江西。又四年，轉戰所向皆捷，而上功幕府，不報。求撤戍，又不報。遂相率倡亂，縱火惠陽郡，長驅至廣州城，聲言欲得連帥洎幕屬甘心焉。是年，循、梅戍軍曾思等回，由惠城猖亂，徑搗廣州。主將熊喬脱歸告變，庾使黄歲以一郡生靈繫命於公，請登城撫諭。與之爲惻然。與之家居，肩輿登城。叛兵望之，羅拜俯伏聽命。遂召李昴英、楊汪中縋城諭賊，曉以逆順禍福。其徒皆釋甲，而首謀數人，懼事定獨受禍，遂相率遁去，入古端州以自固。叛卒初抵城，薄北門，摧鋒本寨纔一壁隔，人心憂危，懼生内變。與之與黄庾使議開府庫大犒諸軍，令熊喬本寨鎮壓，密護北門，區處有方，關防甚備。後變聞於朝，故除與之廣帥。至是，與之聞命亟拜，即家治事。賊自廣趨肇，招納亡命入據府城，官兵進擊賊，賊弃城遁，盤礴四會、懷集間，又自懷集迤邐入封州。山徑險峻，不可追，屬提刑彭鉉討捕，潛移密運，人無知者。俄而新調諸軍畢集，賊戰敗請降，桀黠不悛者戮之，其餘分隸諸州。

是年六月，事定寇平，即力辭閫事，所得月俸悉歸於官，一無所受。帝於是注想彌切，閏七月，拜參知政事，凡七上免牘，不許。逾年，拜右丞相兼樞密使，皆力辭。下御札乞言，乃訪以政事之孰當罷行，人才之孰當用捨。與之力辭疾奏曰：『天生人才，自足以供一代之用，惟辨其君子與小人而已。忠實而有才者，上也；才雖不高，而忠實有守者，次也。用人之道，無越於此。蓋忠實之才，謂之有德而有才者也。若以君子爲無才，必欲求有才者用之，意向或差，名實無別。君子、小人消長之勢，基於此矣。陛下勵精更始，擢用老成，然以正人爲迂闊而疑其難以集事，以忠言爲矯激而疑其近於好名，任之不專，信之不篤。或謂世數將衰，則人才先已凋謝，如真德秀、洪咨夔、魏了翁，方此柄用，相繼而去，天意固不可曉。至於敢諫之臣，忠於爲國，言未脱口，斥逐隨之，一去而不可復留。人才豈易得，而輕弃如此。陛下悟已往而圖方來，昨以直言去位者亟加峻擢，補外者蚤與召還，使天下明知陛下非疏遠正人，非厭惡忠言，一轉移力耳。陛下收攬大權，悉歸獨斷，謂之獨斷者，必是非利害，胸中卓然有定見，而後獨斷以行之。似聞獨斷以來，朝廷之事體愈輕，宰相進擬多沮格不行，或除命中出，而宰相不與知，立政造命之權，失其要矣。大抵獨斷當以兼聽爲先，儻不兼聽而斷，其勢必至於偏聽，實爲亂階，威令雖行於上，而權柄潛移於下矣。』

又曰：『邊臣主和，朝廷雖知，而未嘗明有施行。憂邊之士，剴切而言，一鳴輒斥，得非朝廷亦陰主之乎？假使和而可保，亦當議而行之可也。』又曰：『比年以變故重出，盜賊跳梁，雷電震驚，星辰乖异，皆非細故。京城之灾，七年而兩見，豈數萬户生靈皆獲罪於天者。百姓有過，罪予一人。此陛下所當凜凜，惟有求直言可以裨助君德，感格天心。』

又曰：『戚畹舊僚，凡有絲髮夤緣者，孰不乘間伺隙以求其所大欲，近習之臣，朝夕侍側，易於親昵，而難於防閑。司馬光謂「内臣不可令其采訪外事，及問以群臣能否」，蓋干預之門自此始也。若謂其所言出於無心，豈知愛惡之私因此而入。其於聖德，寧有玷乎？』帝覽奏嘉歎，趣召愈力，出與左相李宗勉，并命喬行簡爲平章，三奉詔書，四承御札，中使御命趣行，往復再三，宣賜路費金三百兩。復命廣帥彭鉉勸勉就道，又以郡人李昴英輟自班行，畀之便郡專往諭志。控辭至十有三疏。理宗嘉熙三年，乃得致仕，以觀文殿大學士提舉洞霄宫。自領鄉郡，不受廩禄之入，凡俸餘皆以均親黨。連帥部使者時候其門，歲僅一再見，未嘗一問外事。薨，時年八十有二。

遺《表》言：『事有萬變而隱乎微，人唯一心而攻者衆。出而大小忠良之臣箴規之日少，入而左右佞倖之徒承順之時多。倘戒謹之志稍衰，則清明之躬易怠。蓋天下以身而爲本，惟聖人以禮而自防。毋不敬則内敬常存，思無邪則外邪難入。大書特書用以自警，安行勉行久而有功。事天則求其對越無愧之心，報親則思其付托不輕之意。登延碩彦以輔成王德，惠養黎元以培固邦基。經筵不徒親考歷代興衰之故而爲之監戒，言路不徒廣求庶政闕失之因而急於變更。責己可以弭天灾，正家可以厚風俗。握君子、小人消長之機而辨之在早，審中國、外夷盛衰之勢而防於未然。宗廟齋莊之時，洋乎如鬼神之在其上；宫庭燕款之際，肅然如師傅之在其後。故凡興居食息之間，無非恐懼修省之地。此則檢身之要者，在乎格意以行之，以綿萬年基業之傳，下以均四海蒼生之福。』遺戒不得作佛事，子侄俱不得求官。階至金紫光禄大夫、開府儀同三司、上柱國，累封至南海郡開國公，贈太師，謚清獻。

卒前數月，書曰：『東南民力竭矣，諸賢寬得一分，民受一分之賜。』蓋絶筆也。又嘗删處士劉臯語爲座銘，曰：『無以嗜欲殺身，無以貨財殺子孫，無以政事殺民，無以學術殺天下後世。』故自中年喪偶不再娶，官至貴顯不畜聲妓，未嘗增置園池産業，惟買宅一區，左右圖書，無玩好。涉筆嘗至夜分，書室所豢，白㡸雞一雙而已。官蜀時，歲賦苗頭十五萬石，舊及十五萬即折輸以實私橐，與之惟儲以充國用，奇玉美錦，一無所視。去之日，四路饋贐，俗謂『大送』，悉却之。子叔以納婦有奩田六百石，責令歸之。其恬淡無欲蓋天性也。

家法精嚴，親故倚勢妄作，必見斥絶。宰臣恩例不妄予人。其娣嘗爲史甥求官，曰：『官之賢否，繫民休戚，非私贈之物也。』竟靳之不與。邑子吴仁孫初第之官，求先容。正色曰：『入仕之始，當以職業自見，不患人不己知。』後聞其清謹，薦之。嘗經連州，官民士子迎謁，將行，書數語曰：『有才名者固難得，苟無以將之，反爲累爾。窮達自有定分，枉道以求之，徒喪所守。』人以爲名言。每言官職易得，名節難全，躋仕四十七年，未嘗一玷彈墨，愛君憂國之誠，老而不息，真純臣也。愛韓琦『寒花晩節』之句，築菊坡以自適，復以名其居。後李昴英侍講經筵，理宗思其風烈，嘉歎久之，大書『菊坡』二字賜其家。

有文集若干卷。其文明白謹嚴，蒙大酋書其端，以爲『白麻不起，千載一人』。子璲嘗以賢良徵使觀政，將授以官，固辭而歸，論者高之。

論曰：唐張九齡、姜公輔，宋余靖，皆出於嶺嶠之南，而爲名世公卿。造物者曷嘗擇地而生賢哉？先王立賢無方，蓋爲是也。番禺崔與之晩出，屹然大臣之風，卒與三子者方駑齊驅。洪咨夔、許奕直道正言於理宗在位之日。陳居仁見稱循吏，親結主知。劉漢弼抱忠以死，哀哉。

（《宋史》本傳，參梁弅撰《墓志》、《清獻言行録》、《廣州人物傳》）

紀言

《説漢書》曰：漢文帝君臣不學。即位初元，首以獄刑、錢穀問周勃，勃謝不知；問陳平，平舉大體以對。惜乎文帝不學，不能舉周事以詰平。周以冢宰通三十年而制國用，以八法而平邦國，非留意獄刑、錢穀乎？以此詰平，知其無以藉口矣。周亞夫鞅鞅，非少主臣。此是亞夫强項習氣。細柳之屯去中都不遠，閉營門以拒天子，謂之警不虞則可，尊君之禮則未至也。景帝忌刻，宜其不能容。孔子論爲臣，則曰『其行己也恭，其事上也敬』。亞夫不學，毋怪恭敬之事未之有聞。

《題劍閣》詞曰：萬里雲間戍，立馬劍門關。亂山極目無際，直北是長安。人苦百年塗炭，鬼哭三邊鋒鏑，天道久應還。手寫留屯奏，炯炯寸心丹。對青燈，搔白髮，漏聲殘。老來勳業未就，妨却一身閑。梅嶺緑陰青子，蒲間清泉白石，怪我舊盟寒。烽火平安夜，歸夢到家山。

紀事

守揚州，登城臨眺形勢，謂壕河陘狹，褰裳可涉，守禦非宜，爲圖請於朝。許之。河西闊十有六丈，底殺其半，深五分，廣之一環繞二千五百四十一丈。壕外餘三丈，護以旱溝。又外三丈，封積土以限淋淤。又廣地七丈以受土，使與危堞不相陵。復作業城五門，爲月河，總百十七丈。而南爲裹河，又八十七丈。西北曰堡城寨，周九里十六步。相去餘二里，屬以夾城，如州城壕，計七百三十一丈，且甓女牆以壯其勢。外壕既深，水勢趨下，市河涸不可舟，有警，芻餉難爲力，又加深廣，造輿梁五。經始於八年八月，訖事於九年九月。工一百一十五萬四百二十五，費朝家緡錢三十四萬八千七百五十六，米石二萬一千八百四十七，州家激犒爲緡錢五萬一千六百。沿城外羊馬牆〔一〕内曠垣柳樹，周遭六萬一千五百餘株。

【注】

〔一〕權根按：『羊馬牆』，原作『羊烏牆』，不詞，今改。

守賓年餘，除本路憲。誥曰：『爾分符未久，治有休聲。兹予命汝持節於本道，豈徒爲爾寵哉？以爾習知風土之宜，則廣右之民有所未便，及所願欲而不得者，皆可以寵行之。』先生益自奮厲，以爲嶺右去天遠甚，官吏任情摧剥，須澄清之。視事日，首榜所屬，明示要束吏奸，民瘼纖悉畢載，號令明肅，觀者懼焉。

先生奏對間，上問鄉里有何人才，薦吴純臣有監司之才，遂除廣西憲；温若春宜清要之任，遂除秘書郎。後皆稱職。

先生謝事歸里，所得祠禄、衣賜悉不受。客有問者，答曰：『仕而食禄，猶懼素餐。今既佚我以老，而貪君之賜，可乎？』聞者歎服。

紀　論

安節陳氏猷曰：先生刪劉皋語爲座銘，乃事業之根本也。先生生於紹興，去豐、熙不遠，深見王氏之學壞人心術，流爲靖康之禍，痛懲切戒，惟恐不及，故著銘示志如此。卒之行業純正，盡酬厥言。蓋學力之至也。然於免役之法，則毅然欲行於海外，何歟？先生之學通而不滯，未嘗以人廢善，故章樸庵曰：『清獻崔公才德學力，方駕乎元祐、慶曆之間，而疏通實用，克濟厥美。』斯言盡之矣。

文山文氏天祥曰：菊坡翁盛德清風，跨映一代。歸身海濱，當相不拜，天下士以不得見其秉鈞事業爲無窮恨。今觀兩帖所稱規模意向、局面話頭者，則文武之道具是矣。一朝踐其位，固皆舉而措之者也。後書論邊計尤切，是時楚叛帖矣，而公以不得盱眙爲憂，若不可終日者。嗚呼！寧知三十年後楚之餘燼復燃，而漣水之迫乃有過於盱眙者乎？考引今昔，爲之永歎。

古岡黎處士貞曰：《易》稱『進退存亡而不失其正』者，其惟聖人乎？故柳下惠不以三公易其介，孟軻氏以爲百世師；范景仁跬步宰相不屑就，司馬公以爲天下大勇。雖未至於聖，亦曠古之獨行，世間之偉人也。夫功名權利，爲世所趨，雖郎署之微、升斗之粟，垂死猶戀戀不捨。矧位至宰相，禄至萬鍾，得爲而不爲，斷之以義，非冠天下之勇、百世之師者，能如是乎？清獻公功成身退，弃相位如脱屣，輕富貴如浮雲，真二公之等儔，溯清風於千載之上矣。

莆陽宋氏端儀曰：宋至寧宗末，元日强，金南徙，而李全又叛附不時。宋人立國錢塘，僅僅支撑以免亡滅。使當時繼統正傳受明，縱彼腥羶之氣逼人，崛起之勢可畏，而我之民彝物則固自若也。奈黯后權相倚爲奸利，子竑廢而理宗立，旋又擠竑於死地。三綱淪，人紀壞，國之所仗，以爲精神氣脉者，至是斲削無遺矣。雖當時名士，往往隨世以立功名，大賢君子，則有灼知其不可而歎息痛恨焉。思欲完其名，伸其道，以求無怍於心而扶植夫人紀者，南康李公理宗除命，其意固有所主，然李公曾露諸言論，人易得而知之，陳、崔二公則未嘗片言以著形迹，是以淹没三百餘年，其事猶晦昧弗彰。夫君子尚論古人，因時以考其行，據事以原其意。張子房始終爲韓之心，楊龜山始能得之，勿謂古人之心術卒不可得而測也。

予初讀《宋史》陳公傳，揆公之所以堅卧不起意，實有在於。來南乃得崔公《言行録》觀之，蓋公嘉定末自蜀帥罷歸，及寶慶復召帥湖南不起，帥江西不起，端平中再除吏部尚書又不起。值摧鋒軍士作亂，薄廣州，公登陴撫諭，朝廷聞之，即家除帥。公既平賊，遂謝閫寄，徒以不忍鄉郡荼毒。黽勉一出，而帥臣六閲月俸給悉還公帑。已而除拜麻，前後辭免至十三疏，雖祠禄、衣賜亦不受。此公微意之所寓也。昔魯宣公爲弑君者所立，公弟叔盻非焉，終其身不食兄禄，與之財，則曰『我足矣』。公之心，其叔盻之心乎？自古豈有倫紀晦蝕之人，而可以共成光明正大之業者哉？

按史，理宗初立，有鄧若水者，不勝忠義激烈，欲上書請帝誅權臣，讓國於近屬之賢者。向使其策得行，公豈不爲衛武公九十入相，文彦博八十平章，以副當寧思賢之心，以援四海將溺之民，而樹功名於晚節耶？惟其意有所主，心有不安，故其出處之際，確乎有定力而不可移焉。近世評公者，或謂其清風高節，或謂其洪度雅量，或謂其知幾知微，皆淺之乎知公也。予更定公集，因揣公心事之微，以自附於推見至隱之君子，而就正於有道云。

卷四

李昴英

李昴英，字俊明，番禺人。曾祖仙之，承奉大夫，自保昌來遷。祖擇，安撫助教。父天棐，龍圖待制。母黎氏，將誕，夢大星降於庭，因名。少雋穎，書史一覽成誦，博學多識，文思絶人。弱冠，嘉定十五年，以《春秋》掄元首計偕，崔與之深器重焉。

理宗寶慶元年乙酉，再薦於鄉。明年試春官，知貢舉鄒應龍欲置第一，時方諒陰，或曰：『上始即位，宜崇帝王之學。』遂擢王會龍《書》義第一，昴英第三。粤中士探花，自公始。洪平齊、徐梅楚皆重其才，以爲南方間氣。初調汀州推官，郡守陳孝嚴鷙悍，不恤其下，江、閩寇相挺，郡無壁壘，力請增陴浚湟以備不虞。會守虐殺兵校十數人，又欲造州楮，强戍兵充口券，昴英争不聽，吏持州楮請署押，厲色呵之，徑弃官歸。亟出郡郊，倅貳偕士民數百邀而留之，曰：『環境皆盗，公忍弃吾民乎？』洎回，悍兵王竇已閧然閉關，將殺守吏。士民擁之入，恒以身翼蔽守。昂英開諭諸賊曰：『若欲得守，盍先害我？』守以是獲免。既而朱積寶合磜寇攻城，設備待之，調左翼軍合民兵討賊，面授方略，躬督戰，相持五日，戰二十餘合，賊敗北。功聞於朝，特遷太學正。丁母艱，服闋，除武學博士。

理宗端平二年乙未，摧鋒戍卒叛，繇惠州趨番禺。承平久，人不知兵，郡大恐，帥守曾治鳳航海潛去，轉運使石孝淳避水之南，獨庾使黄歲請於崔與之守禦。與之登城撫諭，昂英與楊汪中偕出諭賊，甫縋城，群凶露刃森立，毅然不動，從容諭禍福。賊退。事聞，除大理司直，主管經撫司機宜文字。後與之平賊，以昂英有贊畫功，召除太學博士。

《賜對上奏劄》略曰：

『與治同道，罔不興；與亂同事，罔不亡。』善覘國者之法。今雨血告妖，戎馬踐淮，襄峴失而江陵孤，三川潰而夔門危，祖宗區宇將半陸沉，億萬生靈重罹塗炭。陛下自視，今爲何時，反觀行事，果與治同道否耶？夫勢之安危，反掌易置；理之當否，亘古不移。酣嗜峻雕，未或不亡。此謹身之戒也。

陛下嘗因明禋之天變而撤樂，嘗以誕節之震雹而輟燕，蓋深自警省矣。然縵立望幸之衆易至移人，天錫飲量之洪難免過度，作無益則玩物喪志，營不急則晏安易懷，錫賚之數無涯，宫庭之費不會，此冠布衣帛而卧薪嘗膽之時也。愧脱簪之諫，周室所以中興；堅覆觴之志，晉元所以再造。此豈甚高難行之事？無法家拂士者，國常亡。此用人之戒也。

陛下選拔言官，多采直聲，或俾再入，間由外擢，其寄耳目也重矣。然切於救國者，疑其矯激；忠於報國者，謂其好名。絶江而歸，無復諭留之虚文；與郡以出，似非優待之美意。儻念國所以存僅此一脉，必使臺諫得以盡其言；儻思强本折衝在乎衆正，必使壯士得以伸其氣。衛多君子，國未可量；汲黯在朝，淮南寢謀。豈無益於人國哉？亂其紀綱，乃底滅亡。此守法之戒也。

陛下非不遵先朝之成憲而干請爲撓，非不欲臣下之奉命而威令漸輕。給舍繳建，節之濫而終莫回；大臣進除，擬之日而不盡用。近習乘間，而宮府非一體；旁蹊捷出，而政事或多門。賞罰無章，功罪奚别；法制不立，軍伍豢驕。朝廷之政本未清，軍國之威權幾褻。自昔陵夷，鮮不由此。無紀綱，而周之祚微；有憑藉，而唐之命永。可不監哉？四維不張，國乃滅亡。此厲俗之戒也。

陛下欲洗濯士心而意向未明，欲旌崇節義而風厲未至。權臣孽息，褒榮加渥；群憸雖斥，簡記不忘。上之好惡或偏，下之趨向必异，平居習爲頑鈍無耻之風，臨難必無仗節死義之士，國何利焉？尚名節，而東都之祚延；賤名檢，而典午之禍作。可不懼哉？閲興亡之大，無出於四者；審安危之機，當决於一心。陛下幸迹其所以致治，監其所以召亂者，赫然發憤，日課其事，月計其功，常若勁敵在前，禍至無日，則恢復之規模立矣。

上賜金酬其直。尋召試館職，除校書郎兼沂王府教授，遷著作郎兼屯田郎官。首言：『天變狎至，所以仁愛人君也；人言交進，所以忠愛人君也。天惟不言，故告戒寓於灾异；臣當盡言，故論諫出於憂危。天變不足畏，人言不足恤，此王安石所以誤先朝者。今灾沴頻仍，言路壅遏，當開心聽言，以弭天變。』上意向納。會除崔與之右相，辭不拜，上以昴英嘗從游，俾奉御札趣召，除直秘閣，知贛州。與之力辭不行，昴英亦不拜贛州之命，遷大宗丞，擢權兵部郎中，以親老乞外便養，除直秘閣、福建提舉。登車，志澄清，貪吏望風解印去。歲大荒，捐俸賑貸，活飢人甚衆。

會崔與之薨，請歸持心喪，不許。尋丁父艱，既葬，築室墓下，聚宗族子弟講學，若將終身焉，累召不起。

理宗淳祐初，杜範入相，首薦爲監司，以吏部郎官召，丐祠不允。時杜公與劉侍御漢弼、徐祭酒元傑稱三賢，合力薦昴英。皤然曰：『權奸去國，群賢拔茅，此清明時也，敢自佚乎？』六年丙午赴闕，奏言：『陛下斥逐負國之權奸，而阿匼取容者，猶尸素充位，以兩吏挾扶之耄狀，而協贊萬幾。』蓋論時相范鍾也。時丞相杜範、侍御劉漢弼、祭酒元傑相繼暴卒，人皆疑史嵩之執仇，廷臣莫敢言，昴英獨斥言不避，請正嵩之罪，以伸三賢之冤。又言：『陛下於定國本猶未决，去權奸猶未勇，宫媪、閹寺猶未斥絶，是皆爲更化之累焉。』上喜其直，書御屏記姓名。

十月，擢右正言。上謂宰相曰：『李昂英南人，無黨，中外頗畏憚之。』除兼侍講。益感知遇，知無不言。首抗疏乞早正儲貳，言極懇切。會史嵩之服闋，謀復任，昂英復奏嵩之罪，浮四凶，當遠竄荒裔。不報。又率同列抗疏，亦不報。於是自再疏曰：『臣疏嵩之奸狀，逾旬不報。陛下一則曰保全大臣，二則曰保全大臣，何敢不將順？然事有害大禍深，與國家不兩立者。嵩之包藏禍心，乃誤國巨奸，賊民巨蠹！』一時與御史章炎、黄師雍論嵩之無父、無君，乞寢宮祠，削官遠竄，詔皆落職予祠。翰林學士李韶與從官抗疏言：『陛下不能正奸臣之罪，其過不專在上，蓋大臣百執事，不能輔天子以討有罪，乞斷以《春秋》之義，亟賜裁處。』乃命嵩之以觀文殿大學士致仕，不復用。疏三上，語益切，上爲動容，即與嵩之宫觀。

時執政狠愎自用，尹京者恃皇族日横，力詆之。上問爲誰，以陳韡、趙與𥲅對。上却其疏。昂英引上裾跪奏。上怒，拂衣入，留疏御榻。再拜而退。有旨與在外差遣，三學諸生以詩餞諸國門外，有『庾嶺梅花清似玉，一番香要一番寒』之句。歸之日，父老争持彩幟郊迎焉。除知贛州，再除福建憲，又改漳州，俱辭不赴。時趙汝騰有『三老八士』之薦。『三老』：李韶、陳塏、徐清叟；『八士』，昂英其一，所謂國之干將莫邪者也。家食數載，杜門却掃。會權帥丘迪哲淫刑以逞，戮及無辜，移書請審之，不從，而暴愈甚。昂英遂繳告敕留郡庫，乞辯平民之冤，於是全活者數百人，然亦以此爲奸憸所中褫閣職。

淳祐十二年壬子，徐清叟參大政，力薦之。上思其賢，起家，除直寶謨閣、江西提刑，兼知贛州。慨然以洗冤澤物爲己任，劾贓決冤滯，一道肅然。置平糴倉以惠飢民，罷官酤，聽民自釀而薄其徵，民以爲便。郡人崇像祠之。諸峒負險盤據，相挺爲亂。昴英申嚴保伍之法，使相糾察，且諭峒酋各率子弟詣臺訓治，掇《魯論》首篇有『子曰「其爲人孝弟」』一章，解義以訓飭之。酋豪各録本以歸，私相告諭，自是革心向化，無復爲梗。徐清叟奏其事，詔以其本頒示天下，使民矜式。課治最，陞直寶文閣。

理宗寶祐二年甲寅正月，被召除大宗正卿，赴闕兼國史編修、實録院檢討。上殿一疏，慨論時事，略曰：『人主心有大警悟，則天下之勢不患其岌岌。然此心雖微，而萬世基業、四海生靈，關係甚大。今灾謫頻仍，民情浸睽，國用日竭，犬羊益張。陛下固勤勞於時艱，而有可娱之具陳於前，則有時而縱；固焦勞於外懼，無可駭之言接於聽，則有時而忘。所以爲累者，必有由矣。孟軻謂國之危，由交徵利臧；孫達謂官之敗，由寵賂章如。聞北司竊弄勢權，掖庭憑寵干請，修内司之獻助，取兩浙之上腴。文昌八座，處恩澤之庸瑣；郡國麾節，多戚屬之膏粱。世當承平，猶不宜有，今何如時哉？歐陽修曰：「枉費財物，利悉歸衆。」中外譏議，則陛下自受。朱熹曰：「有私用而後有私人，有私人而後有私財。」二臣之言，似爲今日發願。陛下潛消外患，無以樂玩憂時。賈似道執政，閻妃、丁大全表裏用事故也。』既奏，左右皆側目。上有西太乙之幸。又抗疏諫曰：『方四郊多壘，正卧薪嘗膽時。湖山在目，似涉游觀，道路頗遥，駕還必暮，意料之外，事非一端。』上嘉納，除兼侍講。時皇子忠王禥行冠禮，進太常卿、贊禮。成，除右史，遷左史，兼權吏部右侍郎，尋擢龍圖閣待制、吏部侍郎，加中大夫，封番禺開國男，食邑三百户屬。

董、盧二巨閹竊弄威福，御史洪天錫累疏攻之，不行。乃直前敷奏，疏入不報。又再疏曰：『邇來北司專恣，日甚一日，它人不敢言，而天錫獨言之，俄解言職以去，中外莫不駭愕。始天錫登朝，臣實薦之，如不行其言，乞與俱貶。』留疏拜辭，遂與御史俱出國門。時人咸惜其去。時軍國多務，有詔除端明殿學士，僉樞密院事，辭不赴。上屢有大用意，竟爲憸嬖尼焉。

自寶祐三年乙卯歸，澹然無復仕進意。家文溪之上，因以自號。上嘗賜其所居，扁曰『久遠』，曰『文溪』，曰『向陽堂』。五年丁巳秋，忽一夕大星隕舍東，闔城駭觀。數日昴英卒，年五十有七。謚忠簡。

昴英天性勁直，議論高邁。其文簡而有法，婉而成章，一時同館名流，如江萬里、文天祥，皆推服之。平居温然接物，寬而有容，至於臨大節，處大難，毅不可奪，雖鼎鑊在前，不慴也。

理宗景定三年，轉運使洪天錫因邦人之請，祠於海珠山。度宗咸淳九年，士人又請於郡，與菊坡合祠。既毁，遂附郡庠之仰高祠。明巡按御史陳言復祠之於海珠。所著有《文溪存稿》二十卷行於世。

三子。志道，字立翁，號漁灣。少雋穎，以《春秋》領理宗淳祐九年己酉鄉薦，理宗寶祐元年成進士。時上御明德殿，再試稱旨，除授京邸教授，賜紫金魚袋。造育有法，士林宗之。明年父昂英起爲大宗正，引嫌，乞外職，改調浙江僉憲，參干諸軍事。志道嚴部伍，時簡閲，一意寬刑養重，一道稱平。五年丁巳，丁外艱歸，服闋，起補都憲御史，專理糧餉。未幾，丁祖母艱去。度宗咸淳三年丁卯，召入爲朝散大夫、直寶謨閣、廣南東路經略安撫司、提點刑獄、節制兵馬，兼屯田使、尚書、工部侍郎。時值國步多艱，强敵在外，賈似道專政，權傾人主，志道屢疏乞歸，不許。德祐元年乙亥，以疾乞閑，得歸田里。端宗立，航海南奔，元兵侵逼，志道糾練鄉勇，躬督戰於潮州，上粟十萬石饋送餉軍。三月，益兵三千餘人。帝重其忠，賞給番禺、南海、新會、東莞、香山各縣田地約八千餘頃。端宗崩，帝昺立，與元人戰於厓山，師潰，宋亡。志道大哭，奉大行主於家向陽堂，率子弟、宗戚、鄉人朝夕哀奠。未幾，憤鬱而卒。

（黄佐《通志》，參《貴耳録》《宋詩紀事》《文溪存稿》《嶺海名勝記》）

紀 言

《與廣權帥丘迪哲治盜書》曰：某晦藏林谷，不敢與聞户外事，每荷龐漢陽先候之塵，且懼杜周甫寒蟬之誚，有聞而不以告，終愧於心。民，吾同胞也，况父母之邦之民乎？方此上下疑懼之時，某儻以利害不切己，而不知恤桑梓之人，交責以義，無以自立於父母之邦矣。

夫治盜固貴於嚴，尤貴於審。惟非盜，或遭横戮，而真盜未必能獲，此賊盜所以滋多也。未前乎嘗聞途人之言曰，某人以姓名同而捕，某人以盜賊之親屬而捕，幾人善良也，亦皆捕，未幾，則某人臠矣，某人梟矣，某人截手足而死矣。心甚悼之，而悔不先以此聞徹足下，伯仁由我而死之念至今不忘。日來所聞，又有甚焉。蓋官司捕賊，不容不倚辦於隅總，而爲隅總者，類皆小人，不識道理，但知憑威勢爲奸利，安知人命之爲重，往往半公半私，以快其所欲。或宿怨之未償，或厚需之未厭，或黨與之所仇，陰嗾使之甚。其誣捏送於官，彼覬厚賞者利於俘數之多，略不分别，躬自訊鞫，窮極慘酷，誰不承伏？雖分麗諸獄，然群有司非卓然自立者，未有不承望風旨，自爲身謀，何敢可否於其間？

足下以疾惡之心視已成之牘，則皆死有餘罪，有非其情實，足下烏得而知之？利歸於小人，謗歸於足下，使足下知之，必不肯輕於筆矣。自清遠凶徒日就擒獲，則足下之功亦偉矣。必不藉此區區數輩以張功狀，非通瑶而爲通瑶，非賊而誣以賊，豈足下之本心哉？今士竊議於途，什什伍伍，顰蹙私語，而某於朔旦固嘗面言其略，既而聞用事者有遂非之意，恐足下竟爲憸巧轉移，草菅斯民，虧足下之盛德。

某連日思之，食不下咽，寢不安席，私念此身非僥倖一官，家在城市，安保此禍之不及也？惟視人猶己之心，噤不一語，安乎？故盛服焚香，籲天而布此札，稍有一毫私心，天地鬼神，其誅殛之。惟足下是非之間，審之又審，謹之又謹。與其殺不辜，寧失不經，使平民免於屠戮，於門之陰德，豈易涯耶？某狂妄之言，至此極矣，不敢復有言矣。若足下不以爲然，而不加之意，則是邦之民遭此厄會，某抑末如之何也已。惓惓愛助之心，惟足下其察之。

紀事

先生移書諍丘迪哲指良爲盜，全活者數百人，然以此爲僉壬所陷褫閣職，免新任。先生聞之，怡然賦詩曰：『且喜一方全性命，何妨三字減頭銜。』其勇於爲仁如此。

紀論

黄泰泉贊曰：孔子稱叔向曰『古之遺直』，於子産曰『古之遺愛』，李昴英信兼有之。觀其攻擊賈、史輩，揭綱常於宇宙間，而奸諛爲之寒膽。惠先鄉閭，寧褫職而不顧。粒飢民，肉白骨，在在歌舞之，非胸中仁涵義茹，其何以有是？

白沙陳獻章曰：嘗觀《文溪存稿》，初涉其流，渺瀰汪洋，若江河之奔駛；而又好爲生語，險怪百出，讀者往往驚絶，至或不能以句，以謂文溪直文耳。徐考其實，則見其重内輕外，難進而易退。蹈義如弗及，畏利若懦夫，卓乎有以自立，不以物喜，不以己悲，蓋亦庶幾乎浩然而自得者矣。斯言也，殆知言也乎？

文文山跋曾子美《萬言書稿》語：菊坡，天人；文溪，菊坡樣人。菊坡不可作已，願見文溪。

廣東阮《志》曰：案《行狀》，公家文溪之上，因以自號。然《志》無文溪之名，惟城北之外曰行文溪，源出白雲簾泉，十道至番禺北津水，流入金鐘塘，分上下塘，今名廉平水。城内番禺治西南長塘街北口有小橋，即古文溪橋。公所建，豈古時北門水入城直至於此，而公家於此耶？橋曰文溪橋，橋以公名，抑公以橋號也？

李用

李用，字叔大，東莞人。少孤，事母極孝愛盡禮，雖盛暑，侍母側未嘗去巾襪。德器凝重，造次必以規矩，鄙慢之氣不形也。初業科舉，及讀周、程諸書，即弃之。杜門潛心理學，非親友婚祭不出，如是者將三十年，而踐履日益熟。士之從學者，館無虛日。自號竹隱，人因稱曰竹隱先生。李昴英聞其賢，就見之，與語終日，用未嘗有懈容。昴英出，語人曰：『吾今乃見有道君子。』嘗著《論語解》，究明伊洛奥旨，以溯洙泗之源，訓詁明白，便於講誦，學者傳習之。昴英進其書於朝，詔授校書郎。用曰：『著書豈干禄計哉？』不受而歸。又遷承務郎，以旌其高。安貧樂道，無所求於世。其誨生徒，貌肅色和，亹亹有序，人樂從之游，以故多所造就。卒年八十一。所著《論語解》梓行天下。廣東提刑周梅叟後奏於理宗，特賜御書『竹隱精舍』匾。咸淳中，廣東提刑劉叔子命祠於邑學。用明經講學，爲時名儒。有子三人，各通一經，能世其業。長春叟，最知名；次得朋，官至法曹；季松叟，有文聲。（黄佐《通志》）

紀事

先生當宋末，使其婿熊飛起兵勤王，而身浮海至日本，以《詩》《書》教授，日本人多被其化，稱曰夫子。比死，以鼓吹一部送喪返里。至今莞人送喪鼓吹號『過洋樂』，樂人皆倭衣倭帽以像之。

李春叟

李春叟，字子先，用之子。蚤穎悟，邑宰許巨川見而异之，勉其遠游從師，遂謁桂陽林思齊、陳翊、陸鵬升授《春秋》，又以諸經參訂於翁巖壽〔一〕、盧方春、周梅叟諸公。如趙順孫、陳存、盧鉞、吕直之，皆其友也。

理宗寶祐四年丙辰，省試中選，以誤寫謹對黜。理宗開慶元年己未試入選，奏號之夕，宰相上言：『西廣有邊擾，宜優省試一名以收人心。』春叟厄於數，竟爲易置。廷紳深惜其才，交薦入仕，乃授惠州司户，有賢能聲。理宗景定間，廣東提刑楊允恭狀奏曰：『臣念嶺海之東，素號多賢。自清獻公崔與之力辭相任，高風逸韵，聞者興起。比年恬退清修之士，蓋多有之。臣得於所聞之真者，有迪功郎李春叟，刻苦窮經，清嚴自守，已兩試南省，俱中前列，厄於勢要，竟就特奏之選。春叟處之怡然無愠，間嘗攝職則確守公廉，及其退居則安貧授徒，未嘗汲汲於禄仕，可謂經明行修者也。乞賜獎拔以厲浮競之俗，世道幸甚。』得旨，除肇慶府司理。嘗辯冤獄，當路不從，即投告身於庫請歸，竟得白，郡守劉叔子歎服。

尋除德慶教授。秩滿而歸，絶意仕進。乃上書察院郭閶，條陳銀場、鹽局之不便於民者。語在閶傳。暇日著《論語書》，以補先志所未及，大抵撮晦庵要語爲之。又摘其玄微者爲詩，使學者咏諷自得，號《咏歸集》。家居以經學訓後生，嶺海名士多出其門，文風益盛。朝廷敬其名，除軍器大監，辭不就，賜號梅外處士。

宋末，邑人熊飛勤王潰歸，駐兵於邑。時邑之士民多逃竄遠鄉者，飛揭榜限三日回家，否則發兵戮之。春叟號哭諫飛，飛乃止。時群雄四起，乘時剽掠，以春叟故，多不忍犯邑，邑人賴以免患。元世祖至元十四年丁丑（即宋益王昰景炎二年也）〔二〕，元兵至廣，欲遣兵剿東莞，春叟扁舟往謁其帥，以死争一邑，事遂已。邑人德之，繪像祀於竹隱祠，號二先生祠。

元初，分司李僉事延春叟邑學，禮以賓師，公暇即造問政，隱居養高。年八十卒。諸子多文藝可觀，曰同文者，嘗著《易説》，爲邑令掾。初，春叟之衛鄉里也，邑人同時有功者有趙必瑑、翟龕、張元吉、登辰之屬。

（《廣州人物傳》，參《琴軒集》〔三〕）

【注】

〔一〕權根按：『翁巖壽』，原作『公巖壽』，據陳璉《琴軒集》（《東莞歷代著作叢書》本）卷二十九《梅外李公墓表》、〔崇禎〕《東莞縣志》（楊寶霖點校本）卷五《人物傳·李春叟》改。

〔二〕權根按：『元世祖至元十四年丁丑（即宋益王昰景炎二年也）』，原作『元世祖至元十三年丁丑（即宋益王昰景炎元年也）』。考元世祖至元十三年，即宋益王昰景炎元年，乃丙子年，次年始爲丁丑，故作『元世祖至元十三年丁丑』，必誤。據中華書局整理本《宋史》卷四十七瀛國公本紀所考，元兵圍攻廣州乃元至元十四年十一月事。又，陳璉《琴軒集》卷二十九《梅外李公墓表》、〔崇禎〕《東莞縣志》卷五《人物傳·李春叟》所記，均衹云『丁丑』。今據改。

〔三〕權根按：『《琴軒集》』，原作『《琴川集》』，誤。《琴軒集》，明東莞橋頭人陳璉著，其卷二十九有陳璉爲李春叟所撰墓表，名《梅外李公墓表》。

紀論

黃佐曰：宋世理學大明。元祐間，梁觀國以崇正嫉邪爲吾廣倡，蓋聞周、程之風而興起者也。南渡後，簡克己聞南軒之道於湖湘中。至其末也，李用復以道學明，而廣之人士賴以啓迪。儒風大張而不墜，其數君子之功歟。春叟克承先志，理窟與有明焉。拯邑於難，趙、張諸人應和如響，謂非春叟有以首之不可也。《易》之《蠱》曰：『不事王侯，高尚其志。』其李用也夫；《春秋傳》曰：『其父析薪，其子弗克負荷。』春叟其免矣夫。

梁百揆

梁百揆，字宗盛，番禺人[一]。父仲欽，博究群書，尤邃性命之學，以真知實踐爲事，真西山志其墓，稱爲純儒。百揆少謹厚，苦志力學，登嘉泰四年甲子省元，嘉定丁丑進士。初授從事郎、太學録，正身端範，啓迪有方。晉符璽郎，歷奉議大夫。立朝侃侃，雖職非言路，而屢疏條議國政。與族人文奎、該、詡輩皆以直諫忤時。未幾，史彌遠矯詔廢立。引疾乞休，退隱禺山，闢异端，彰聖學，有功名教，學者稱爲端懿先生。淳祐六年丙午卒，葬麻葛山。子孫分居南、順，多以德業顯。

（《廣州鄉賢傳》，參《番禺志》）

【注】

〔一〕原注：『今隸順德。』

紀論

海瑞曰：當南渡時，不因官爵而變學守，惟以道德而範鄉邦，世皆以先生稱之。

元

陳祀

陳祀〔一〕，字楚材，號蘭畹，海康人。淹貫經史，領鄉薦不仕，讀書山中，究性命之學，遠近學者咸受業焉。所居里曰義江。元末盜起，過其鄉，相戒勿犯，曰：『此陳先生里也。』卒，祀鄉賢。（戴璟《通志》）

【注】

〔一〕原注：『黄《志》、郭《志》作「陈紀」。』

卷五

明

陳獻章

陳獻章，字公甫，新會人。自幼警悟絶人，讀書一覽輒記。嘗夢拊石琴，其音泠泠然，有一偉人笑謂曰：『八音中惟石音難諧，今諧若是，子异日得道乎。』因别號石齋。舉正統十二年丁卯鄉試第九人。戊辰，赴禮闈會試，中副榜，告入國子監，博覽群書。再上禮闈，不第。從吴與弼講學，居半載歸，讀書窮日夜不輟。築陽春臺，静坐其中，數年無户外迹。

久之，復游太學。祭酒邢讓試和楊時《此日不再得》詩一篇，驚曰：『龜山不如也。』颺言於朝，以爲真儒復出。由是名震京師。給事中賀欽聽其議論，即日抗疏解組，執弟子禮事獻章四年。獻章既出太學，歷事吏部文選司，與群吏雜立廳事下，朝往夕返不少怠。郎中等官皆勉令休，對曰：『某分當然也。』識者謂其抱負之大，而克勤小物如此。有北士粗鄙者數人，約曰：『必共往困折之。』及見陳子，忸然氣沮，口噤不能發一語，反致羞而退，因語人曰：『果异人不可狎也。』

獻章既歸，四方來學者日進，往來東西。兩藩部使及藩王、島夷宣慰無不致禮其廬。自朝至夕，與門人、賓友講學，論天下今古事，亹亹不少厭倦。成化十年甲午，參政伍、僉事戴以次遺金欲新其居，却不可，乃營小廬山書屋以處四方學者。僉事陶魯遺田若干頃以爲館穀，又不受。十五年，進士丁積爲新會令，聞獻章名，喜曰：『吾得所師矣。』甫下車，求執弟子禮，於是教其治邑以正風俗、成人才爲急務。

廣東布政使彭韶、總督朱英交薦。召至京，令就試吏部。屢辭疾不赴，疏乞終養，授翰林院檢討以歸。至南安，知府張弼疑其拜官，與與弼不同，對曰：『吴先生以布衣爲石亨所薦，故不受職而求觀秘書，冀在開悟主上耳。時宰不悟，先令受職，然後觀書，殊戾先生意，遂决去。獻章聽選國子生，何敢僞辭釣虚譽。』自是屢薦，卒不起。

弘治初，李承箕自湖廣來師獻章，築楚雲臺以居之。三年春，進士姜麟使貴州，取道如白沙，以師禮見，留十日去。四年冬十月，與户部侍郎劉大夏泛舟厓門，建議立慈元廟於大忠祠之上。五年，增城湛若水請從之游，築江門釣臺爲講學之所。七年，巡撫御史熊逵欲建道德坊，力止之，乃築嘉會樓於江滸，爲往來嘉賓盍簪之所。冬，慈元廟成，作碑文記之。八年正月，部書復至，通判顧叔龍以兩司命來勸駕，辭不就。二月，母太夫人卒。九年，按察使李白洲仿富鄭故事，以數百金買園一區於羊城，獻章以書辭，封券三四往返，竟不受。十年，知縣丁積卒於官，獻章爲建祠以祀之。十二年，都御史鄧仿林逋故事，檄有司月致米一石，歲致人夫二名，獻章却之。

獻章之學，以静爲主。其教學者，但令端坐澄心，於静中養出端倪。或勸之著述，不答。嘗曰：『吾年二十七，始從吴聘君學，於古聖賢之書無所不講，然未知入處。比歸白沙，專求用力之方，亦卒未有得。於是捨繁求約，静坐久之，然後見吾心之體隱然呈露，日用應酬隨吾所欲，如馬之卸銜勒也。體認物理，稽諸聖訓，各有頭緒來歷，如水之有源委也。』故其學灑然獨得，論者謂有鳶飛魚躍之樂。其爲文主理而輔之以氣，雖不拘拘於古人之繩尺，故自有以大過人者。其爲詩得李、杜之製作，而兼周、邵之情思。至於揮翰，能作古人數家字。山居筆或不給，至束茅代之，晚年專用，遂自成一家，天下人得其片紙隻字，藏以爲寶。

獻章儀幹修偉，右頰有七黑子。母年二十四守節，獻章事之至孝。母有念，輒心動，即歸。弘治十三年卒，年七十三。時給事中吴世忠方以獻章及尚書王恕、侍郎劉某、學士張某、祭酒謝某等八人同薦，與二三儒臣入内閣柄用，上方敕吏部查勘，命將及門，而獻章没矣。卒前數日，早具朝服、朝冠，令子弟扶掖焚香，北面五拜三叩首，曰『吾辭吾君』云。卒之日，頂出白氣，貫天勃勃如蒸，竟日乃息。

子二：景雲，歲貢生，作小詩得唐人體裁；景易，充邑庠生，先卒。孫三：曰田，曰

（《明史》本傳，參《行状》《年譜》《琬琰録》〔一〕《理學名臣録》）

畹，皆庠生；曰豸。萬曆初，從祀孔廟，追謚文恭。

【注】

〔一〕權根按：『《琬琰録》』，原誤作『《琬掞録》』。『《琬琰録》』，爲明徐竑輯『《明名臣琬琰録》』之簡稱，有《四庫全書》本流傳，二十四卷，《續録》二十二卷。陳獻章資料，見載於《明名臣琬琰續録》，爲卷二十二明張詡撰《翰林檢討白沙陳先生行狀》。又，卷首之『徵引書目』又誤作『《琬掞記》』。

紀　言

夫道至無而動，至近而神，故藏而後發，形而斯存。知至無於至近，則無動而非神。藏而後發，明其幾矣。形而斯存，道在我矣。夫動，已形者也，形斯實矣。其未形者，虚而已，虚其本也，致虚之所以立本也。戒慎恐懼，所以閑之，而非以爲害也。然世之學者，不得其説，而以用心失之者多矣。

此理，無内外，無終始，無一處不到，無一息不運。會此，則天地我立，萬化我出。往古來今，上下四方，都一齊穿紐、收拾，隨時隨處，無不是這個充塞。色色還他本來，何用爾腳勞手攘。舞雩三三兩兩，正在勿忘勿助之間。曾點些兒活計，被孟子一口并出來，便是鳶飛魚躍。若無孟子工夫，驟語以曾點見趣，一似説夢。

自漢迄今，著述之繁，汗牛充棟。許文正語人曰：『也須焚書一遭。』夫載籍多而功不專，耳目亂而知不明，宜君子之憂之也。六經，夫子之書也。學者徒誦其言而忘味，六經一糟粕耳。苟不但求之書而求諸吾心，察於動静有無之機，致養其在我者，勿以見聞亂之，去耳目支離之用，存虚圓不測之神，一開卷盡得之矣。非得之書，得自我也。蓋以我觀書，隨處得益；以書博我，則釋卷茫然。

天下之理，至於中而止矣。中無定體，隨時處宜，極吾心之安焉耳。名節，道之藩籬，藩籬不守其中，未有能獨存者也。

人與天地同體，四時以行，百物以生，若滯在一處，安能爲造化之主耶？古之善學者，常令此心在無物處，便運用得轉耳。學者以自然爲宗，不可不着意理會。

天下未有不本於自然，而徒以其智收顯名於當年，精光射來世者也。《易》曰：『天地變化，草木蕃。』時也。隨時詘信，與道翺翔，固吾儒事也。吾志其行乎。

士從事於學，功深力到，華落實存，乃浩然自得，則不知天地之爲大，死生之爲變，而況乎富貴貧賤、功利得喪、詘信予奪之間哉？

人爭一個『覺』，纔覺便物小而我大，物有盡而我無盡。夫無盡者，微塵六合，瞬息千古，生不知愛，死不知惡，尚奚暇銖軒冕而塵金玉哉？

爲學，須從静中坐，養出個端倪來，方有商量處。最不可不知未可，便靠書册也。

聖賢之言，具在方策。取而讀之，師其可者，改其不可者，直截勇往，日進不已，古人不難到也。若游心太高，著迹太奇，將來成就結果處，既非庸常意料所及，又安知足履平地，果何如也？

爲學，當求諸心，必得所謂虚明静一者爲之主，除取古人緊要文字讀之，庶能有所契合，不爲影響依附，以陷於徇外自欺之弊，此心學法門也。

此理洞如，然非涵養至極，胸次澄澈，則必不能有見於一動一静之間。縱百揣度，祇益口耳。所謂何思何慮，同歸殊途，百慮一致，亦必不能深信而自得也。

學貴知疑，小疑則小進，大疑則大進。疑者，覺悟之機也。一番覺悟一番長進，即此便是科級。學者須循次而進，漸到至處耳。

學無難易，在人自覺耳。纔覺退，便是進；纔覺病，便是藥。眼前朋友可以論學者幾人，其失在於不自覺耳。

日用間，隨處體認天理，著此一鞭，何患不到古人佳處？

人之去聖也遠矣。其可望以至聖人者，亦在乎修之而已。苟能修之，無遠不至。修之云者，治而去之之謂也。去其不如聖人者，求其如聖人者，今日修之，明日修之，修之於身，修之於家國，修之於天下，不可一日而不修焉者也。

有蔽則闇，無蔽則明，况人易於蔽乎？耳之蔽聲，目之蔽色。蔽口鼻以臭味，蔽四肢以安佚。一掬之力不勝群蔽，則去禽獸不遠矣。知其蔽而去之，人欲日消，天理日明。周子、程子，大儒也，其授受之旨曰『尋孔、顔樂處』，所樂何事？當是時，弟子不聞，師亦不言，果孰從而求之？將求之曲肱陋巷耶？抑無事乎曲肱陋巷而有其樂耶？聖賢垂世立教之所寓者，書也。用而不用者，心也。心不可用，書亦不可廢。其爲之有道乎？得其道則交助，失其道則交病。仲尼、顔子之樂此心也，周子、程子此心也，吾人亦此心也。得其心，樂不遠矣。

古今學者不同，孔子以兩言斷之曰：『古之學者爲己，今之學者爲人。』古今仕者不同，程子以兩言斷之曰：『古之仕者爲人，今之仕者爲己。』學爲己也，其仕也爲人；學爲人也，其仕也爲己，斷不疑矣。

今郡、縣學，古之大學也。今之社學，猶古之小學也。天下風俗美惡，存乎人。人之賢否，存乎教。庠序之設，六經之訓固在也。以小學言之，朱子《小學》，書教之具也。社學，教之地也。天下事，無本不立。小學，學之本也。保自然之和，集未萌之欲，日就月將，以馴致乎。大學，教之序也。然則社學之興，在今日正淑人心，正風俗，扶世教之第一義，胡可少哉？文章功業氣節，果皆自吾涵養中來，三者皆實學也。惟大本不立，徒以三者自名，所務者小，所喪者大，雖有聞於世，亦其才之過人耳，其志不足稱也。學者能辨乎此，使心常在內，到見理明後，自然成就得大。

天地間一氣而已，詘信相感，其變無窮。人自少而壯，自壯而老，其悲歡、得喪、出處、語默之變，亦若是而已，孰能久而不變哉？變之未形也，以爲不變；既形也，而謂之變，非知變者也。夫變也者，日夜相代乎前，雖一息變也，况冬夏乎？生於一息，成於冬夏者也。

越、楚風氣不同，人聲隨而异。越不可爲楚，楚亦不可爲越。越與楚不相能，非有生之初，習使然耳。習之久，殆與性成。夫苟欲變之，非百倍其功，持之以久，不可使化而入。今若以爲越者一人聚號於楚，曰：『去而爲楚者以從我。』楚得不群怒而逐之乎？守其爲越者，毋遽責楚以必同，庶乎其免矣。

生平學問一事，極索理會，不可悠悠。人一身與天地參立，豈可不知自貴重，日與逐逐者伍耶？

人具七尺之軀，除了此心此理，便無可貴，渾是一包膿血，裹一大塊骨頭。凡百所爲，一信氣血，老死而後已，則命之曰禽獸可也。

古人處老有道，處病有道，處死有道。子曰：『朝聞道，夕死可矣。』其處之之道乎？

顔淵問爲邦，孔子酌四代禮樂告之。顔淵，處士也，何與斯理耶？居陋巷以致其誠，飲一瓢以求其志，不遷不貳，以進於聖人，用則行，捨則藏。夫子作《春秋》之旨，不明於後世矣。後之求聖人者，顔子其的乎？時乎顯則顯矣，時乎晦則晦矣。語默、出處惟時，豈苟哉？

天下非誠不動，非才不治。誠之至者，其動也速；才之周者，其治也廣。才與誠合，然後事可成也。子曰：『苟有用我者，期月而已可也，三年有成。』聖人過化存神之妙，不可一二窺測。天下不動不治，動以治之，聖人與學者一也。未有不須誠以動，不須才以治者也。

天下之事，成之惟在威信。威信一立，無事不可爲。苟無威信，則無其本，難乎其立政矣。

貪官污吏，侵漁百姓，甚於盜賊。此輩不除，雖有良法美意，其孰與行之？

法不貸於豪右，而惠可及乎煢嫠。

旁引善類，以扶天地之元氣；大明公道，以壽國家之命脉。

君子一心，萬理完具。事物雖多，莫非在我。此身一到，精神具隨。得吾得而得之，失吾失而失之，厭薄之心胡自而生哉！若曰物，吾知其爲物耳；事，吾知其爲事耳。勉焉舉吾之身以從之，初若與我不相涉，比之醫家，謂之不仁。昔人之言曰：『銖視軒冕，塵視金玉。』是心也，君子何自得之哉？

古今人無不同也。同其心，不同其迹可也；同其歸，不同其入可也。入者，門也；歸者，其本也。周誠而程敬，考亭先致知，先儒恒言也。三者之學，於聖人之道孰爲邇？孰知之無遠迩歟？周子《太極圖説》，聖人定之以中正仁義而主静。問者曰：『聖可學歟？』曰：『可。』『孰爲要？』曰：『一爲要。』一者，無欲也。《遺書》云：『不專一，則不能直遂；不翕聚，則不能發散。』見静坐而歎其善學曰：『性静者，可以爲學。』二程之得於周子也，朱子不言有象山也。此予之狂言也。

言不離乎道，行不迷乎窮。出處、語默、去就之權，操而用之，必概乎義。苟如是，榮辱之至自外者，斯任之而已。

紀 事

先生自幼穎悟絶倫，讀書一覽輒記。一日讀《孟子》『有天民者，達可行之天下而後行之』，慨然歎曰：『丈夫行己，當如是也。』

性至孝，事貞節太夫人甚謹，母愛子慕，惟日不足。事伯兄如父，坐必隅坐。太夫人女弟之子某，幼無依，先生收育，教之成人，至割田廬以樹其家。

康齋吴聘君講伊洛之學於臨川，性嚴毅，來學者絶不與語，先令治田，獨待先生有异，朝夕與之講究。

江西修復白鹿洞書院，藩臬諸公致幣請先生主教席，報謝不往，謂歲月侵尋，老將至矣。

其於聖賢之道，非直不能至而已。其所求於其心、措於其躬者，亦若存而若亡，雖欲自信自止而不可得，況以導人哉？

先生素多病，嘗慮一旦身先朝露，不能送太夫人終，故自太夫人七十年之後，每具衣冠，秉燭焚香，露禱於天曰：『願某後母死。』後果以七十歲孤，子居九十歲。母喪，哭擗食素，一如先王之禮。

先生嚴於取予，一毫不苟。嘗買婢，得邑人尹氏女，既而知之，歎曰：『良家也。』命內人撫之如己女，及笄，擇婿嫁之。巡撫謝綬遺先生壽木甚美，一日，其交厚陳某卒，遺言必得木如先生者，其子以告，即舉而畀之。林良以畫名天下，嘗作一圖爲先生壽，惠州同知林璧玉閲之甚愛，亦即畀之。知縣趙某頗著貪聲，懼先生遇當道露其事，特遺白金數鋌爲太夫人壽，先生不得已受之，戒家人勿啓，後某以贓去，追而還之，其人感泣。提學汪廷貞慕先生，作懷沙亭以寓仰止，數以白金爲壽，其卒於官也，盡封還以爲賻。

《儼山外集》曰：陳白沙一日來訪莊定山，定山挐舟送之。有一士人同泛數十里。其人數滑，是日肆詞鋒，縱談褻昵之事，人不堪聞，故以是困二老。定山大怒，幾至厲聲色，追明日，餘恨猶未已。白沙則當其談時，若不識其人。定山大服之。

先生嘗以道之顯晦在人而不在言語，遂絶意著述，故其詩曰：『他年倘遂投閑計，祇對青山不著書。』又曰：『莫笑老慵無著述，真儒不是鄭康成。』

紀論

羅一峰曰：白沙先生處南海者廿餘年矣，觀天人之微，究聖賢之藴，充道以富，尊德以貴。天下之物，可愛可求，漠然無動其中者。孟子曰：『飽乎仁義，不願人之膏粱；令聞廣譽，不願人之文綉。』周子曰：『見其大則心泰，心泰則無不足，無不足則富貴貧賤處之一也。』其斯之謂與？

又曰：近世學者自《小學》《近思録》始，陳公甫其人也。

章楓山曰：天下學者，做誠未至，動不得人，惟白沙動得人。

又曰：當時人物，以陳白沙爲第一流。

又曰：康齋出處第一着，白沙第二着，一峰第三着，我輩是第四五着。

姜仁夫曰：吾閲人多矣，如先生耳目口鼻，人也。所以視聽言動者，殆非人也。有問之，輒曰：『活孟子，活孟子。』

林南川曰：先生教人，其初必令静坐以養其善端。嘗曰：『人之所以學者，欲聞道也。求之書籍而不得，則求之吾心可也。惡累於外哉！此事定要覰破，若覰不破，雖終日從事於學，亦爲人耳。詩文皆末習，注述等路頭，一切塞斷，一切掃去，無令半點芥蒂於胸中，然後善端可養，静可能也。始終一意，勿助勿忘。氣象將日佳，造就將日深也。』先生所以教人，即其所以自得者。人有言先生面有七黑子，予具書辯之曰：『吾事夫子最久，何眼拙之未見耶？』

林見素曰：康齋之有白沙，猶李挺之之有康節。始求之博，久之曰雜矣；又求之静，久之曰偏矣。雜佛老而超佛老，張、朱二夫子先迷而後獲也，遂以宋大儒爲依歸。其立志甚專，向道甚勇，涵養甚熟，德器粹完，脱落灑灑，獨超造物牢籠之外，而寓言寄興於風煙水月之間。其有舞雩陋巷之風焉。先生詩曰：『從前欲洗安排障，萬古斯文看日暈。』其本乎？曰：『一笑功名卑管晏，六經仁義沛江河。』其用乎？曰：『時當可出寧須我，道不虚行衹在人。』其出處乎？所謂吟咏性情而不累於性情者矣。

王青蘿曰：白沙之學，從孔、顔之樂而得。然樂有虚實，顔子之樂實，曾子之樂虚。白沙其得顔子之實者乎？

王惺所曰：堯夫不可及，其見道宏澈，襟懷脱灑，隨世功名氣習，一毫沾染不得，秦漢以來儒者一人而已。國朝白沙近之。

又曰：吟弄風月，寓意詩酒，皆所以游衍性情，發揮道理，如康節、白沙兩先生者，即此是學，非如文人酒家流連光景，馳逐曠蕩而已也。

薛中離曰：白沙博而能約，不離人倫日用，而見鳶飛魚躍之機，雖無著述，其答人論學之書，已啓聖賢之扃鑰。

桐川方魯岳曰：白沙云：『學以自然爲宗，以忘己爲大，以無欲爲至然。』又言：『若無孟子工夫，驟語以曾點見趣，一似説夢。』余乃仰窺白沙學脉，所謂自然者，正與孟子『集義』之指同，故又言：『功深力到，華落實存，乃浩然自得。』夫浩然者，本自然者也。末學妄臆其説，引而入於玄門老氏之流，不知白沙矣。

鄒南皋《書白沙語略後》云：予自志學，聞諸先達言，必稱先生。取先生書讀之，蓋數遍矣。先生論學，在静中養出端倪。又曰『吾學以自然爲宗』。予亦嘗用心於内，似端倪呈露，廿餘年無所得。又嘗究自然爲宗之旨，與先生之學似若扞格。近知先生之學自得者，深非言語可求也。夫端倪無處無之，予以端倪求之，無怪乎不得其端也。道本自然，予有心求自然，終與自然者殊也。先生語云：『求静之意，反覆圖之，未見其可。若遂行之，祇益動耳。』又曰：『從前欲洗安排障。』先生所謂『養出端倪，自然爲宗』者，意在斯乎！意在斯乎！

給事中賀欽疏曰：臣先年在科之日，接見廣東新會縣歷事監生陳獻章，天性高明，學術純正，非記誦詞章之流，實躬行心得之士，有格君之德，有經世之才。成化十五年以來，廣東左布政使彭韶，欽差、總督兩廣軍務、兼理巡撫、右都御史朱英，前後具本稱其賢才，吏部移文所司以禮起送，成化十九年三月到京朝見，以身病母老陳乞終養，蒙朝廷授以翰林檢討，令其親終疾愈仍來供職，迄今六載，不知陳獻章前疾已愈、母養已終與否。伏望陛下以非常之禮起此非常之賢，召之便殿，問以治平大道，以觀其謀猷；授以政事，以試其才識。若其賢果如臣言，伏望陛下或任之内閣，使參大政；或任之經筵，使養君德。臣敢謂，不數年而太平之治可必致也。緣陳獻章作止語默，絲毫不苟，而世之樂放縱、惡拘檢者多嫉之；陳獻章以知而必行爲正學，而世之務口耳、尚詞章者多嫉之；陳獻章安於退處，不求聞達，而世之貪利禄、好奔競者多嫉之。惟陛下察納臣言，不爲鄙夫俗儒之所遷惑，斷自宸衷而決行之，則天下幸甚。

《明儒學案》曰：先生之學，以虚爲基本，以静爲門户，以四方上下、往古來今穿紐凑合爲匡郭，以日用、常行、分殊爲功用，以勿忘勿助之間爲體認之則，以未嘗致力而應用不遺爲實得。遠之則爲曾點，近之則爲堯夫，此可無疑者也。故有明儒者，不失其矩矱者亦多有之。而作聖之功，至先生而始明，至文成而始大。向使先生與文成不作，則濂、洛之精藴，同之者固推見其至隱，异之者亦疏通其流别，未能如今日也。或者謂其近禪，蓋亦有二。聖學久湮，共推事爲之末，有動察而無静存，一及人生而静以上，便鄰於外氏，此庸人之論，不足辯也。羅文莊言：『近世道學之昌，白沙不爲無力，而學術之誤，亦恐自白沙始。至無而動，至近而神，此白沙自得之妙也。彼徒見夫至神者，遂以爲道在是矣，而深之不能極，幾之不能研，其病在此。』緣文莊終身認心性爲二，遂謂先生明心而不見性，此文莊之失，不關先生也。

先生自序爲學云云，及張東所叙先生爲學云：『蓋主静而見大。由斯致力，遲遲至二十餘年之久，乃大悟廣大高明不離乎日用，一真萬事，本自圓成，不假人力，無動静，無内外，大小精粗，一以貫之。』先生之學，自博而約，由粗入細，其於禪學不同如此。

尹直《瑣綴録》謂：『先生初至京，潛作十詩頌太監梁方，方言於上，乃得授職。及請歸，出城輒乘轎張蓋，列槊開道，無復故態。』丘文莊采入《憲廟實録》，可謂遺穢青史。《憲章録》〔二〕則謂采之《實録》者，張東白也。

按，東白問學之書，以『義理須到融液，操存須到灑落』爲言，又令其門人饋遺先生，深相敬慕，寄詩疑其逃禪則有之，以烏有之事，闌入史編，理之所無也。文莊深刻，喜進而惡退，一見之於定山，再見之於先生，與尹直相去不遠矣。

【注】

〔一〕權根按：『《憲章録》』，原作『《憲彥録》』。據中華書局點校本《明儒學案》卷五《白沙學案》（上）改。《憲章録》，四十六卷，明薛應旂撰，見中華書局點校本《明史》卷九十七《藝文志》。

卷六

陳政

陳政，字宣之，番禺人。生而秀穎，六月能言，三四齡時，客有以三人聚話，命之對者，應聲曰：『四皓同游。』客大奇之。七歲，父恩教之《大學》《中庸》，過口即成誦。十五能文，詞有理致，力學修省不少懈。嘗作《自訟文》以自勵，提督僉事彭琉見之，曰：『此殆潛心孔孟者也。』亟稱之。

英宗正統六年辛酉，以《詩經》發解第一。是年，瓊山丘濬鋭意首選，二場後，請誦所作，驚曰：『解元屬之子矣。吾輸子一籌耳。』遂不終場而去。揭榜果然。明年壬戌，中春官乙榜，不就，卒業太學。祭酒李時勉試之，曰：『异材也。』命與天下文學之士商略等四十八人讀書於尊經閣下。自是所造日深。連遭内外艱，閉户藏修，不樂仕進。家居凡八年，以五經教授，從之者先後幾千人，多知名者。有司屢勸駕，乃改治《周易》。登景帝景泰五年甲戌進士，選爲翰林庶吉士。丘濬時爲同年，亦在選，每見所作，必推服。嘗與修《寰宇通志》，書成，拜湖廣道監察御史。繩愆糾謬，務存大體。嘗疏《敬天勤民十事》，人服其敢言。尋奉璽書，提督北直隸學校，立教條十五事，設簿書以稽學者勤惰，隨其資質高下而成就之，大都以德行爲本，文藝爲末，未嘗輕易弃人，故學者咸懷其德。閱九載，郡邑諸生交章奏保，特陞山東按察司副使，提督學校如故。前此未有也。

先是，積歲糧餉不敷，庠序廪米折半支鈔，奏言：『京師首善之地，當以培養人才爲先，不宜吝惜小費。』詔復舊典，士益激昂。久之，京堂太常卿官缺，吏部侍郎尹旻召飲，指案間犀帶示意。政對曰：『腰金恒愧非據，敢溢涯分乎？』旻遽曰：『君言是也。』遂不果用。

憲宗成化三年丁亥，上疏請追崇孔子，謂當易大成之號以洗前陋，復元聖之稱以正宋人避諱之失，用示一代崇道盛典。會議者寢其疏不行。是歲，改雲南按察司副使，至則繩武弁之尤無良者數人。修舉憲度，張弛有道，民夷安之。十年甲午，獻績之京，至湖湘遘疾，還番禺治療，逾二載卒，年五十有九。

政爲人資性淳雅，學殖該博，所著有《東井集》。存心忠厚，不言人過，孝友信義之稱洽於鄉黨。廣之縉紳謂可以托妻寄子者，政一人而已。

（戴璟《通志》，參《粤大記》《獻徵録》）

紀　言

《自訟文》曰：昔蘧伯玉行年五十，而知四十九年之非，夫子以君子稱之。予生也晚，然犬馬之齒日加長矣。静而思之，此心既往之，非奚啻伯玉也耶？夫子嘗曰：『吾未見能見其過而内自訟者。』因隱括成篇以見意，固非敢以聖人所未見者自居也。雖然，内自訟者，口不言而心自咎之謂，既曰自訟矣，奚庸於辭？蓋自訟而藉心聲以發之，庶或可以備窺鑒、存觀省，以示不忘焉爾。

其辭曰：民之初生，曰自天君者，傳國有宋，應於大火，遂以火德通於天下。粤若玄默涒灘之歲，招摇指於析木時。天君凝神乎虚靈之宫，游息於三池之澳。既而正中位，闢九門。宣玉音，降絲綸。將以咨詢乎庶職，慶讓乎百官。乃命蒙楸職司觀察，别枉直於疑似，辨是非於毫髮。明命赫然，其敢或違？眩私瞀色，法有攸規。乃命穰炵職司典樂，遵放鄭之舊章，宗在齋之正學。誘知化物，類乃非經。敢隳聰德，厥有常刑。申命卿塿，納言是職。戒朵頤之貪饕，絶讒邪之罔極。務鼎鼐之調和，庶斯言之靡食。申命伯鉈，屏息在公。歆至德之馨香，斷惡臭之靡容。惟鮑魚之時遠，爰芝蘭之必從。分命叔掫，爲執金吾。衛彼凶邪，以固中都。操持恭止，輕舉靡圖。分命子蹜，爲大行人。奔走王事，蹜蹜有循。惟容斯重，罔墮其身。六命既敷，百官凛栗。懲既往之過愆，省平居之得失。僉謀既協，衆允若一爾。乃推卿塿而進言於天君曰：亥聞體元居正，君之極也；循理奉公，臣之翼也。風行而草偃，表端而影直。未有上克盡而下不職也。今君物欲交拏，百慮紛紜；群疑嶭積，諸妄因循。或荒於嬉，則馳慕乎鴻鵠之將至；或湎於酒，則汩澆乎水鑒之天真。群下效尤，厥咎惟均。故衮職之不修，則無异於下臣。於是天君瞿然若失，勃然改容。爰省前爲，以圖厥終。葆真毓和，端一虚冲。秉《詩》之塞淵，戒《易》之憧憧。一真自如，萬事由中。於是乎正位凝命如初，火德復興，百官從命。

紀論

御史古雄高宗本曰：政之所以异於人者，非鼓以智術，逞以奇巧，挾以勢力也。亦不過平其心，易其氣，弘其德，坦然行所無事而已。至於人以文叩之，則以文應；以道誼叩之，則以道誼應；以政事叩之，則以政事應。此政之所以异於人也。

黄佐曰：成化末，建議者請尊孔子爲廣運帝，盡去舊號。朝旨不行，然不以爲非。夫孔子之聖，固無待於追崇，然所以洗前陋，正宋人避諱之失，則正名意也。詆斥之逢，豈其命歟？先大父長樂府君稱陳憲副之賢不容口，且曰：『吾從之游最久，温乎其外，粹乎其中，表裏渾然猶一日也。長於自修而短於邀名，故或毁方而瓦合。』噫！紀之甗，夏之璜，既櫝且瘞，輝於斗極，君子豈能自掩其善哉？《記》不云乎，『苟有其言，必聞其聲；苟有其車，必見其式』。

丘　濬

丘濬，字仲深，瓊山人。其先晉江人，元季有官瓊者，因家焉。祖普，性有陰德，爲良醫。

濬幼孤，嗜書，或從市肆借讀，或從親友訪求假抄，聞有積書之家，必豫計内交，有遠涉數百里，轉浼至數十人，積久至三五年而後得者，甚至爲人所厭薄，厲聲色相拒。其顓篤如此。

正統九年，鄉貢第一，卒業太學，祭酒蕭鎡深重之。景泰五年，試禮部，學士商輅閲策，意爲濬，揭之果然。廷試，以貌寢，置二甲第一，首選翰林庶吉士。濬以海外孤生，躐取清華，益讀未見書，究心本朝文獻。既撤館，授翰林編修。天順以來，兩廣蠻賊猖獗，朝命總兵楊彪、都御史葉盛討之，不能平。憲宗初，使都督趙輔、參政韓雍往代。濬奏記大學士李賢，大約言兵之策有二，曰逐，曰困而已，廣東賊當用逐，廣西賊當用困，娓娓千餘言。賢善其策，以轉聞，帝嘉納之，命録示總兵、巡撫，卒用破賊。九載秩滿，陞侍講，與修《英宗實録》，成，陞侍講學士。濬在講筵，雖貌不揚，而音吐洪暢，憲宗悦之，累進翰林院學士、國子監祭酒，加禮部侍郎，仍掌監事。

濬慎取與，恬仕進，富於見聞，是非臧否，常與人各趣。又能以辨博濟其説，人莫敢難者。至於奏對敕諭之文，引經證史，條達詳明，讀者知其爲有用之儒也。宋真德秀《大學衍義》，舊至修身齊家而止，濬更采集子史經傳有益治國平天下者，附以己見，爲百六十卷，凡列十二目，詳列百十九目，曰《大學衍義補》。又以成天下之務，易教先幾，更條四目，曰『謹理欲之初』『察事幾之萌』『防奸邪之漸』『炳治亂之朕』，總而曰『審幾微』，自爲一卷以首補誠意正心之要。孝宗嗣位，濬書適成，表上之，帝深嘉悦，賜白金二十兩、紵絲二表裏，陞禮部尚書，掌詹事府事，命録付書坊刊行。亡何，命充副總裁官，修《憲宗實録》。以老乞休。令朔、望朝參以終史事。

四年，《實録》成，加太子少保，遂令兼文淵閣大學士，時年七十一矣。三疏固辭。末疏言：『皇上處臣内閣，不允臣辭，念臣之壯也，亦欲有爲。今老矣，閲久歷多，始知天下事思之非不爛然，第恐行時不如言時，人心不似我心。臣所進《大學衍義補》，平時精力盡在此，倘聖明采一二於十百之中，見諸施行，雖不用臣，如實用臣。』不許。既就位，復言：『《大學衍義補》一書，臣所竭思盡忠，搜古鑒來，非如鄭康成之訓經義，泛濫無裨；王安石之假經言，紛更變亂。臣年逾七十，鐘鳴漏盡，明主不弃，進之内閣，是臣書遭逢之日也。臣請擇其要，綴爲奏章，次第上獻，乞下内閣二三儒臣會同斟酌，擬詔施用，或有窒礙，姑留俟後，臣決不敢護短求勝。』帝曰：『謨猷入告，大臣職也。卿究心當世久矣，所欲有言，其即聞朕。』

明年，上言：

臣所進《大學衍義補》，條目甚多，然皆一代一時之事，若所謂經籍圖書，乃萬年百世之事也。臣本書中有曰『廣圖籍之儲』者，臣竊惟圖籍所載，皆聖帝明王、賢人君子精神心術之微，道德文章之懿，行義事功之大，天地山川、人物風俗之所載，禮、樂、刑、政制度，文爲之所出，今賴知古，後賴知今者也。是以自古帝王當務爲急，即漢、唐、宋創業之君始有天下，莫不先收圖籍，迨厥中世，稍有散闕，輒分行天下，懸賞購之，授官酬之。五代亂離，猶然不廢。高皇帝至正丙午年，首求遺書，既平元都，得其館閣秘藏，又廣購於民間，没入於罪籍，一時儲積不減前代。太宗當多事之時，猶聚衆千百，纂集《永樂大典》以備考究。今承平百年，中外無事，國家尚有餘力采輯佛、道用備經藏，遍賜天下寺觀，雕以良梓，飾以文綾，儲以髹紅函匱，載以金碧輪藏，況此儒家經籍，如前所云，烏可惜日月之力，吝纖毫之費，使其放佚廢墮？夫自古藏書不一所，漢有東觀、蘭臺、鴻都，唐有秘書監、集賢書院，宋有崇文館、秘書省諸處。我朝罷前代臺、監、館、省之官，并其任於翰林院，院設典籍二員掌之，天下書籍盡歸內府。南京國子監雖設典籍，所掌不過累朝頒降，若舊鐫書木而已。夫國家經籍圖書之儲，兩京皆有。永樂中，遣修撰陳循於南京文淵閣，自一部至百部以上各取一部於北京。今請敕大學士等，將内閣現成書籍計，委學士以下督同典籍等官，一一彙若干部，部若干卷，木刻比較，年月及委官名銜識於其後。或有副餘，分送一部於兩京國子監，仍敕南京内外守備大臣會同禮部、翰林院官稽閲。永樂中，數有僅一本無副餘者，下國子監再行抄録。他若内閣所無或不備者，録付禮部分行天下，提學、憲臣榜示官吏軍民之家，與凡官府、學校、寺觀、鋪坊，令送所在有司謄寫校對，先後進呈。其藏書之所，一在京師，一在南京，使一書而有數本，一本而有三處。復仿宋朝曝書給酒食費之例，每歲三伏，先期奏請翰林院量委堂上官一二員，偕僚屬同赴曬晾，畢事扃鑰内外。大小衙門因事有欲稽考，必請上旨，以爲常規。

臣又惟高皇帝御極三十年，所有制作，多出宸衷，非若前代帝王假手詞臣之比。今頒行天下者，惟《皇明祖訓》、《大誥三編》[一]、《大誥武臣》、《資臣通訓》四書而已。御製詩文，雖業編梓，天下臣民常稀得見。至其編類在内閣書目者，猶有《御注洪範》《御注尚書》《御注道德經》《文華寶鑒》《昭鑒録》《外戚事鑒》《存心録》《精誠録》《省躬録》《志戒録》《永鑒録》《忠義録》《爲政要録》《彰善癉惡録》《武臣鑒》《醒貪簡要録》《務農技藝簡要録》《女戒》《務本訓》諸書，是皆我聖祖心思之所運行，手澤之所沾溉。至當時儒臣所纂，則又有《大明帝紀》《皇明寶訓》《大明寶訓》《洪武聖政記》《大明日曆》等書。今盡藏内閣，天下臣民無由睹記我聖祖功德之隆。萬世如見，即不假言語文字以傳，而聖子神孫繼述揄揚，故不容已。臣請發行鐫印，大頒中外。若其間繁不易舉，質難行遠者，請如洪武六年翰林學士詹同、宋濂等纂集《日曆》以爲《寶訓》之例，仿唐人貞觀體制，撮綱分類輯成一書，上而朝廷用以資治，下而學校用以教人，科舉用以取士。并行六經，偶盛五帝，亦不刊之典也。若列聖相承，致治之迹，惟賴《實録》《寶訓》二書。今代經六帝，世盈十紀，巍乎焕然，昭哉可觀。既無金匱石室之具，又無名山副藏之制，惟内府、内閣各儲一部而已。臣不識忌諱，一旦有不測之故出衆人所不慮，則一代治體要典文章之盛未由憑稽，後來秉史筆者且求之草澤之中，訪之傳聞之外，真贋莫辨，簡牘散亡，非但大功异政不得紀載，而明君良臣爲人蒙污，或亦有之矣。

臣愚過計，欲乞於文淵閣旁近别建重樓一所，專累磚石，不用樑棟，敕寫一部藏以銅匱，庋樓上層。凡國家大事、文書、玉牒之類皆附焉。其詔册、制誥、敕書、行禮儀注，若應制詩文，與夫前朝遺事，或諸雜録，亦敕先後録寫，盛以鐵匱，庋樓下層。而凡内府、衙門所藏文書可爲异日纂修之備，及永樂以前文武官貼黄之類亦皆附焉。則祖宗功德，傳以無疑；國家典章，俟之不惑。

書奏，帝嘉納之。時太監李廣漸進左道，親近用事，濬因言：『陛下改元，歲在戊申，與太祖初元同符，宜體上天仁愛，念祖宗基業，修德以立本，清心以應務，謹好尚，節財賄，公任用，禁私謁，釐革庶政，盡復國初之舊。』因擬二十二事，曰『佛、道二教可延福祚』，曰『修煉金丹可致長生』，曰『創建寺觀可植福田』，曰『印造經懺可冀利益』，曰『修齋設醮須豐盛』，曰『誦經持咒可禳度』，曰『崇重西僧求秘術』，曰『祀神可福佑』，曰『宴享品物須豐侈』，曰『匪頒賙賜如舊例』，曰『寶石可服玩』，曰『欲街市和買應用取直官府』，曰『求閑田爲己業』，曰『差官於外織造措辦』，曰『獻珍异器希賞賜』，曰『宮室損壞須改作』，曰『拆糧備顔料』，曰『工作人勞苦希陞賞』，曰『所司使用之人當額外增置』，曰『工巧人授以職』，曰『技藝雜流欲得文武要秩』，曰『無出身人欲於文武官常員銓注』。皆請有言及而以理折之，蓋廣所欲請於上而濬先發者。疏幾萬餘言，帝雖嘉納，未能行也。六年，當考察天下朝覲官，濬請如唐虞三載考績、三考黜陟之制，蓋亦《衍義補》所言。於是吏部尚書王恕所奏黜者，以上旨留其二十之一。濬又時對人言：『恕行事不合祖宗朝典，故以風示之。』亡何，太醫院院判劉文泰訐恕，恕意濬，文泰遂求去，於是言者嘩然攻濬，摘濬《悼亡》、《長思録》、戲劇《五倫記》爲不經之作，帝不問也。

濬自少苦學，老而右目失明，在朝半疾病，屢欲求去。帝特免其朝參以優之。七年，加少保兼太子太保，改户部尚書、武英殿大學士。八年，卒於位。訃聞，帝輟朝，賜賻祭葬，贈特進、左柱國、太傅，謚文莊，遣行人護歸，官其孫嵤尚寶司丞。

濬仕四十餘年，自處如韋布。其卒也，家人治裝，圖書數萬卷而已。嘗考諸儒論著，作《家禮儀節》，以補《朱子家禮》所未備；采朱子平生微言要義，仿《魯論》，作《朱子學的》二十篇；謂《朱子綱目》一重正統，而秦、隋之末有，不可遽奪，漢、唐之初有，未可遽予者，作《世史正綱》。濬兩與策士，及爲國子祭酒，諄諄以文體、士行訓人，斥險怪之詞，示中庸之道，士始不信，卒翕然服焉。濬論史，謂范仲淹生事人也，料岳飛未必能恢復，取秦檜有功宋家末造，黜元不與正統，以許衡無能改於元之俗即不仕可爾。其説士人有信有訾，而所論許衡出於弱冠，嶺南耆宿皆服其言。

子敦，沉默博記，善文章，早卒。敦子京，蔭授中書舍人，仁愛好施，有其祖風。𡿦卒正德初，復以曾孫郊繼其官。賜濬景賢祠於鄉，以配宋學士蘇軾。何喬新論嶺南人物，自唐張九齡、宋余靖、崔與之及濬四人而已。郊亦有孝弟稱。

（《學統》）

【注】

〔一〕權根按：『《大誥三編》』，原作『《大誥三篇》』，據中華書局點校本《明史》卷九十七《藝文志》（二）改。

道學之説，唐以前無有也，有之，其始於宋乎。宋科目取士，有進士、明經二途。進士試詩賦，明經試墨義。後罷明經，而改試進士以經義。其所試之經，用漢唐疏義、王安石新説。此當時儒先所以有道學之説也。我朝立進士科，以五經、四書試士，一主程、朱之説。今士子所習以應科者，是即先儒所謂道學也。但學者假此以出身，謂其無得於身心者則有之，若謂此外又别有所謂『向上一著』而後謂之道學，吾不知其何説也。或者謂朱子道問學之功多，陸氏尊德性之功多，斯人之徒專指陸氏尊德性之學，措其心於語言文字之外，豈其言哉？《中庸》謂『君子尊德性而道問學』，二者之功，其可偏廢歟？朱子之學，其果一偏之學哉？

道統之傳尚矣。前乎孔子者，皆行道者也；後乎孔子者，皆明道者也。是則行道者至孔子而止，明道者由孔子而起。孔子也者，前聖之統會，後聖之標準也。前聖而不合乎孔子，不足以任斯道之統；後聖而不發乎孔子，不足以承斯道之緒。故曰：『先孔子而聖者，非孔子無以明；後孔子而聖者，非孔子無以法。』豈不信然？夫孔子之道，具載六經。《易》也，《書》也，《詩》也，《禮》《樂》也，皆前聖已行者，道合乎孔子，故孔子述之以垂萬世。惟《春秋》一經，則孔子之筆也，合《易》《書》《詩》《禮》《樂》，貫通而一之者也。欲學孔子而承其統者，捨此而不法，烏乎法乎？

儒者之學，學所以至乎聖人之道也。其要，莫先於爲己、爲人之辨。《大學》一書，爲己之學也，欲爲爲己之學，必先效法於人，而後用功於己。其用功之要，程子所謂『涵養須用敬，進學則在致知』是也。以此立志用功，循序積累，則知與行偕進，心與理昭融，中外本末，隱顯精粗，一一周遍，是謂儒者之學矣。古者之學，始乎士而終於聖，不過下學上達而已。今人既無小學工夫，須先於持敬。敬不可以不立，而理不可以不窮。彼四書、五經以及近世諸儒之書，窮理之具也。理既窮矣，由是而治心治身，正倫理，成治功，以至於窮神知化，參天地，贊化育，是則所謂神聖之能事，學問之極功也。下學上達如此，豈非儒者全體大用之學乎？

六經之道，始於伏羲畫八卦，歷二帝三王之世數千年，至孔子而後其書始成。孔子殁，其微言奥義幾絶。又歷漢、唐、宋千數百年，至朱子而後其義始明。凡歷幾朝代，經幾聖賢，然後聖經賢傳，復全於世，至於今。横經之師遍郡縣，執經之徒溢里巷，明經之士布列中外，自有經術以來，所未有也。然必推而用之，以見於處己行事之間，爲臣則忠，爲子則孝。暴白儒者之效於天下，毋使世之議者概謂程文之士大言無當也。

禮之在天下，不可一日無也。中國所以异於夷狄，人類所以异於禽獸，以其有禮也。禮其可一日無乎？儒教所以不振者，异端亂之也。异端所以肆行者，以儒者失禮之柄也。世之爲儒者，徒知讀書，不能執禮，而吾禮之柄遂爲异教所竊弄而不自覺。自吾失禮柄，而彼因得乘間陰竊吾喪祭之土苴，以爲追薦禱禳之事，而吾之士大夫名能文章通經術者，亦且甘心隨其步趨，遵其約束而不以爲非，無怪乎舉世之人靡然從之，安以爲常也。世儒方呶呶然作爲文章，以攻擊异端爲事。噫！吾家之禮爲彼所竊去而不知所以，反求顧欲，以口舌争之，失其本矣。文公《家禮》一書，誠闢邪説、正人心之本也。使人人誦此書，家家行此禮，慎終有道，追遠有儀，則彼自息矣，儒道豈有不振也哉？

有以『心師』名軒者。竊謂以心師心，是有兩心矣。偶坐軒間，四窗洞開無人，萬籟寂然無聲，斂容端視，至於夜半，俗氛消盡，萬慮閴泯，而清明之氣澄澈光朗，但覺靈臺之中懔懔乎若嚴師在焉，可敬可畏，可觀可法，頓然省悟，然後知所以名軒之意有自也。張子曰：『正心之始，當以己心爲嚴師。』其以是歟？

人惟無心，然後能應彼有心者。先横一物於胸中，未出也，豫期於將然之先；既出也，取必於已然之際；卒之期者未必如所期，必者不能如所必。此無他，私心害之也。天地之大，亦無心而成化，聖賢法天時以屈伸，時行則行焉耳。

時潛而潛，則其潛也不終於潛。伊尹潛於莘野，而不能潛於幣聘之時；傅説潛於版築，而不能潛於形求之日。豈惟人哉？陰陽物理，莫不皆然。日潛於夜，至於旦、晝不能潛矣；月潛於晦，至於弦、望不能潛矣；龍潛於淵，蟲潛於蟄，一旦祁祁之氣興，虩虩之聲起，其能終潛乎？是則時也者，大而陰陽不能外，小而昆蟲不能外，則夫人之用捨進退，豈能外之而有爲哉？然此特時之潛耳，非所謂心之潛也。蓋身有時而潛，有時而不潛，而心則無時而可不潛也。潛之時固潛，不潛之時亦潛，不以隱顯而殊，不以古今而异，不以聖愚而間。必如是，然後合内外一體用，而有以爲聖賢之歸。

人惟無逸，所以終逸。彼常逸者，豈得逸哉？造物者所以生生長長之化其機，未嘗一息息也。天之於我，未嘗一息息，我何可自暴自弃，而苟安怠惰以自逸哉？彼游方之外者曰：『大塊息我以死。』蓋知此矣。人苟未至結纓易簀之際，皆非可息之境也。一息尚存，此志不容少懈，非但欲勤己以成德業也。天道如是，而人理亦當然爾。

《雙槐歲抄》曰：概公之生平，不可及者有三：自少至老手不釋卷，其好學一也；詩文滿天下，絶不爲中官作，其介慎二也；歷官四十載，俸禄所入，惟得指揮張淮一園而已，京師城東私第始終不易，其廉静三也。家積萬卷，與人談古今名理，衮衮不休，爲學以自得爲本，以循禮爲要。

蔡虚齋曰：先生博極群書，如巨海之吞吐百川，含宏無際矣。其才華國名世者四十年，晚際聖明，登之臺輔，取其所著書於大内，以廣聰明，權衡百度矣。其道尊爲國師，門生學子遍天下矣。自瓊以來，所鍾人物，未有如先生。於乎！其不爲虚生也已。

《殿學記》曰：洪武、建文間，時則有若劉伯温之閎大，宋景濂之浩博，王子完之醇正，方孝孺之爾雅。永樂、宣德間，時則有若解大紳之雄放，胡光大之豪宕，楊文貞之精密，金文靖之沉渾。正統、景泰間，時則有若李文忠之樸茂，劉文安之該核。然皆麗藻豐腴，未有若丘文莊之明體適用，酌古準今，裒然爲一代文宗也。自是以後，若程篁墩、李文正諸公，蓋聞文莊之風而起焉者。

福清葉向高曰：三代以後，以經國之業爲文者寥寥罕見，而相臣以文經國者尤不多得。至昭代而有丘文莊，所著《大學衍義補》於治國、平天下之道，纖悉畢具，皆參酌前代，折衷時宜。人主行其説，可以萬世而無弊。又遭逢柄用，當熙洽之朝，言雖不必盡行，而黼座之經綸、諸曹之展設，率不能出。公所條列，若犁然炳然矣。孝陵十八年之治平，實自公啓之。經國大業，捨公將誰歸哉？

盱江何喬新曰：先生出其平生所作詩文曰《瓊臺類稿》，屬予較閲而定其可傳者若干卷。適都憲吴興閔公出鎮兩廣，見之歎曰：『此名世之文也，當爲梓之以傳於天下後世。』委予序。夫先生之文，一本於道，足以追蹤濂、洛諸名儒而無愧，非韓氏、歐陽氏、曾氏因學文而見道者之可擬，是宜閔公欲刻而傳之也。

南海陳熙昌曰：先生之學之大，乃在所著，《學的》并《家禮儀節》以標儒術，《世史正綱》以緒正帝統，《大學衍義補》以補佐皇猷。諸書如五緯麗天，八柱維地，鑿鑿乎如黍穀必可以療飢，斷斷乎如藥石必可以伐病。此先生之所以爲言，不獨以四部萬卷，雄渾壯麗之爲重者。

新安程敏政曰：先生嘗言：『世之作文者喜鍛煉爲奇，不究孔子詞達之旨；或剽竊爲功，不復周子文以載道之説，雖有言，無補於世。故予平日不欲以詩文語學者。』其言如是。是以懼學者之無本也，則有《學的》之編；懼學者之不知變也，則有《世史正綱》之作；懼學者之明體而不適於用也，則有《大學衍義》之補。其言鑿鑿，可見於行，行之可興文治，洽文教。先生之志如此。

《理學名臣録》曰：公穎悟絶人，私淑於趙考古，無書不讀。其爲己之學見於《朱子學的》，經濟之學見於《大學衍義補》。至《世史正綱》以明正統大義，《家禮儀節》以扶世教大端。國朝大臣律己之嚴，理學之博，著述之多，無出其右者。

洪洞范鄗鼎曰：巍乎先生之才也，淵乎先生之學也，確乎先生之尊信程、朱也，洋洋乎、灑灑乎先生之文章，可以見之行事之深切著明也。孝感《學統》一書特收先生爲理學，亶其然乎？人亦有言：白沙、定山先生亦有惡乎？其然，豈其然乎？

陳騏

陳騏，字夢祥，南海人。少喜技藝，工畫能醫，有司羅爲醫生，使視重囚，入獄中，穢不能忍，耻之，乃學舉子業。舉於鄉，天順丁丑連登進士，拜大理寺評事，晉左寺副，修撰羅倫以剛許之，陞江西僉事，發奸摘伏，有能名。分巡嶺北，民病瘴，以藥活之者至八百餘人。勘虚糧，明經界，均徭役，民不敢欺。有病死而歸，以被踢殺告者，騏視而折之曰：『傷必有血蔭，今肋骨形彎内黑外，彼能自内踢耶？』煮皂角水洗之，黑色盡去，獄遂决。人服其明。巡九江以南，火毁學宫、文昌祠，凡清出虚糧十八萬三千餘石，儲贖罪穀備賑濟至二十一萬六千石有奇，以各道罰罪銀市材倩工，修理學校、祭器，及正聖賢像，服之不如制者七十八所，毁淫祠九十七區，百姓以『陳打鬼』呼之。陞雲南副使。時鎮守太監錢能家人不法，每爲騏所制，中傷之，遂許奏落職家居。年八十餘卒。騏性勁厲自許，晚年論名理，與張詡論不協。著《鳶魚辯》《原學》諸篇，蓋亦自有所得云。

（《粤大記》，參《獻徵録》）

紀　論

《月山叢談》曰：騏爲江西僉憲，初至，夢有一虎帶三矢登其舟，覺而异之。會按問吉安一女子謀殺親夫事，有疑。初，女子許嫁庠生，女富而夫貧，女家恒周給之，其夫感激，每告其窗友周彪。彪家亦富，嘗聞其女之美而欲求婚。後貧士親迎時，彪與偕行，俗謂之伴郎。途中貧士遇盜殺死，衆皆驚散，而貧士之父疑女家嫌其貧，使人故要於路謀殺其子，意欲他適，不知乃彪所謀欲得其女也，遂訟於官。問者不察，因按女有奸而謀殺夫。騏取貧士之父問之，止得其略，未之詳，但云女與人有奸，則不得其主名，使穩婆驗其女，又處子。乃謂其父曰：『爾子在學，交與誰最密？』曰有周彪者。騏因思曰：『虎帶三矢而登舟，非周彪乎？况彪又伴其親迎，夢爲是矣。』越數日，僞移檄下吉安取有學之士修郡志，而彪之名在焉。既至，騏飲之酒，半，獨召彪後堂，屏左右，引彪手歎息，陽謂之曰：『人言爾殺貧士，將娶其妻，吾憐汝有學，且此獄一成，不可復反异，汝當吐實勿欺，吾則救汝。』彪錯愕戰慄，即跪而悉陳之。騏録其詞，潜令人捕同謀者，一訊而獄成，一郡驚以爲神。騏爲人慷慨多大節，羅一峰詩云：『舉世皆婦人，惟君獨男子。』其人可知矣。後遷雲南憲副，竟以繩監軍失官。今詩卷尚藏其家。

卷七

吴湇

吴湇，字源深，增城人。景泰癸酉鄉薦，天順丁丑進士。初令弋陽，以古循良自期，日與諸生講學習射，而助其不給，復立義倉，儲粟十萬石以恤民。時有中貴人至縣，暴横需索，莫之敢撓。湇力與之抗，曰：『倉卒失供備，此令罪，於民何尤？勿使代令受過也。』中貴人爲斂威。居六載，邑中利病興革殆盡，政平訟理。淡薄自甘，朝夕飯一瓢，羹一薺，民有饋水土物者，則謝而不受。歲旱祈禱，行烈日中，甘雨隨注。性端謹，或坐廳事斷獄訟，據案未嘗左右顧。有問弋陽髻何似者，湇不識也。御史陳選薦其賢，入覲考績最，爲天下第一，賜衣一襲，吏部抑之，僅遷饒州府同知，清操愈厲。廣信卿大夫高明等率六邑民上奏，願借湇爲郡守，命未下而卒，年三十九，惟一老僕在旁，僚屬發篋視之，不足於殮，嗟歎久之。訃聞於弋，如喪考妣，士祠於奎星樓，民祠於縣治東。湇生平言不取苟合，行不取苟從，目不取苟視。邑庠諸生相戲謔，或出鄙語，則掩耳不聽，諸生皆大笑。嘗讀書一室，女僕戲於旁，滄怒白其母，斥之乃已。其爲政，清而不苛，惠而不費，所至民皆思之。性喜吟咏，庭前有古梅二，因號雙白居士，蓋自況也。所著有《雙白集》。祀鄉賢。

（戴璟《通志》，參《江西通志》《廣州人物傳》《獻徵録》）

林　光

林光，字緝熙，别號南川，東莞人。父彦愈，少服賈，困於魚鹽，久乃厭好惡之滑和，津然若有得也，手書小紙示其子光曰：『樹立宜如是。』蓋范文正晝虀粥長白山時事也。已復購《文正全集》畀之曰：『是爲汝師。』凡光所欲讀之書，必購而貽之。久之，光舉於鄉，不願即仕，從陳獻章講學，則愈喜，手録《朱子語類》至四十三卷，呼光謂曰：『汝學能有立，吾啜菽飲水，死不恨矣。紓青紫，耀閭巷，何有於我哉？』

光生而狀貌清臞，資性粹美，苦學不懈，博綜經史，年十七補邑庠生。讀吴澄《論學》諸書，益大感悟。建得趣亭，日讀書持敬，涵養其中。成化元年乙酉領鄉薦。五年己丑會試，拜白沙先生於神樂觀，語大合，遂從之歸江門，曰：『吾得師矣。』白沙亦深期之。已而築室欖山，往來問學者二十年。巡撫桂陽朱公勸之仕，報曰：『夫人幼而習之於小學，必求所以事上；長而進之於大學，必求所以治下。善學者，不汲汲於施爲成敗利鈍之外，而汲汲於吾心權衡尺度之間。或學成而不用，未有不成而苟用者也。』

尋丁外艱。服闋，母强之出。二十年甲辰，會試中乙榜，授平湖學諭，以斯道爲己任，以身爲教，勉學者反身修行，一時士習丕變。上《敦風化養廉耻疏》，言甚懇切。巡撫彭公廉其賢，待以賓師之禮。二十二年丙午，主考福建，多得名士，各贐禮，皆却之。弘治二年己酉，主考湖廣，是年總修浙藩憲廟實録。四年辛亥，修《嘉興縣志》。五年壬子，復同考順天試，凡三校文，時服其藻鑒。部使者以卓异薦，尋陞兖州府學教授。會丁内艱，起復，補浙之嚴州府學教授，按察使孫需以『古道正學，作士淑人』薦，擢國子博士，作《正學解》《教胄子解》，諸生翕然宗之。會孔廟被灾，上疏言：『孔子之心，必不安於天子禮樂之祀，題額宜曰「先師孔子」。』時論韙之。三載考績，奉敕褒嘉，因乞致仕，不允，隨陞襄府左長史。先是，羅一峰夢詩一聯以贈云：『南冠今入習家池，一代風流更屬誰。』至是符其讖云。襄懷王新薨，元化王暫理府事，百弊叢積，威令不行，光隨方整頓，由是奸宄革心，宮闈肅清，群小因之側目。未幾，進中順大夫致仕。邑大夫歲時請爲鄉賓，皆不應，日惟兀坐，手不釋卷，興到則曳杖逍遥，吟咏自適，於世好澹然無與也。年八十一卒。

嘗言：『所謂聞道者，在自得耳。讀盡天下書，説盡天下理，無自得處，終是閑也。』嘗以《朱子大全》多自悔之言，謂其所以悔者，乃其所以進，暮年體驗，蓋有人不及知，而已獨覺者，因取其警切要會，録爲一書，名曰《晦翁學驗》。少獻章十三歲，所著有《南川集》，嘗游羅浮，多題咏。白沙弟子百餘人，首推緝熙，次甘泉云。

子時衷，嘉靖七年戊子鄉薦，仕至鎮南府知府，有廉惠聲。族子時嘉，同學白沙，有至行。

（黄佐《通志》，參《粤大記》《白沙弟子傳》《羅浮山會編》《明儒學案》）

紀言

自斯學蠹壞，人難獨覺。天下駸駸，日離中正，不溺於卑，則失於高。卑不可極，高不可回，高之失者十一，卑之溺者十九，然較其優劣，亦辨五十於百步耳。楊、墨在當時乃學仁義者，非卑也，孟子辨之如此之嚴，是知吾人之學，毫釐之間不可厭於精細講求也。求得其要，則權度日明，然後可以自信而馴致不惑；未得，則存之、養之、積之已久，不待於慕戀陳言，而自有約之可操矣。

聞道，貴自得耳。讀盡天下書，説盡天下理，無自得入頭處，亦總是閑也。

天衷在人，可朝聞而夕死。夫子言之，激切若此，必不欺天下而誤來世，所謂聞斷不在耳目之間、陳迹之上。

命之理，流於行己者，日在參倚前，有目者能盡見之乎？故養之不用，而欲區區於辯論，亦訓詁焉已耳；見之不明，而欲自試於衆務，亦億逆焉已耳。如是，而學必在口耳私意中也。其於命之理，益日相遠，况能自得而至於沛然之境乎？無自然之味，欲獨用其心而求前，亦氣使之耳，久能無變乎？

元來四方上下，往古來今，直是這個充塞周洽，無些小欠缺，無毫髮間斷，無人我、大小、遠近，如一團水相似，都滚作一塊，又各飽滿，不相干涉者。前輩謂堯舜事業，亦是一點浮雲過太虚，今而始知其果不我欺。實見得，則所謂『充塞天地之間』，所謂『天地位，萬物育』，所謂『建諸天地而不悖，質諸鬼神而無疑，百世以俟聖人而不惑』，所謂『至誠而不動』者，未之有也。所謂『洋洋乎如在其上，如在其左右』，與夫高宗夢説之事，朝聞夕死之説，亦各各有着落處。曾點三三兩兩，看來多少快活，何必勞勞攘攘？都不是這個本色，千古惟有孟子『勿助勿忘』之説，最不犯手段也。

夫士幼而習之於小學，必求所以事上；長而進之於大學，必求所以治下。近不足以潤身，遠不足以澤物，此皆异端。違世無用之學，君子弗學焉。嘗觀古者耒耜之夫、築畚之子，其平居皆無异於恒人，至叩之以當世之務，其施爲之序、久速之期、成敗之算，皆瞭然於胸中，若身經而目擊者。及以其成算而稽之，不論目前，雖遠在千萬里之外，久在數千年之後，無不驗者。其道成德尊者，志動而氣應，形舉而影隨。至其同樂於人，兼善乎世，所以裕當時而風後世者，固不可一二數也。自堯舜三代以來，嘗因其人，求其心，考其迹，未有不本於學而能者也。其善學者，不汲汲於施爲成敗利鈍之際，而汲汲於吾心權衡尺度之間。其幽獨細微，其事業勤勞也；其飲食起居，其進退去就也。寧學成而不用者有矣，未有不成而苟用也。

爲治，莫先於行王道；行王道，莫先於立誠。今天下之大弊，惟『疑』與『冗』二者而已。冗生於疑，疑生於不誠。上疑乎下，下疑乎上。上多，方以防其下；下多，方以欺其上。欺者無窮，防者不已。日新月變，而事於是冗矣。今不思其弊，而益用智術以救之，是以水濟水，以火濟火，非徒無益，而其弊日甚。

紀事

先生自幼立志，家貧無油，每就春燈習誦，輒過夜半，父竹齋翁戒之苦學，仍不輟也，遂淹通六籍。

杜門欖山，篤志修業。竹齋翁爲手録《朱子語類》至四十三卷，值板本出乃已。先生感而歎曰：『父師覆育，光得一日於此，如得一月，一月如得一年，不培不暢，不晦不光。』竹齋翁聞而頷之。同時士往往有紆青曳紫，照耀閭里者，翁且勉曰：『汝學如是，卓能有立，吾啜菽飲水，死瞑目矣。』父子間自爲知己，人莫能間也。

家素清約，晏然貧窶。肇慶别駕張公吉嘗築堤横槎，墾田百頃，請割若干畝爲還山計。先生柬白沙詩云：『謝得端州賢别駕，雷轟薦福敢多疑。』他日，又詩云：『升沉休更問，顔子一生貧。』其苦節可知。

主考福建，鎮守太監陳某饋鹽引餘銀，布政使章某致贐農民紙價，皆謝却之。及爲襄府長史，内使有持百金進謁，求請冠帶，公諭以名器不可求，後又要王致囑，繼以泣下，卒不得請。

白沙與書曰：承諭進學所見，甚是超脱，甚是完全。病卧在牀，忽得此柬，讀之慰喜無量，自不覺呻吟之去體也。終日乾乾，衹是收拾此而已。此理干涉至大，無内外，無終始，無一處不到，無一息不運。會此，則天地我立，萬化我出，而宇宙在我矣。得此把柄入手，更有何事。往古來今，四方上下，都一齊穿紐，一齊收拾，隨時隨處，無不是這個充塞。色色信他本來，何用爾脚撈手攘？舞雩三三兩兩，正在勿忘勿助之間。曾點些兒活計，被孟子一口打迸出來，便都是鳶飛魚躍。若無孟子功夫，驟而語之，以曾點見趣，一似説夢。會得雖堯舜事業，衹如一點浮雲過目，安事推乎？此理包羅上下，貫徹終始，滚作一片，都無分别，無盡藏故也。自兹已往，更有分殊處要理會。毫分縷析，義理盡無窮，書中所云，乃其統體該括耳。病中還不周，乞以意會。前此所諭，『命之理』以下數段，亦甚切實有味，愧不時服。

莊定山贈詩云：何處清風到布袍，村莊洗眼看人豪。十年東莞南溟闊，今夜清江北斗高。瀟灑雲山共此老，等閑風月占吾曹。白頭我欲留君住，不怕山中欠濁醪。

又云：山靈乍見須驚倒，老眼千年一個人。

又云：眼中何敢尋常接，天下今誰第一流。

又云：青天白日憑誰眼，流水行雲得此心。

湛甘泉曰：先生事竹齋府君如事天，其事游太夫人如事地，故孝敬行於家庭，孚於族黨，聞於巡撫朱公，爲勸駕焉。中乙榜，教諭平湖，遷教授於兗州，再補嚴州。所過士習已化，而師道尊。破規條之説，而重以身教；化舉業之陋，而合於涵養；去支離之弊，而究於一本。薦紳考德，拔爲襄府左長史。正國法，肅官僚，懾奸佞，清宫禁，立體統，一府大治。及其既老，以禮而退，能以正終。故方其隱居清湖也，人曰：『未可以仕乎？』曰：『吾方求吾志也，吾何爲而易諸？』及其仕也，人曰：『未可以止乎？』曰：『古有爲貧而仕者，乘田委吏所不辭也，吾何爲而去諸？』斯不亦見道之用乎？然而行則絀，而道明矣。

甘泉子曰：『夫道，體用一原者也。昔者，孟子稱伯夷、伊尹、柳下惠、孔子之聖，於伯夷曰「治則進，亂則退」；於伊尹曰「治亦進，亂亦進」；於柳下惠曰「不羞污君，不辭小官」；於孔子則曰「可以速則速，可以久則久，可以處則處，可以仕則仕」。夫聖之爲德亦大矣，而直於進退、仕處、久速之間。言之何耶？明體用之一原，而變化不居也，故即用可以觀體矣，即體可以觀用矣，即體用之全可以觀用矣。南川先生之學，其盍亦以是觀乎？』

倫迂岡曰：南川公胸次灑落，清邇邃遠，若使人頓忘榮利，而翛然寥廓之外。

陳猷

陳猷，字公遠，東莞人。自少勵志聖賢之學，博覽群書，充然有得。領成化四年戊子鄉薦。上春官不第，卒業國學。時丘濬總理教事，較其文爲首選，以大魁期之。遍交當世名士，歸與陳白沙論，甚相得，遂從講學。隱居四十餘年，澄心静坐，嘗於居旁闢土爲壇，號風日壇，日與學者講論其上，悠然自得，甘貧樂道，晏如也。當道多重其爲人，參政蔣曙有檄旌云：『行止端莊，學問優贍。淡泊自如，足迹不履乎城市；節義是守，賢聲久著於鄉閭。非惟增重士林，抑將表勵風俗。』晚得子，僅彌月而猷遂疾革，年已八十七矣，人謂天道有知云。所作有《金臺》《蘭陵》《吳興》《崆峒》等稿，藏於家。

（《粤大記》）

陳庸

陳庸，字秉常，南海人。生而孝友，力行好古，所謂敦樸士也。成化甲午舉於鄉。聞江門之學，往師事之，以聖賢道統爲己任，獻章深服其德量。與張詡、李孔修交。詡初見獻章，庸爲紹介。或詢詡爲人，獻章曰：『余知庸，庸知詡，何問焉？』庸潛心理奥，多所自得。其學以主静爲本。羅倫、莊昶望重一時，少許可，遇庸輒歎賞。年逾五十，親友强之仕，釋褐，補荆門州同知。莅任五日，不能隨時俯仰，拂衣歸。隱居三十年，城市斷迹。督學王宏欲與相見，竟謝不往。其從侄有孤者，庸視爲子。門人倫伯疇未顯時，求地以葬其祖，庸無難色。西南有驛官貸金而卒，其子謂金主曰：『若得東峰一言，即唯命是償。』金主告其故，庸曰：『親券在彼。』其子唯唯不拒。其處己接物、慈讓誠慤者類此。病革，沐浴更衣，設獻章像，焚香再拜而逝，年八十六。所著有《東峰語録》《東峰集》。其徒多以科第顯，倫文叙最著。（郭棐《通志》，參岑九思撰《傳》、《洛閩源流録》）

紀　事

友人謝天錫殯無措，公捐貲爲賻。

紀　論

羅一峰贈詩曰：白沙門下有二子，嶺南風氣真堂堂。

莊定山贈詩曰：聖賢從來去住輕。

羅一峰《送三峰歸南海序》有曰：媚好靚秀如素女静姝，遠之可愛而不可狎者，東峰也。

卷八

梁儲

梁儲，字叔厚，初號厚齋，更號鬱洲，順德人。生有异質，自幼穎异不凡，篤孝友，父祖順奇之。弱冠博學能文，受業陳獻章。

舉成化甲午鄉試，十四年戊戌會試第一，選庶吉士，授編修，尋兼司經局校書。侍孝宗在東宮講讀，多所啓沃。二十三年丁未，充會試同考官。尋丁兩艱。服闋，纂修實録。弘治四年，進侍講，改洗馬。五年壬子，主考順天。九年，侍武宗於東宮。十一年戊午，兼翰林院侍講，主考應天。是年冬，充正使，册封安南，却其饋。久之，擢翰林學士。十四年辛酉，又主試順天。壬戌，奉詔教庶吉士。十六年三月，同修《會典》。成，遷少詹事，拜吏部右侍郎。奉命充正使，册封魯藩。正德初，改左，進尚書，兼翰林學士，專典誥敕，掌詹事府，纂修《孝宗實録》，爲副總裁。正德三年戊辰，主會試。劉瑾摘《會典》小疵，謂其壞祖宗制書，雜以新例。儲坐降右侍郎。《孝宗實録》成，復尚書，尋加太子少保。時瑾猶憾不已，欲中危禍，無由，傳旨改調。九月，調南京吏部。瑾誅，以吏部尚書兼文淵閣大學士，入參機務。儲既至，進武英殿大學士，加少保，兼太子太保。時兵部尚書彭澤討賊有功，反得罪，力辨其誣，曰：『有功不録，復加罪，非社稷之福也。』後澤止免官。七年壬申冬，四方盜平，加恩宰輔。屢加少傅，兼太子太傅、謹身殿大學士。辭，恩蔭再三，乃受，進建極殿。九年甲戌，再主會試。十年二月，楊廷和遭喪去，儲爲首輔。進少師，兼太子太師、華蓋殿大學士。時方建乾清、坤寧宫，又營太素殿、天鵝房、船塢，儲偕同官靳貴、楊一清切諫。明年春，以國本未定，請擇宗室賢者居京師，備儲貳之選。皆不報。其秋，一清罷，蔣冕代之。至明年，貴亦罷，毛紀入閣。

帝好微行，嘗出西安門，經宿返。儲等諫。不聽，然猶慮外廷知。是春，從近幸言召百官[二]至左順門，明告以郊祀畢幸南海子觀獵。儲等暨廷臣諫，皆不納。八月朔，微服從數十騎幸昌平。次日，儲、冕、紀始覺，追至沙河不及，連疏請回鑾。越十有三日乃旋。儲等以國無儲副，而帝盤游不息，中外危疑，力申建儲之請。亦不報。九月，帝馳出居庸關，幸宣府，命谷大用守關，無縱廷臣出。由宣府抵大同，遇寇於應州，幾殆。儲等憂懼，請回鑾益急，章十餘上。帝不爲動，歲除竟駐宣府。當是時，帝失德彌甚，群小竊權，濁亂朝政，人情惶惶。儲懼不克任，以廷和服闋，屢請召之。廷和還朝，儲遂讓而處其下。鳳陽守備中官丘德及鎮守延綏、寧夏、大同、宣府諸中官皆乞更敕書兼理民事，帝許之，儲等極言不可，弗聽。

十三年七月，帝從江彬言，將遍游塞上，托言邊關多警，命總督軍務、威武大將軍、總兵官朱壽統六師往征之，內閣草敕，閣臣不可。帝復集百官左順門面諭。廷和、冕在告，儲、紀泣諫，衆亦泣，帝意不可回。已而紀亦引疾，儲獨廷争累日，帝竟不聽。逾月，帝以『大將軍壽』肅清邊境，令加封『鎮國公』。儲、紀上言：『公雖貴，人臣耳。陛下承祖宗業，爲天下君，奈何謬自貶損？既封國公，則將授以誥券，追封三代。祖宗在天之靈亦肯如陛下貶損否？况鐵券必有免死之文，陛下壽福無疆，何甘自菲薄，蒙此不祥之辭？名既不正，言自不順。臣等斷不敢阿意苟從，取他日戮身亡家之禍也。』不報。帝遂歷宣府、大同，直抵延綏，儲等疏數十上，悉置不省。

秦王請關中閑田爲牧地。江彬、錢寧、張忠等皆爲之請。帝排群議許之，命閣臣草制。廷和、冕引疾，帝怒甚。儲度不可争，乃上制草曰：『太祖高皇帝著令，兹土不畀藩封。非吝也，念其土廣饒，藩封得之，多蓄士馬，富而且驕，奸人誘爲不軌，不利宗社。王今得地，宜益謹。毋收聚奸人，毋多蓄士馬，毋聽狂人謀不軌，震及邊方，危我社稷，是時雖欲保親，親不可得也。』帝駭曰：『若是其可虞！』事遂寢。

十四年己卯，以一品滿九載，進階光禄大夫、左柱國，加特進，兼支大學士俸，仍賜宴禮部。帝將南巡，言官伏闕諫，儲、冕、紀亦以爲言。會諸曹多諫者，乃止。六月，寧王宸濠反，時帝將親征，上自稱威武大將軍，欲以幸臣朱泰爲副將軍，召儲草敕，儲不肯奉命，上按劍强之，至再惟免冠叩頭哭泣，上擲劍於地，不懌而罷。八月，帝南征，儲、冕扈從。在道聞賊滅，連疏請駕旋。抵揚州，帝議南京行郊禮。儲、冕計此議行，則回鑾益無日，極陳不可，疏三上始得請。帝以宸濠械將至，問處置之宜。儲等請如宣宗征高煦故事，罪人既得，即日班師。又因郊期改卜，四方灾异、邊警，乞還乘輿。疏八九上，帝殊無還意。是秋，行在有物若豕首墮帝前，色碧，又進御婦人室中，若懸人首狀。人情益驚。儲、冕危言諫，帝頗心動，而群小猶欲導帝游浙西，泛江、漢。儲、冕益懼，手疏跪泣行宫門外，歷未至酉。帝遣人取疏入，諭之起。叩頭言：『未奉俞旨，不敢起也。』帝不得已，許不日還京，乃叩頭出。

帝崩，楊廷和等定策迎興世子。故事，當以内閣一人與中貴勳戚偕禮官往。廷和欲留蔣冕自助，而慮儲老或憚行，乃佯惜儲憊老，阻其行。儲奮曰：『事孰有大於此者，敢以憊辭！』遂與定國公徐光祚等迎世子安陸邸。既即位，給事中張九叙等劾儲結納權奸，持禄固寵。儲三疏求去。是年五月，儲罷。加左柱國，命賜敕馳傳，遣行人護行，歲給廪隸如制，月給米六石，歲撥輿皂八名，蓋异數也。嘗降敕褒之，有曰：『張九齡之忠藎而不究其用，崔與之之風概而不久於朝，以卿視之，可謂兼美。』既歸，上疏稱謝，與親舊詩酒徜徉，所居蕭然如韋布，不事家産以遺子孫。上念其定策扈迎之功未録，蔭子世襲錦衣衛指揮，上疏辭免，乃進其子中書舍人鈞甫尚寶司丞。年七十有七卒。是時楊一清在内閣，上命撰敕召用，而訃音至矣。上聞嗟悼，輟朝一日，諭祭九壇。子鈞奏請贈謚。吏部侍郎桂萼等言『儲立身輔政，有干公議』，因録上兩京言官彈章。帝念先朝舊臣，特贈太師，謚文康。

先是，儲子次攄爲錦衣百户，居家與富人楊端争民田，端殺田主，次攄遂滅端家二百餘人。事發，武宗以儲故，僅發邊衛立功。後還職，累冒功至廣東都指揮僉事。

孫孜，字思伯，少孤，事母孝，兄弟分産，田廬取其庳下者。弱冠充博士弟子，歎曰：『安能屈首經生，與造物競耶？』即弃去。與梁有譽、黎民表、歐大任輩爲古詩文，尤好書畫。以蔭補中書舍人、客部主事。其所游知交，皆天下有名之士也。徐中行、王世貞謂其詩近中唐，畫逼宋、元，楷書得文徵明結法。爲人純雅恭謹，故人樂與之交。孜子紹裘能詩，亦奇士。

（《明史》本傳，參《宰輔表》、《明典彙》、黄佐《通志》、《洛閩源流録》、《五山志林》）

【注】

〔一〕權根按：『百官』，原作『百姓』，誤，據中華書局點校本《明史》卷一九〇梁儲傳改。

紀　論

霍韜曰：公立朝四十年，多自蔽掩，無所誇其功，故人不得知。聞謗不辯，謗言日積，居之恬然。施德於人不責報，人賴公德以自庇覆，反操戈向公，公亦不較。海内後進不面公，徒聞謗公云云，亦相附和毀公，故世罕知公者。宸濠未反時，多内交士。夫凡所饋，皆有籍記。濠誅後，閲饋籍，惟厚齋梁公、晉溪王公無受饋迹。公自入仕至歸老，負郭不增寸土。廣郡沈同知尚經曰：『順德、南海、番禺，梁厚翁無百畝田焉。所有者，香山浮坦，從化賊巢瘦瀲不食之土耳。』世人恒以辭受之濫疵公者，故著此俟篤論君子察焉。厚齋於人，凡所饋，未嘗却去，隨計其直酬之。歸老日，家無餘財。嘗見一匠人何，云：公歸間日，議建祠妥其先，計工匠之直，曰需八金，匠何六往，曰未有以給也，盍少需八往，不能營給，祠竟不克建。公在位日，王御史溱請典刑公田，給事中賦請没公之貲，代天下輸租之半，劉瑾矯詔抄公之家，公在南京，皆不動色。上御極，言官聯疏劾公假宸濠衛兵，是曰『故縱反』者，請詔召置獄正其罪，如陸尚書完云。公不辯，惟曰：『余衹致仕去已矣，勿論宸濠衛兵事由也。』人曰：『是公大罪案，何勿論矣不辯？』劾者猶不已。久之，知與宸濠衛兵非公也，實石齋楊公當制，正德九年三月十五日也。舊例，凡閣下當制，擬旨人親署銜著筆迹焉，故不得誣移之他。君子曰：『是時也，淺夫處焉，未有不悻然且辯，返其罪於楊也已。』公惟引罪，連三疏乞致仕，無片言自辯。公去位後，大臣被劾，無不辯者，然後知公之大也，難能也已，足法也已。

倫以訓曰：梁文康父遲庵公，爲人誠直尚誼，慷慨信然諾。黄寇之亂，能率鄉之耆老捐資設備以軋敵，鄉人賴是保全。尤善篇什，後進多能誦之。家教甚嚴，公自幼克承顔志，遲翁鍾愛焉。

葉春及曰：文康公草《秦王制》，及不草《威武大將軍敕》，縉紳多誦之。《秦誓》稱『邦之榮懷、杌隉，由一人』，大臣上輔天子，下鎮撫海内，豈百司庶府仡仡於展采錯事間哉？休休有容，天下皆其才矣。女無美惡，入宫見妒；士無賢不肖，入朝見嫉。文康薦起成都，居其下，所謂一個臣，非耶？李文達名相，攻己者必甘心焉。近世尤甚，小者戍邊，大則首領不保。文康於李鐸輩反擢用，此數公於《秦誓》何當也。或疑文康愚，於武宗朝大忠無所拂辭，悟言無所排擊，道固委蛇，蓋謂是乎？

《五山志林》曰：天尺按，豫章胡維霖《墨池浪語》曰：『楊升庵以《通紀》爲梁億所著。億，儲弟，故不草《大將軍敕》，歸之其實，草者梁也。内閣有敕書稿簿，綴撰者姓名於下，豈可誣也？』信如此言，諛直相反。吁！事僅百年以上，梁公人品尚未定論，况敢高論千古乎？胡言有左袒升庵之意。今觀《紀略》所載甚詳，朱君亦豈文康弟耶？弟不可私兄，子獨可私父乎？况同時黄文裕、霍文敏與本朝蔡方炳，皆以不草詔爲梁公事，并謂寧王護衛事，費宏争爲不可，而廷和陰主之，卸罪梁公，公不辯，致仕去。吾友蘇珥云：『護衛一事可時不携載籍，往往取之腹笥，援據多舛錯，間出附會古人，點竄舊本。所論亦未足據也。

卸罪，則草詔一事亦可加罪矣。』尤太史侗以博學詔修《明史》，所作《升庵傳》，謂其在雲門

張詡

張詡，字廷實，南海籍，番禺人。璜之子也。少負經濟，力行好古，不爲口耳之學。莆田彭韶見其少作詩，美之曰：『嶺南孤鳳也。』成化十年甲午舉人，受業陳獻章，不與計偕者十年。制府檄赴春官。二十年甲辰舉進士，疏乞養病歸。總督兩廣、都御史屠滽俾有司促之仕，遂北上，授户部主事。尋丁憂歸，隱居二十餘年。

弘治十四年，巡按御史黄鎧疏詡學問優長，操履端慎，杜門高尚，不干時事。部書下有司速駕，詡以疾辭不起。正德中，御史程材、王雯前後疏詡少從陳獻章講學，祖濂、洛正派，爲嶺南學者所宗，師友淵源，踐履純篤，閉户養痾，讀書求志，可大用。部書再下，詡復辭如前。繼而吏部以詡敦龐博雅，綽有古風，恬静清修，欲忘世累薦。不報。正德七年壬申，巡按御史周謨疏詡議論明正，事體疏通，言不忘道，志不忘君。八年癸酉，御史高公韶疏詡學有體用，不爲一偏之行以聞。有旨起用。九年甲戌，召爲南京通政司左參議。檄下，趣上道，先具疏辭，遂抱疾赴南畿，一謁孝陵即告歸。卒年六十。

獻章謂其學『以自然爲宗，以忘己爲大，以無欲爲至』云。所著有《遺言纂要》《新會厓

山志》《南海雜咏》《東所集》行世。

（《明史》，參黄佐《通志》、郭棐《通志》、《獻徵録》）

紀論

陳白沙《送張廷實還京序》曰：五羊張詡廷實始舉進士，觀政吏部稽勳，尋以疾請歸五羊。五羊，大省地。廷實所居，户外如市，漠然莫知也。自始歸至今六年，間歲一至白沙，吾與之語終日而忘疲。城中人非造廷實家不得見廷實，而疑其簡，實不然也。蓋廷實之學，以自然爲宗，以忘己爲大，以無欲爲至，即心觀妙，以揆聖人之用。其觀於天地，日月晦明，山川流峙，四時所以運行，萬物所以化生，無非在我之極，而思握其樞機，端其銜綏，行乎日用事物之中，以與之無窮。然則廷實固有甚异於人也，非簡於人以爲异也。若廷實清虚高邁，不苟同於世也。

《西樵游覽志》曰：甘泉謂『常恨石翁明知廷實之學是禪，不早與斬截，至遺後患。翁卒後，所作墓表，以己學説翁，全是禪意』云。或問：『東所、本誠之於白沙先生也，一曰見知，一曰聞知，如何聞知？』白沙先生曰：『廷實久未嘗問矣，不知其於見知何如？』魏莊渠督學，以白沙先生爲西方之學，欲出賢祠牌位於西郊。本誠勿欺弟子也，實與焉。賴潮士薛子修十數人諍之乃免，不知本誠之於聞知〔一〕也何如？

【注】

〔一〕權根按：『聞知』，原奪『知』字，據清道光十三年補刊本《西樵游覽記》卷十《名賢・張詡》，以及上文『一曰聞知，如何聞知』補。

梁景行

梁景行，字宗烈，順德人。既見獻章，聞『勿忘勿助』之旨，益潛心正學。弘治二年己酉鄉薦，知崇明。屬歲饑，請發倉賑之，活者數萬。邑多盗，海上桴鼓晝鳴，會有執新盗至者，釋之，密令迹捕，宿盗盡擒。婦女惑於巫，祠宿求嗣，因爲奸，收按誅之，遂毁祠爲社學。故事，令有荻税入私橐，景行以給諸生膏火，分毫不私。朝廷采木荆南道，崇明司木者檄費十餘萬，民庶苦不堪命。景行争之，省五六萬。又請减馬糧之半，諸雜供盡革之。改晉江。未赴，丁内艱。服除不起。吴廷舉爲都御史，薦景行京朝官及郡太守，而兩廣巡撫張鼎亦薦可侍從風憲。皆不報。後廷舉巡撫應天，又以郡丞薦。乃除鎮江府同知。相國楊廷和假子殺人，論死，楊一清時寓鎮江，爲請罪降一等。不聽。又上『驗聖學』『察黨與』『廣分封』『嚴内侍』『蠲逋負』『比什伍』六事於朝。遷壽府長史，歸，蓋二楊所頤指也。

景行孝，待异母弟怡怡如也。有司欲爲治第，固辭。白沙嘗題其《天壺書》曰：『打土編茅費幾錢，白雲深夜一燈懸。知君未是壺山主，祇借壺山過兩年。』『虀粥朝朝長白寺，衣冠夜夜百源山。三年枕席何曾設，一紙家書亦不看。』蓋以范希文、邵堯夫、孫明復、胡安定四公期之也，而景行之品可知已。所著《壺山集》十卷傳於世。

（郭棐《通志》，參《粤大記》《獻徵録》）

紀論

葉春及曰：宗烈貳守遠郡，輒上書言事，此其志豈抑首下僚，汶汶已哉？漢法，令長罷廢用使者言復起，以故能盡其才。今非，進士死灰矣。吴獻臣薦宗烈，每自以爲弗及也。嗚呼！非豪傑，孰能之？若巡撫張公，亦非俗吏哉。

卷九

湛若水

湛若水，字元明〔一〕，增城人。父瑛，母陳氏禱於甘泉洞而生。雙臚隆然。兩耳旁有黑子，左七右六。弘治五年壬子舉於鄉，從陳獻章游。白沙以其沉潛許之，嘗與書曰：『民澤足下，發來書甚好。日用間隨處體認天理，着此一鞭，何患不到古人佳處也？』自是潛心默會，日有所得，遂焚去路引，誓不復仕。後定今名若水云。

不樂仕進，母命之出，僉事徐紘爲勸駕。過南昌，謁莊定山昶，極爲稱許，乃入南京國子監。祭酒章楓山懋試《睟面盎背論》，奇之。十八年乙丑會試，學士張元禎、楊廷和爲考官，撫其卷，見其論用『至近至神』等語，曰：『非白沙之徒不能爲此。』置第二。賜進士，選庶吉士，授翰林院編修。時王守仁在吏部講學，若水與相應和。京師場屋所取士，修撰吕楠、主事王崇慶輩從而和之。由是道名大著，學者稱甘泉先生。尋出使册封安南，陽明贈以文。安南國王饋金，却不受，贈以詩，有『白沙門下更何人』之句。

明年，尋丁母憂，廬墓三年。産瑞瓜，九實相連，人以爲孝感所致。築西樵講舍，士子來學者，支與日給錢米。開禮舍於僧寺，至必齋戒三日，先令習禮，然後聽講。

嘉靖初，入朝，上《經筵講學疏》，謂聖學以求仁爲要。已復上疏言：『陛下初政，漸不克終。左右近侍，争以聲色异教蠱惑上心。大臣林俊、孫交等不得守法，多自引去，可爲寒心。亟請親賢遠奸，窮理講學，以隆太平之業。』又疏言：『日講不宜停止。』報聞。明年，進侍讀，復疏言：『一二年間，天變地震，山崩川湧，人飢相食，殆無虚月。夫聖人不以屯否之時而後親賢之訓，明醫不以深錮之疾而廢元氣之劑，宜博求修明先王之道者，日侍文華，以裨聖學。』

已，遷南京國子監祭酒，作《心性圖説》以教士。拜禮部侍郎。仿《大學衍義補》，作《格物通》，上於朝，惟編事實，不爲論斷，俟聖心自悟也。嘉靖九年十二月初八日，上《勸收斂精神疏》。歷南京吏、禮、兵三部尚書。置新泉、三山二庄田，講學於新泉書院。江都縣西有甘泉山，山下多田，監生葛澗立甘泉書院。由是書院遍於天南，江都及貴池等處所在皆是。南京俗尚侈靡，爲定喪葬之制頒行之。條奏『兵民便宜』十事，皆報可。又禁火葬，毁淫祠。有劉公廟聚衆燒香，爲沉其像於江，絶衆惑。買地四郊，爲漏澤園，以處貧之不能葬者，且置田供時祀。盡毁私創尼庵，勒令歸俗。滿考九年，吏部奏其績。老，請致仕，年七十五。因取道江浙，泛錢塘，游憩於武夷。久之，慕羅浮之勝，構精舍於朱明洞，建書院於青霞谷，自撰《羅浮志》一卷，日夕端坐石上，未嘗至家。年九十五卒於所居小禺洞。有大星隕於廣州河南，聲如雷。訃聞，賜祭葬。

若水生平所至，必建書院以祀獻章，置倉廩以館穀多士，刻崇儉約言以挽奢俗，置講田以贍四方學者。年八十，又至衡山，建白沙書院，置田五頃。歸，復取白雲山爲白沙祠。自其祖江以來，田連阡陌，世爲土豪。若水益增田宅，歲入數千金，而好食宿肉沙飯，居漂摇危樓，營建歲無虚日，人皆异之。年九十，猶爲南京之游。過江西，安福鄒守益，守仁弟子也，戒其同志曰：『甘泉先生來，吾輩當憲老而不乞言，慎毋輕有所論辨。』

若水初與守仁同講學，後各立宗旨。守仁以『致良知』爲宗，若水以『隨處體驗天理』爲宗；守仁言若水之學爲求之於外，若水亦謂守仁格物之説不可信者四。又曰：『陽明與吾言心不同。陽明所謂心，指方寸而言。吾之所謂心者，體萬物而不遺者也，故以吾之説爲外。』一時學者遂分王、湛之學。

湛氏門人最著者，永豐李懷、德安何遷、婺源洪垣、歸安唐樞。懷之『變化氣質』，遷之『言知止』，樞之『言求真心』，大約出入王、湛兩家之間，而别爲一義。垣則主於調停兩家，而互救其失。皆不盡守師説也。懷，字汝德，南京太僕少卿。遷，字益之，南京刑部侍郎。垣，字峻之，温州府知府。樞，刑部主事。

蔣信，字卿實，常德人。與同郡冀元亨善，王守仁謫龍場，過其地，偕元亨事焉。嘉靖初，貢入京師，復師湛若水。若水爲南祭酒，門下士多分教。信初從守仁游時，未以良知教。後從若水游最久，學得之湛氏爲多。信踐履篤實，不事虚談，湖南學者宗其教，稱之曰正學先生。宜興周衝，字道通，亦游王、湛之門，由舉人授高安訓導，至唐府紀善，嘗曰：『湛之「體認天理」，即王之「致良知」也。』與信集師説爲《新泉問辨録》。兩家門人各相非笑，衝爲疏通其旨焉。

隆慶初，贈太子少保，禮部題請公謚，曰文簡。海内翕然稱爲近代道學儒宗。子東之，蔭襲知府。孫恭先最賢，克繩其武，生八子，敏學競爽。盛德之後必昌云。（《明史》本傳，參《墓表》、黄佐《通志》、《明朝典彙》、《獻徵録》、《粤大記》、《理學宗傳》）

【注】

〔一〕原注：『初名露，字民澤，避遠祖諱，改爲雨。』

紀言

心無一物則浩然，無一物不體則浩然。是故知無一物與無一物不體者，知性體矣。

《中庸》『戒慎恐懼』與『慎獨』，皆祇是敬，是一段工夫，無分動静，二之即非敬矣。後一節即解前節，祇是一段涵養工夫，以養成未發之中，爲已發之和，其動其静，渾是天理。

外氣以求性道也，祇見其惑也。夫子川上之歎，子思鳶魚之察，《易》『一陰一陽』之訓，即氣即道也。氣，其器也；道，其理也。天地之原也。理、器一也，猶之手足持行也。性則持行之中正者也，故氣外言性者，鮮不流於禪。

古之言性也，未有以理、氣對言之者也。以理、氣對言之者，自宋儒始也。是猶二端也。夫天地之生物也，猶父母之生子也，一氣而已也，何別理附之有？古之人其庶矣乎。劉子曰：『人受天地之中以生。』中也者，和也；人也者，得氣之中和者也；聖也者，極其中和之至者也。陰陽合德，則柔適中。理也，天之性也。夫人之喜怒，氣也。其中節焉，理也。《易》曰：『一陰一陽之謂道。』道也者，陰陽之中也。『形而上者謂之道，形而下者謂之器。』器即氣也，氣有形，故曰『形而下』。及其適中焉，即道也。夫中何形焉？故曰『形而上』。上下一體也，以理、氣相對而言之，是二體也。

『性，即氣也。然則釋者以般運之爲性也，然乎？』曰：『以般運之爲性也，不可也；外般運以求性，不可也。是故般運，氣也。有般運之理存焉，是故謂之性。猶灑掃應對之上達也，下學上達，不容以髮。孟子曰：「形色，天性也。」其知性乎。天地間，無一物相肖其形者，無一物不同受其氣者。於其無一相肖，見造化之無窮；於其同受氣，見造化之本一。』

人之一呼一吸，天地之氣也。氣在天地，吸之，即翕天地之氣通我也；呼之，即闢我之氣通天地也。是故知天地人之一體。

空室空木之中，有物生焉。虛則氣聚，氣聚則物生，不待種也。氣即種也。古氣化而生也。故虛者，生之本。

虛無，即氣也，如人之噓氣也，乃見實有，故知氣即虛也。其在天地萬物之生也，人身骨肉毛血之形也，皆氣之質，而其氣即虛無也。是故知氣之虛實、有無之體，則於道也，思過半矣。

暗室之中久坐，而明生焉。況夫靈府虛室，成性存存，而無天下之至明者乎？

行短而知長，行方而知圓，行有止而知無窮。故行一而已，造其極之謂也，非造其中之謂也。若夫知者，所以潛天地，達古今，通晝夜，盡始終之變，以至於化育。非天下之聰明睿知，其孰盡之？

存省一心，孰分動静？分則離，一則合。合則無間，無間則無息。

或問：『知覺之與思慮也有异乎？』曰：『不同。知覺者，心之體也；思慮者，心之用也。靈而應，明而照，通乎萬變而不汩，夫然後能盡心之神，明照而無遺，靈應而無方。』

甘泉子語東山子曰：『人之愛其身也，不如愛其物矣；愛其心也，不如愛其身矣。』『何謂愛身不如愛物？』曰：『今夫爲衣食、宮室、器械，未有不能而自爲之者也，必求夫良者。至於身之病也則不然，護疾忌醫，以没其身，此之謂愛身不如愛物。』『何謂愛心不如愛身？』曰：『病或求醫，飢寒則求衣食焉。至於心之病也則不然，曰「吾自能正心也，吾既已知之也」，自暴自弃以終其身，是之謂愛心不如愛身。舜而好問，禹之拜昌言，其自愛也至矣。』

車裘之共敝，緼袍狐貉之共立，而無憾不耻，同一心也。

或問顔、孟同异。甘泉子曰：『同道。今夫驕者必以盈氣爲孟，吝者必以歉氣爲顔，豈足以知顔、孟？顔子以至順而全天下之至健，故曰「回何敢死」；孟子以至健而存天下之至順，故曰「無暴其氣」。不同道，不足以爲顔、孟。』

賢者寡欲，聖人無欲。寡欲之至，可聖；無欲之至，可天。聖則無意無必，天則無聲無臭。

一闔一闢，可以觀極；一動一静，可以觀性；一屈一伸，可以觀神；一語一默，可以觀德。

君子之學，反己而已。反己，則見其不能不愧於天，故不怨；見其不能不怍於人，故不尤。

甘泉子問嘗言之曰：『言辭者，其精微之致乎？達者觀其辭氣焉，斯過半矣。古之有國有家者，修德以致其辭，修辭以崇其德。德以基之，辭以文之，而國家可保也。是故家國理者，其辭雅；家國戾者，其辭淫。正人之辭嚴，吉人之辭謹，騷人之辭怨，清修者之辭約。其辭雅者，其氣和；其辭淫者，其氣乖；其辭嚴者，其氣肅；其辭謹者，其氣昌。其辭怨以怒者，其氣鬱，其聲切；其辭約者，其氣舒，其聲清以越。故曰：達者觀其辭氣焉，斯過半矣。』

『《大學》之於誠意，何其言之悉備矣？』曰：『凡學之功皆意也。是故本之於慎獨，繫之於身心，用之於知行，驗之於恂慄威儀，及之於没世，約之於敬止，而化之乎無情之辭，君子是以知本也。意之功用廣矣，大矣。』

三代之治，惟隨時以順民風。不先時而開之，不後時而違之。夫子從周，從時而已。

且莫理會川上及無聲無臭之妙，衹且去下慎獨工夫，則自見無聲無臭之妙、川上之體矣。

風俗之偏，即氣質之蔽。上無禮，下無學，賊民興，此豈可以法制歲月致者？是以古之人無不學。今之司徒，其失職久矣。夫子三年期月想，亦從此處入手，不然，還是俗吏。

道心惟微。觀《中庸·尚絅》一章，至『上天之載，無聲無臭』，可知《中庸》一書，内省無惡，不言動而敬信，以至不賞不怒，篤恭而天下平，皆是微功妙用，非語效驗也。

知天事天，修身之事盡矣，而又何言乎立命也？先生嘗云：『凡人自私自利，有不得其正處，都是壽夭得喪上起念。惟能見破此着，不逆於境，不貳於心，命我立而性天流行。此實功要約，亦實功之極致。蓋天在我命在，我命有壽夭，而我之天無夭壽，是夭壽不足爲吾命也。故曰：無入而不自得，自得處即是立。』

學貴日新，君輩須於日間對境時自取證驗。平日偏處今覺不偏，急處今覺不急，緩處今覺不緩，乃是貼身實進步。若祇以虚悟做成學問，觸發原根，依然是舊人，却不負良師友。此等，切勿以凡近放過也。

舉選之法，其王政之不可廢乎？人之立行也，修諸身，行諸家，達諸其鄉里。有善焉，鄉里先知之；有不善焉，鄉里先知之。其有不公，國有常刑。

紀　事

進士潮陽陳洸，剛躁人也，忽大言曰：『和尚詈罵先生爲假道學。』問故，則曰：『謂染鬚耳。』一座皆驚。若水笑而不答，人皆歎服。

嘗於晚居天關精舍參贊尚書府立祝聖臺〔一〕，每正朔、冬至及遇聖旦，率紳士望闕瞻拜，以敦畎畝不忘君之意。

【注】

〔一〕權根按：『嘗於晚居天關精舍參贊尚書府立祝聖臺』意不通，似有字衍。郭棐《粤大記》（影明萬曆刻本）卷十四《獻徵類·理學正傳·湛若水》記湛若水晚年立祝聖臺事，作『嘗於所居天關精舍立祝聖臺』，不見有稱『參贊尚書府』者。

紀　論

《明儒學案》曰：王、湛兩家，各立宗旨。湛氏門人，雖不及王氏之盛，然當時學於湛者，或卒業於王，學於王者，或卒業於湛，亦猶朱、陸之門下，遞相出入也。其後源遠流長，王氏之外，名湛氏學者，至今不絕，即未必仍其宗旨，而淵源不可没也。

李孔修

李孔修，字子長，號抱真子。居廣州之高第街，混迹闤闠，張東所識之，引入白沙門下。先生嘗輸糧於縣，縣令异其容止，問姓名，不答，第拱手。令叱之曰：『何物小民，乃與上官爲禮。』復拱手如前。令怒，笞五下，竟無言而出。白沙詩『驢背推敲去，君知我是誰？如何叉兩手，剛被長官笞』所由作也。父没，庶母出嫁，誣先生奪其産。縣令鞫之，先生操筆直對曰：『母言是也。』令疑焉。徐得其情，乃大禮敬。詩字不蹈前人，自爲户牖。白沙與之論詩，謂其巨眼。嘗有詩曰：『月明海上開樽酒，花影船頭落釣蓑。』白沙曰：『後廿年，恐子長無此句。』性愛山水，即見之圖畫，人争酬之。平居，管寧帽，朱子深衣，入夜不違。二十年不入城，兒童婦女皆稱曰子長先生。間出門，則遠近圜視，以爲奇物。

卒，無子，葬於西樵山。西樵人祭社，以先生配。先生性不鑿，相傳不慧之事，世多附益之。或問：『子長廢人，有諸？』陳庸曰：『子長誠廢，則顔子誠愚。』霍韜曰：『白沙抗節振世之志，惟子長、張詡、謝祐不失。』（《明儒學案》）

紀事

《王中秘文集》曰：先生醇謹端慤，閨亦有妻，每食，必舉案，酷肖梁伯鸞云。值鄉試，官軍搜檢過嚴，先生曰：『豈朝廷所以待士耶？』擲硯而出。有司聞其賢，乃於貢院旁築擲硯亭。

《五山志林》曰：子長常從白沙先生講學，得無欲之旨，操行廉潔，人不可得而衣食之。布政使朱英餉米二十餘石，固辭不獲，乃悉舉所有瓶盎盤匜之屬以貯米，纔容一二石許，餘則不受。遇空，輒畫貓兒賣之，毛骨如生，鼠見驚走，山水翎毛亦精絶，人争寶重，然不肯多畫。出遇雨，輒拱手徐行。人曰：『先生何不趨，雨瀧凍透衣矣。』曰：『前路豈無雨耶？』行益從容，人皆笑之。

紀論

《西樵山志》略曰：抱真李子孔修，少從白沙游，飄然鶴思，不伍於群，古貌古心，有古之林逋、魏野、种、孺子、雲之風〔二〕，誠皇明一代高士也。

【注】

〔一〕權根按：『有古之林逋、魏野、種、孺子、雲之風』句有奪字。檢《西樵志》（《西樵歷史文化文獻叢書》本）卷六《藝文·銘》載明霍韜撰《李孔修墓表銘》，當爲此條所出，作『有古之林逋、魏野、種、孺子、雲卿之風』。然亦有奪字。應以霍韜《渭厓文集》（影明萬曆四年刻本）卷六《李子子長墓表銘》作『有古之林逋、魏野、種放、孺子、雲卿之風』爲是。中『孺子』，是東漢徐穉之號；『雲卿』，乃南宋蘇雲卿。二人俱隱於南昌東湖。

佘語山曰：《志》稱子長僑寓廣州，從學白沙，死葬西樵，幾忘其爲順德大良人矣。邑城東南曰花基，李氏多聚族於此。謁其祠，子長之主在焉。《貧居百咏》，世罕能傳誦。得嚴大昌《過花基訪李子長故居》詩，表章之，大是快事。

謝祐

謝祐，字天錫，南海人。補府庠生，弃去，從陳獻章游，一聞主静竅綮，遂築室葵山之下栖焉。善静坐，能詩。窶甚，并日而飧，襪不掩脛，晏如也。塵世名利，不少罣胸臆。與順德李子長稱二高士。病中嘗寄友人湛若水詩曰：『生從何處來，化從何處去。化化與生生，便是真元處。』未幾，卒。甘泉子爲之銘曰：『瞻葵之陽，山高水長。公在宇宙，死而不亡。』又龕

公神位，與陳清江祀於白沙祠之尚友堂。（《白沙弟子傳》，參《粵大記》《西樵游覽記》《明儒學案》）

區越

區越，字文廣，號西屏，新會人。父鑒，字元暉，有隱德。嘗戒子孫勿出息錢，曰：『舉貸刻責，多逆情斂怨，曷若力耕節用之善乎？』鄉人有鬥者，爲開陳是非，多解去。里有潮田，歲一稔，鑒率衆築堤捍海，爲蓄洩法，遂獲兩熟。

越八歲喪母，哀慕切至，事繼母以孝聞。從游陳白沙。舉弘治乙卯鄉試，登十八年乙丑進士，知浙江嘉善縣。當入覲時，閹瑾用事，人皆載重寶以行。有郁生者德越，密饋金爲之謀，峻却之。擢户部主事，歷員外郎中。委兑清江倉糧，以廉著。歷知建寧、寧國府。前守喜峻法入人罪，越廉知非辜，悉爲申理。或以獄成不宜反，越曰：『罪疑惟輕。今罪在不疑，乃滯於成獄乎？』執之愈堅，卒無冤獄。嘗夜寢，覺大寒，亟索衣出，脱荷枷者，曰：『罪止小懲，凍死其若之何？』擢浙江副使，晉江西左參政，分守湖東，平積年逋寇。以老致仕，卒年八十七，所著有《西屏集》六卷。

長子元履，弋陽教諭。季元晉，登嘉靖乙酉賢書[一]，任雲南鎮南知州，晉福建興化同知。

初發科時甫弱冠，以父解組南還，遂決志終養。父殁，築廬墓所，常朝夕哭拜。年逾五十始受專符，所至著廉名，有《見泉詩集》十卷。

（郭棐《通志》，参《白沙弟子傳》《新會志》）

【注】

〔一〕權根按：「長子元履，弋陽教諭。季元晉，登嘉靖乙酉賢書」，原作「長子元履，弋陽教諭。李元晉，登嘉靖乙酉賢書」。味此傳末段是述區越諸子之履歷，故述「長子元履」後，道「李元晉」云云，上下文義顯然不接，當有誤字。考〔康熙〕《新會縣志》（影清康熙刻本）卷十二《人物志》區越傳，記區越兩子，稱「子元履，弋陽教諭。元晉，由舉人任興化同知」，與《粤東名儒言行録》同，知「李」「季」形近，《粤東名儒言行録》所謂「李元晉」，應爲「季元晉」之誤。今改。

紀論

《洛閩源流録》曰：區文廣平居無疾言遽色，以涵養稱。

伍雲

伍雲，字光宇，新會人。少陳子七歲。系出汴梁伍氏。先世仕宋，爲嶺南第十三將。曰泯之子始來新會，世爲士夫家。自少軒整有志，於世無所屈讓，與人語，惟其所欲，必竭乃已。

人有善，好之若出諸己。己所欲爲，必以强人爲之。

垂四十始交於獻章。獻章所可，雲亦可之；獻章所否，雲亦否之。南山有石，延袤丈餘，下可容一榻，光宇築爲室，石旁樹松竹，時往造其間。危坐收斂，爲持敬之學。有大江，雲以意爲釣艇，置琴一張，諸供具其中，題曰『光風艇』。遇良夜，皓魄當空，水天一色，雲乘艇獨釣，或設茗招獻章共啜。雲悠然在艇尾賦詩，傲睨八極，獻章亦扣舷而歌，仰天而嘯，飄飄乎任情去來，不知天壤之大也。

所居之北爲巖亭，高不盈一丈，其中闃寂，視之窈如也。而君之夙疾未除，齒髮日耗。其爲學也，蓋不能無日暮途遠之憂，便杜門息交，不擇遠近爲趨捨，凡平居一切與往還者，皆抗顔謝焉。入處於亭，焚香正襟，趺坐竟日，聞者异之。别於白沙築室三間，獻章題曰『尋樂齋』，爲光宇問業之所。獻章曰：『光宇至，則商論彌月而後返，用心良苦，時人無有能窺其際者，惟寶安林光與予知之。予交最久，光纔一見，退謂其弟曰：「伍光宇君子人也。」』

嘗厲聲語曰：『雲不自樹立，爲人不如死。』嘗告於季父絅洎伯兄裕，割田若干畝以供祀事，權以所居第爲祠。有事，必誠必敬。朔、望率以夜半起，衣冠端拱立祠下以俟。尊幼男女咸來，無或敢不虔。後始營材爲祠。當病亟時，尚經度兹役。卒之前數夕，焚香秉燭，招獻章與訣。卒年四十有七。無子，兄裕以其次子秉中爲雲後。

（陳獻章撰《行狀》，參《白沙弟子傳》）

卷十

何廷矩

何廷矩，字時振，番禺人。爲郡諸生，以文行爲督學胡榮所器重。及見陳子，即弃舉子業，從之游。會將秋試，毅然决去。榮遣人乘馬追之，謝曰：『泉石疾在膏肓矣。』遂不復出。白沙謂廷矩在諸生中齒長而賢。所著有《禮意大全》三卷、《存羊録》十卷。

（郭棐《通志》，參《洛閩源流録》）

周坦

周坦，號謙齋，博羅人也。仕爲縣令。自幼有志聖賢之學，從學於中離，出游湖湘、維揚、新泉、天真、天關，以親講席。衰老，猶與徐魯源相往復。其論學語云：『日之明也，必照於物，有不照者，陰霾之蔽也；心之知也，必格乎物，有不格者，物欲之蔽也。』又云：

『一陽生於下爲復，内陽外陰爲泰，於復則曰見天地之心，於泰則曰内健而外順，是可見學不遺乎外，而内者其本也。故曰：復，德之本也。惟復則無妄，而剛來主於内矣。此内健之爲泰也。』又云：『不可於無喜怒哀樂覓無聲無臭，衹喜怒哀樂中節處，便是無聲無臭所在。』又云：『瞑目静坐，此可暫爲之。心體原是活潑流行，若長習瞑坐，拘守空寂，則心體日就枯槁，非聖人之心學也。』又云：『白沙之學，以自然爲宗，至謂「静中須養出端倪」，吾人要識得静中心體，衹是個澄然無事，炯然不昧而已。原無一物可著，若謂「静中養出端倪」，則静中又添出一「端倪」矣。且道體本是自然，但自然非意想可得，心下要自然，便不是自然也。』（《明儒學案》）

方獻夫

方獻夫，字叔賢，南海人。生而孤。弱冠舉弘治十八年進士，改庶吉士。乞歸養母，遂丁母憂。正德中，授禮部主事，調吏部，進員外郎。與主事王守仁論學，悦之，遂請爲弟子。尋謝病歸，讀書西樵山中者十年。

嘉靖改元，夏，還朝，道聞『大禮』議未定，草疏曰：

先王制禮，本緣人情；君子論事，當究名實。竊見近日禮官所議，有未合乎人情，未嘗乎名實者，一則守《禮經》之見，一則循宋儒之説也。臣獨以爲不然。

按，《禮經·喪服》傳曰：『何如而可以爲人後？支子可也。』又曰：『爲人後者孰後？後大宗也。』『大宗者，尊之統也。』『不可以絶，故族人以支子後大宗也。』適子不得後大宗。』爲是禮者，蓋謂有支子而後可以爲人後，未有絶人之後以爲人後者也。今興獻帝止生陛下一人，别無支庶，乃使絶其後而後孝宗，豈人情哉！且爲人後者，父嘗立之爲子，子嘗事之爲父，故卒而服其服。今孝宗嘗有武宗矣，未嘗以陛下爲子。陛下於孝宗未嘗服三年之服，是實未嘗後孝宗也，而强稱之爲考，豈名實哉！爲是議者，未見其合於《禮經》之言也。

又按，程頤『濮議』謂『英宗既以仁宗爲父，不當以濮王爲親』。此非宋儒之説不善，實今日之事不同。蓋仁宗嘗育英宗於宫中，是實爲父子。孝宗未嘗育陛下於宫中，其不同者一。孝宗有武宗爲子矣，仁宗未嘗有子也，其不同者二。濮王别有子可以不絶，與獻帝無别子也，其不同者三。豈得以濮王之事比今日之事哉？爲是議者，未見其善述宋儒之説也。

若謂孝宗不可無後，故必欲陛下爲子，此尤不達於大道者也。惟孝宗之心，所以必欲有後者，在不絶祖宗之祀，不失天下社稷之重而已，豈必拘拘於父子之稱，而後爲有後哉？孝宗有武宗，武宗有陛下，是不絶祖宗之祀，不失天下社稷之重矣，是實爲有後也。且武宗君天下十有六年，不忍孝宗之無後，獨忍武宗之無後乎？此尤不通之説也。夫興獻帝當父也，而不得父；孝宗不當父也，而强稱爲父；武宗當繼也，而不得繼。是一舉而三失焉。臣未見其可也。且天下未嘗有無父之國也。瞽瞍殺人，舜竊負而逃。今使陛下捨其父而有天下，陛下何以爲心哉！臣知陛下純孝之心，寧不有天下，决不忍不父其父也。

説者又謂興獻帝不當稱帝，此尤不達於天道者也。孟子曰：『孝子之至，莫大乎尊親。』周公追王太王、王季，子思以爲達孝。豈有子爲天子，父不得稱帝者乎？

今日之事，臣嘗爲之説曰：陛下之繼二宗，當繼統而不繼嗣。興獻之异群廟，在稱帝而不稱宗。夫帝王之體，與士庶不同。繼統者，天下之公，三王之道也。繼嗣者，一人之私，後世之事也。興獻之得稱帝者，以陛下爲天子也。不得稱宗者，以實未嘗在位也。復乞宣示朝臣，復稱孝宗曰『皇伯』，興獻帝曰『皇考』，别立廟祀之。夫然後合於人情，當乎名實，非唯得先王制禮之意，抑亦遂陛下純孝之心矣。

疏具，見廷臣方觝排异議，懼不敢上，爲桂萼所見，與席書疏并表上之。帝大喜，立下廷議。廷臣遂目獻夫爲奸邪，至不與往還。獻夫乃杜門乞假，既不得請，則進《大禮》上下二論，其説益詳。時已召張璁、桂萼於南京，至即用爲翰林學士，而用獻夫爲侍講學士。攻者四起，獻夫亦力辭。帝卒用諸人議定『大禮』，由是荷帝眷與璁、萼埒。四年冬，進少詹事。獻夫終不自安，謝病歸。

六年，召修《明倫大典》。獻夫與霍韜同里，以議禮相親善，又同赴召，乃合疏言：

> 自古力主爲後之議者，宋莫甚於司馬光，漢莫甚於王莽。主『濮議』者，光爲首，呂誨、范純仁、呂大防附之，而光之説惑人尤甚。主哀帝議者，莽爲首，師丹、甄邯、劉歆附之，而莽之説流毒最深。宋儒祖述王莽之説以惑萬世，誤後學。
>
> 臣等謹案，《漢書》《魏志》《宋史》，略采王莽、師丹、甄邯之奏，與其事始末，及魏明帝之詔，濮園之議，論正以附其後。乞付纂修官參互考訂，俾天下臣子知爲後之議實起於莽，宋儒之論實出於莽，下洗群疑，上彰聖孝。

詔下其書於史館。還朝未幾，命署大理寺事，與璁、萼覆讞李福達獄。萼等議馬録重辟，獻夫力争得減死。其年九月，拜禮部右侍郎，仍兼學士，直經筵日講。尋代萼爲吏部左侍郎，復代爲禮部尚書。《明倫大典》成，加太子太保。

獻夫視璁、萼性寛平，遇事亦間有執持，不盡與附會。萼反陳洸獄，請盡逮問官葉應驄等，以獻夫言多免逮。思恩、田州比歲亂，獻夫請專任王守仁，而罷鎮守中官鄭潤、總兵官朱騏。帝乃召潤、騏還。思、田既平，守仁議築城建邑。萼痛詆之。獻夫歷陳其功狀，築城得毋止。璁、萼與楊一清構，獻夫因灾异進和衷之説，且請收召謫戍削籍余寬、馬明衡輩，而倍取進士之數。帝優詔答之，寬等卒不用。獻夫以尼僧、道姑傷風化，請勒令改嫁。帝從之。又因霍韜言，盡汰道無牒，毁寺觀私創者。帝欲殺陳后喪，獻夫引禮固争。尋復代萼爲吏部尚書。萼、璁罷政，詔吏部劾兩人私黨。獻夫言：『陸粲等所劾百十人，誣者不少。昔攻璁、萼者，以爲黨而去之。今附璁、萼者，又以爲黨而去之。縉紳之禍何時已？』乃奏留黄綰等二十三人，而黜諸良才等十二人。良才者，初爲御史，以考察黜，上疏詆楊廷和，指吏部侍郎孟春等爲奸黨，萼因請復其職。至是斥去，時論快之。

安昌伯錢維圻卒，庶兄維垣請嗣爵。獻夫言外戚之封不當世及，歷引漢、唐、宋事爲證。帝善其言，下廷議，外戚遂永絶世封。

璁、萼既召還，羽林指揮劉永昌劾都督桂勇，語侵萼及兵部尚書李承勳。又劾御史廖自顯。自顯坐逮。已，又訐兵部郎中盧襄等。獻夫請按治永昌，毋令奸人以蜚語中善類，帝不從。獻夫遂求退，帝亦不允。給事中孫應奎劾獻夫私其親故大理少卿洗光、太常卿彭澤，帝不聽。都給事中夏言亦劾獻夫壞選法，徙張璁所惡浙江參政黄卿於陜西，而用璁所愛黨以平代，邪回之彭澤逾等躐遷太常，及他所私昵皆有迹，疑獻夫交通賄賂。疏入，帝令卿等還故官。獻夫及璁疏辨，因引退。帝重違二人意，復令卿等如前擬。頃之，給事中薛甲言：『劉永昌以武夫劾冢宰，張瀾以軍餘劾勳臣，下凌上替，不知所止。願存廉遠堂高之義，俾小人不得肆攻訐。』章下吏部。獻夫等請從甲言，敕都察院嚴禁吏民，毋得譸張亂政，并飭兩京給事、御史及天下撫按官論事，先大體，毋責小疵。當是時，帝方欲廣耳目，周知百僚情僞，得獻夫議不懌，報罷。於是給事中饒秀劾甲阿附：『自劉永昌後，言官未聞議大臣，獨夏言、孫應奎、趙漢議及璁、獻夫耳。漢已蒙詰譴。言、應奎所奏，皆用人行政之失，甲乃指爲毛舉細故，而頌大臣不已。貪縱如郭勳，亦不欲人言，必使大臣橫行，群臣緘口。萬一有逆人厠其間，奈何！』奏入，帝心善其言，下吏部再議。甲具疏自明，帝惡其不俟部奏，命削二官，出之外。部謂甲已處分，不復更議。帝責令置對，停獻夫俸一月，郎官倍之。獻夫不自得，兩疏引疾。帝即報允，然猶虛位以俟。

十年秋，有詔召還。獻夫疏辭，舉梁材、汪鋐、王廷相自代。帝手詔褒答，遣行人蔡靉趣之。靉及門，獻夫潛入西樵，以疾辭。既而使命再至，云將別用，乃就道。明年五月至京，命以故官兼武英殿大學士入閣輔政。初，賜獻夫銀章曰『忠誠直諒』，令有事密封奏聞。獻夫歸，上之朝，至是復賜如故。吏部尚書王瓊卒，命獻夫掌之。獻夫家居，引體自尊，監司謁見，輒稱疾不報。家人姻黨橫於郡中，鄉人屢訐告，僉事龔大稔聽之。獻夫還朝，囑大稔。會大稔坐事落職，疑獻夫爲之，遂上疏列其不法數事，詞連霍韜。獻夫疏辯。帝力眷獻夫。大稔遂被逮削籍。

十月，彗星見東井。御史馮恩詆獻夫凶奸肆巧辨，播弄威福，將不利於國家，故獻夫掌吏部而彗星見。帝怒，下之獄。獻夫亦引疾乞休，優詔不允。

獻夫飭恬退名，連被劾，中忢，雖執大政，氣厭厭不振。獨帝欲殺張延齡，常力爭。而其時桂蕚已前卒，張璁最寵，罷相者屢矣。霍韜、黄宗明言事一不當，輒下之吏。獻夫見帝恩威不測，居職二歲，三疏引疾。帝優詔許之，令乘傳，予地里費。家居十年卒。先已加柱國、少保，乃贈太保，謚文襄。

獻夫緣議禮驟貴，與璁、蕚共事，持論頗平恕，故人不甚惡之。著有《周易約説》《西樵稿》《程子語》《大學原》《中庸原》行世。

（《明史》本傳，參郭棐《通志》）

紀　言

天下之理，一本而已。惟其一本，所以推之四海而皆準，揆諸千古而皆同。此理，弗見弗聞，無聲無臭，然實體物而不可遺，要名言之，又無可得名言者。古人不得已，曰天，曰神，曰中，曰極，曰易，曰仁，曰誠，曰性，曰道，曰德。衹是這一物充塞天地，貫徹古今，無一息不存，無一處不到，無一物不該，無一事不爲。從古聖賢，衹是幹這一件事，真是精一，真是易簡。

論性，祇主孔門『性相近』一言，而衆説可一以貫之矣。曰『相近』，則本有善惡也，但其初善惡不甚相遠，惟漸習而後相遠耳。若皆善而無惡，豈得曰『相近』？夫子之言性與天道，不可得而聞也。

《易》曰：『一陰一陽之謂道，繼之者善也，成之者性也。』是夫子言性與天道處，祇於此章細玩分曉，便不煩多説。一陰一陽之謂道，繼之者善也，天道也。天道有善而無惡，成之者性也。性則有善惡矣。陰陽相繼，流行不息，運於亭毒之表者，本純粹至善也，故可曰善也。及其賦於人物，爲剛爲柔，而成於生質者，則有善有惡，不得純善矣，故曰『成之者性也』，不可曰善矣。此語甚明。

五峰胡氏曰：『性，説不得善，亦説不得惡。纔説善，便與惡對。』程子曰：『善，固性也，然惡亦不可不謂之性。』皆説得好，天下無性外之物，若性本無惡，則惡從何來？程子曰：『性即氣，氣即性。』既入於氣，便有善惡，除是不曾着物，天地本然，則有善無惡耳。人未生前，不唤做性，既生以後，方唤做性，纔唤做性，便滚在氣質中，所以有善，有不善。此生之謂性也，張子所謂氣質之性也。然天理之本然，惟有善而已，就氣質中，指那本然者説，是則孟子所謂性善，張子所謂天地之性也。若不分做兩個性説，則性之與氣鶻突無分曉。

若不合做一個性説，便認做兩件事物了。故程子曰：『二之，則不是予嘗謂性，畢竟祇是一個性字，無兩個字。』孟子曰：『性善是就那善，一邊教人擴充。』荀子曰：『性惡是就那不善，一邊教人克治。』其意一也。若性本無惡，則孔門何以教人許多省察克治工夫？堯、舜、禹何以有人心、道心之辨？《尚書》何以曰『節性』？周子何以曰『定性』？

其實人性本有善惡，雖至善人，亦有一念惡時；雖至惡人，亦有一念善時。此非其本有，何從發來？故揚子曰：『人之性，善惡混。修其善者，爲善人；修其惡者，爲惡人。』是兼孟、荀之説而取之矣。至韓子『三品』之説，又兼三子之説而取之矣。上品，性善者也；下品，性惡者也；中品，善惡混者也。至周子『五品』之説，則又是兼三品而細分之矣。其説皆是與孔門『相近』之言不悖，惟晚儒著説者曰『人性皆善而無惡』，則大謬矣。

近在静中，殊有慎思之切，恍然若有大悟者。覺得平日所行有多少間斷處，祇是此心此理充養無道，光明不繼耳。日就月將，學有緝熙於光明，若得這光明接續日用動静，何處不是道理。

夫禮，天之經也，地之義也，人之文也，聖人之所制也，君子之所守也。心不得，則不正；身不得，則不修；家國、天下不得，則不能齊、治、平也。程子曰：『「儀禮三百，威儀三千」，非絶人之欲，而强人以不能也。所以防其欲，戒其侈，而使之入道也。』禮之用大矣。周子曰：『不復古禮，不變今樂，而欲致治者，難矣。』二禮者，學者所宜盡心也。

皇帝、王伯者，何也？世也。世者，時也，邵子以春、夏、秋、冬言之是也。有巢燧人，三皇之世也；羲、農、堯、舜，五帝之世也；湯、武，三王之世也；春秋，五伯之世也。一元之有四世，猶一年之有四時也。孔、孟之取五伯，時不得不有之也；其不取五伯，卑其道也。然則論著不及三皇者，非不得而言之也，亦高其道也已。故帝王者，道之中也。上乎此者，不能爲；下乎此者，不足爲。而况於皇之上、伯之下者乎？故權謀術數之説非也，而自然無爲之説亦非也。

孔子曰：『朝聞道，夕死可矣。』未嘗言道之所以爲道也。曰：『由，知德者鮮矣。』未嘗言德之所以爲德也。曰：『性相近也，習相遠也。』未嘗言性之所以爲性也。曰：『不知命，無以爲君子也。』未嘗言命之所以爲命也。聖人之不言者，非不言也，引而不發，將使學者深造而自得之也。後儒之言道德性命者异於是，見之而言之易，辭愈多而愈蔽，使知者厭，不知者惑焉。豈惟是將使學者無復深造而自得矣，夫何益？豈惟是或即其末而遺其端，或指其偏而遺其全，則失之遠矣。

孔子出，而人知有道；孟子出，而人知有心。孔子之言在《魯論》，孟子之言在七篇。六經之言極其博論，《孟子》之言要其約。故曰：『博學而詳説之，將以反説約也。』夫聖賢之言，簡易明白，炳如日星，不待繁詞復説，而義旨瞭然。如『賜也，汝以予爲多學』章，『《詩》三百』章，『參乎』章，『子貢問一言』章。其言互相發明，豈待注而後知之？孟子：『仁，人心也。學問，求其放心。』夫求其放心，便是求仁。『其爲氣也，配義與道。（節）是集義所生者』四句，是氣配道義而後浩然，無是道義，則餒矣〔二〕。氣本集義而生，行有不義則不慊於心，所以餒也。餒即浩然之反也。豈待辭説而後喻乎？予怪乎世之説者，愈繁愈蔽，愈析愈離，淺者鑿之使深，顯者推之使晦，非徒無益，而又害之也。

【注】

〔一〕權根按：檢方獻夫《西樵遺稿》（影清康熙三十五年刻本），知此條自卷八《論孟説》出。然如『「賜也，汝以予爲多學」章』至『無是道義，則餒矣』一段，經鄧淳删改，致文義有晦澀、不連貫者。今重鈔於下：

如孔子曰：『賜也，汝以予爲多學而識之者與？』曰：『非也。予一以貫之。』又曰：『《詩》三百，一言以蔽之，曰思無邪。』曰：『參乎，吾道一以貫之。』曾子唯曰：『夫子之道，忠恕而已矣。』又子貢問有一言可以終身行之者，曰：『其恕乎！』其言互相發明，豈待注釋而後知之？孟子曰：『仁，人心也。學問之道，無他求，求其放心而已矣。』求其放心，便是求仁。曰：『其爲氣也，配義與道。無是，餒也。是集義所生者，非襲義而取之也。行有不慊於心，則餒矣。』是氣配道義而後浩然，無是道義，則餒矣。

聖賢精一之學，無動無静，却是這個工夫，然必以静爲主，故周子曰：『聖人定之以中正、仁義而主静。』程子曰《易》，謂『不專一則不能直遂，不翕聚則不能發散』。李侗亦曰：『默坐澄心，體認天理，如此則雖一毫人欲之萌亦退聽矣。』明道教人静坐，李先生亦教人静坐始能收斂。静坐，則本原定。纔静，事俱見得。然總是一個敬。故云主静□敬非難，而一爲難。一者，常於敬而無間之謂也。故《易》曰『恒以一德』。如《中庸》『戒慎恐懼』，敬也。戒慎不睹，恐懼不聞，而不須臾離一也。程子曰：『惟敬而無失，最盡敬而無失。』即一也。

象山之學，即孟子之學，其一言一行，無一毫不似孟子處。其氣象亦然。故愚嘗謂象山是再生孟子，欲識象山，須識孟子。孟子之學，要處祇是不失其本心，而善充之而已。至其極處，祇是盡其心而已。故其教人，祇是要人知天之所以與我者，至貴也，至足也，我固有之也，非由外鑠我也。其論學祇是一句『欲其自得之』也。都是要由中出學問，思明辨，祇是講明此而已，辨證此而已。又安有許多章句口耳、外面勞攘工夫？象山之學，一出於此。故其議論極切實斬截，其工夫極精一簡易。

紀事

時桂萼在朝，學禁方嚴。薛侃等既遭罪譴，京師諱言學，惟賢與編修歐陽德、楊名，侍郎黄宗明，給事中戚賢、魏良弼、沈謐等，定日會之期，聚於慶壽山房，守師説不少變。

紀論

湛甘泉曰：公生平論奏，如前『大禮』之議，不顧利害；『大獄』之讞，至以去就争。他如《薦賢議禮》《應詔陳言》《省灾自劾》《明公論别善類》等疏，悉關世教，貫天人。至於《敬陳洪範》一疏，則發明皇極正心之義，以裨聖學心法之傳，其功尤大。而其潛移默奪，銷禍害於未形，使天下後世陰被其澤而不知。公亦可謂真宰相矣。

謝憲

謝憲，字汝慎，歸善人。土木形骸，不事藻飾。癯然野鶴，獨立風塵之表。事父母，定省如禮。無私財。爲邑諸生，與葉天祐、劉梧同舍，合志聖賢之學，諸生不敢雁行。歲薦，卒業太學。及歸，築臺居之，葛巾木履，日携《離騷》，往來西湖、北城，浩歌至暮而返。憲學一禀程、朱，多自得。倚臺畔修竹，折枝濡赤土注《易》。天祐之子春及取而録之，名《周易竹書》。其他著述甚富，謂之《通紀》。見潮陽薛侃來惠，講道豐湖，學士多與辨析，名齋以『惕』，學者號爲惕齋先生。

（郭棐《通志》，參《洛閩源流録》）

卷十一

霍韜

霍韜，字渭先，南海人。舉正德九年會試第一。謁歸成婚，讀書西樵山，經史淹洽。世宗踐祚，除職方主事。楊廷和方柄政，韜上言：『閣臣職參機務，今止票擬，而裁决歸近習。輔臣失參贊之權，近習起干政之漸。自今章奏，請召大臣面决施行，講官、臺諫，班列左右，衆議而公駁之。宰相得取善之名，内臣免招權之謗。』因言錦衣不當典刑獄，東廠不當預朝議，撫按兵備官不當以軍功授秩蔭，興府護衛軍不當盡取入京概授官職，御史謝源、伍希儒赴難有功不當罷黜，平逆藩功自安慶、南昌外不當濫叙。帝嘉納之。

及『大禮』議起，禮部尚書毛澄力持考孝宗，韜私爲《大禮議》駁之。澄貽書相質難，韜三上書極辨其非。已，知澄意不可回，其年十月上疏曰：

按，廷議謂陛下宜以孝宗爲父，興獻王爲叔，别擇崇仁王子爲獻王後。考之古禮則不合，質之聖賢之道則不通，揆之今日之事體則不順。

考《儀禮·喪服》章云『斬衰爲所後者』，又曰『爲人後者，爲其父母報』，是於所後者，蓋無稱爲父母之説，而於本生父母，反無改稱伯叔父母之云也。漢儒不明其議，謬爲邪説，曰：『爲人後者爲之子。』果如其言，則漢宣帝當爲昭帝後矣。然昭帝從祖也，宣帝從孫也，孫將謂祖爲父，可乎？唐宣宗當爲武宗後矣，然武宗侄也，宣宗叔也，叔反謂侄爲父，可乎？吴諸樊兄弟四人以國相授受，蓋迭相爲後矣，是兄弟自具高曾祖考也，而可乎？故曰『考之古禮則不合』也。

天下者，天下之天下，非一人所得私也。宋人之告其君曰：『仁宗於宗室中特簡聖明，授以大業，陛下所以負扆端冕，富有四海，子孫萬世相承，皆先帝之德。』蓋謂仁宗以天下授，英宗宜捨本生父母而以仁宗爲父母也。臣以聖賢之道觀之，孟子言舜爲天子，瞽瞍殺人，皋陶執之，舜則竊負而逃，是父母重而天下輕矣。若宋儒之説，則天下重而父母輕也。故曰『求之聖賢之道則不通』也。

武宗嗣孝宗歷十有六年，孝宗非無嗣也。今强欲陛下重爲孝宗之嗣，何爲也哉？夫陛下爲孝宗子矣，誰爲武宗子乎？孝宗有兩嗣子矣，武宗獨無嗣子，可乎？臣子於君父一也，既不忍孝宗之無嗣，獨忍武宗之無嗣乎？若曰武宗以兄，固得享弟之祀，則孝宗以伯，獨不得享侄之祀乎？既可越武宗直繼孝宗矣，獨不可并越孝宗直繼憲宗乎？武宗無嗣，無可如何矣。孝宗有嗣，復强繼其嗣，而絶興獻之嗣，是於孝宗無所益，而於興獻不大有損乎？故曰『揆之今日之事體則不順』也。

然臣下之爲此議也，其故有三：曰前代故事之拘也，曰不忘孝宗之德也，曰避迎合之嫌也。今陛下既考孝宗矣，尊興獻王以帝號矣，則將如斯而已乎？臣竊謂帝王之相繼也，繼其統而已矣，固不屑屑於父子之稱也。惟繼其統，則不惟孝宗之統不絶，即武宗之統亦不絶矣。然則如之何而可乎？惟陛下於興獻王得正父子之稱〔一〕，以不絶天性之恩。於國母之迎，得正天子之母之禮。復於昭聖太后、武宗皇后處之有其道，事之盡其誠，則於尊尊親親兩不悖矣。

帝得疏喜甚，迫群議不遽行。而朝士咸指目韜爲邪説。韜意不自得，尋謝病歸。

嘉靖三年，帝議尊崇所生益急，兩詔召韜。韜辭疾不赴，馳疏言：

今日『大禮』之議，兩端而已。曰崇正統之大義也，曰正天倫之大經也。徒尊正統，其弊至於利天下而弃父母；徒重天倫，其弊至於小加大而卑逾尊。故臣謂陛下宜稱孝宗曰皇伯考，獻帝曰皇考。此天倫之當辯者也。尊崇之議，則姑在所緩，此大統之當崇者也。乃廷議欲陛下上考孝宗，又兼考獻帝，此漢人兩統之失也。本原既差，則愈議愈失。臣之愚慮，則願陛下預防未然之失，毋重將來之悔而已。始陛下尊昭聖皇太后爲母，雖於禮有未合，然宫闈之内亦既相安。今一旦改稱，大非人情所堪。願陛下以臣等建議之情，上啓皇太后，必中心豫悦無疑貳之隙。萬一未喻，亦得歸罪臣等，加賜誅斥，然後委曲申請，務得其歡心。陛下朝夕所以承迎其意，慰釋其憂者，亦無所不用其極，庶名分正而嫌隙消，天下萬世無所非議，此臣愚慮者一也。

昭聖之嫡嗣，武宗一人而已矣。武宗無嗣，莊肅皇后之屬望已矣。臣謂陛下之事昭聖，禮秩雖極尊崇，然其勢日輕；陛下之事聖母，尊稱雖或未至，然其勢日重。故今日廷臣惓惓以尊大統，母昭聖爲請者，蓋預防陛下將來之失，而追報孝宗之職分也。臣嘗伏讀明詔，正統大義，不敢有違。知陛下尊昭聖，敬莊肅，此心可上質天地，下信士庶矣。但恐左右之人不達聖意，妄生疑間。或以彌文小節，遂構兩宫之隙，此不可不早慮而預防之也。願陛下以臣等建議之情，上啓聖母曰，昭聖皇太后實大統嫡宗，至尊無對，伏願聖母時自謙抑，示尊敬至意。莊肅皇后母儀天下十六年，聖母接見之儀，不可輕忽，凡值正誕、賀壽，聖母每致謙讓不敢受納之意。俾宫闈大權一歸昭聖，而聖母若無與焉，則天下萬世稱頌懿德與天無極。萬一聖母意猶未喻，亦得歸罪臣等，加賜誅斥，然後委曲申請，務得允從，庶宗統正而嫌隙消，天下萬世無所非議，此臣愚慮者二也。

帝深嘉其忠義，趣令趨朝。明年，擢少詹事兼侍講學士。韜固辭，且請令六部長貳、翰林、給事、御史俱調外任，練政體；監司、守令政績卓异，即擢卿丞，有文學者擢翰林；舉貢入仕皆得擢翰林，陞部院，不宜困資格。帝不允辭，趣令赴職。下其奏於有司，悉格不用。六年，還朝，命直經筵日講。韜自以南音力辭日講，請撰《古今政要》及《詩書直解》以進。帝褒許之。其年九月，遷詹事兼翰林學士。韜復固辭，言：『自楊榮、楊士奇、楊溥以及李東陽、楊廷和顓權植党，籠翰林爲屬官，中書爲門吏，故翰林遷擢不由吏部，而中書至有進秩尚書者。臣嘗建議，謂翰林去留，盡屬吏部，庶不陰倚内閣爲腹心，内閣亦不陰結翰林爲羽翼。且欲京官補外以均勞逸，議未即行，躬自蹈之，而又躐居學士徐縉上，何愧如之。』帝優詔不允。

明年四月，進禮部右侍郎。韜力辭，且舉康海、王九思、李夢陽、魏校、顔木、王廷陳、何瑭自代，帝不允。再辭，乃允。六月，『大禮』成，超拜禮部尚書，掌詹事府事。韜因言翰林院修書遷官、日講蔭子及巡撫子弟蔭武職之非，而以爲己不能力挽，不可隨衆趨。且稱給事中陳洸冤，薦監生陳雲章才可用。帝優詔褒答，不允辭。韜復奏曰：『今异議者謂陛下特欲尊崇皇考，遂以官爵餌其臣，臣等二三臣苟圖官爵，遂阿順陛下之意。臣嘗自慨，若得禮定，決不受官，俾天下萬世之議禮者非利官也。苟疑議禮者爲利官，則所議雖是，彼猶以爲非，何以塞天下口？』因固辭不拜，帝猶不允。三辭，乃允之。

韜先後薦王守仁、王瓊諸人，帝皆納用。嘗因災异陳時弊十餘事，多議行。張璁、桂萼之罷政也，韜謂言官陸粲等受楊一清指使，兩疏力攻一清，奪其職，而璁、萼召還。帝從夏言議，將分祀天地，建二郊，韜極言其非。帝不悦，責韜罔上自恣。言亦疏辨，力詆韜。韜素護前自遂，見帝怒，不敢辯，乃遺言書，痛詆之，復録其書送法司。言怒，疏陳其狀，且劾韜無君七罪，并以其書進呈。帝大怒，責韜謗訕君上，醜正懷邪，遂下都察院獄。韜從獄中上書祈哀，璁亦再申救，帝皆不納。南京御史鄧文憲言，宜察韜心，容其戇，且天地分祀是置父母异處，郊外親蠶是發内外防閑。帝怒，謫之邊方。韜繫獄逾月，帝終念其議禮功，令輸贖還職。尋以母喪歸。廣東僉事龔大稔訐韜及方獻夫居鄉不法事，大稔反被逮削籍。

十二年，韜起，歷吏部左、右侍郎。時部事多主於尚書，兩侍郎率不預。韜争於尚書汪鋐，侍郎始獲參部事。韜素剛愎，屢與鋐争，鋐等亦嚴憚之。既而鋐罷，帝久不置尚書，以韜掌部事。閣臣李時傳旨，用鴻臚卿王道中爲順天府丞。韜言：『輔臣承天語無可疑，然臣等猶當奏請，用杜矯僞。』因守故事，列道中及應天府丞郭登庸二人名上。帝嘉其守法，乃用登庸，而改道中大理少卿。久之，出韜爲南京禮部尚書。順天府尹劉淑相坐所親贓私被鞫，疑禮部尚書夏言姻通判費完陷之，訐言請屬事。帝怒，下淑相詔獄。淑相與韜善，言亦疑韜主之，遂訐韜扈蹕謁陵，遠游銀山寺大不敬。韜自訴，因論言：『請謚故少師費宏爲文憲，不叙宏累被劾狀，按律，增減緊關情節者斬。且「憲」乃純皇帝廟號，人臣安得用？』會南京給事中曾鈞騎馬，不避尚書劉龍、潘珍轎，龍與鈞互訐奏。韜劾鈞，且請禁小臣乘轎。給事中李充濁、曹邁等交章奏言近侍之臣不當避道，雜舉公會宴次得與尚書同列以證，語頗侵韜。韜疑充濁倚言爲內主，訐充濁爲奸黨，復摭言他事。言益怒，奏韜大罪十餘事。且言彭時、宋濂皆於正德間謚文憲，不避廟號，韜陋不知故事。帝方不直韜，淑相復從獄中摭言他事，帝益怒，考訊之。辭服韜主使，乃斥淑相爲民，降韜俸一級。當議乘轎時，言被劾不預，都御史王廷相會禮部侍郎黄宗明、張璧請禁飭小臣如韜奏，而南京諸給事、御史自如，韜以爲言。帝復申飭衆情，滋不悦。曹邁[二]及同官尹相等遂與韜忿爭。相劾韜遷南部怨望，擅取海子魚，與鄉人群飲郊壇松下；侍郎袁宗儒期喪不當進表，逼使行。韜上疏自理。下廷議。帝爲停韜俸四月，相等亦停二月。

韜既與言交惡，及言柄用，韜每欲因事陷之。上言：『頃吏部選劉文光等爲給事中，尋忽報罷，人皆曰閣臣抑之。給事中李鶴鳴考察謫官，尋復故，人皆曰賄得。宜諭吏部毋受當事頤指，使天下之威福出朝廷，而大臣有李林甫、秦檜者，不得播弄如左右。』其意爲言發也。於是鶴鳴上疏自白，并摭韜居鄉不法等事。帝兩置之。無何，韜劾南京御史龔湜、郭本。湜等自辨，亦劾韜。帝并置不問。

十八年，簡補宮僚，命韜以太子少保、禮部尚書協掌詹事府事。疏辭加秩，且詆大臣受禄不讓，晉秩不辭，或有狐鼠鑽結，陰固寵權，怨氣召灾，實有所自。其意亦爲言發。既屢擊言不勝，最後見郭勳與言有隙，乃陰比勳，與共齮齕言。時中外訛言帝復南幸，韜因顯頌勳，言：『六飛南狩時，臣下多納賄不法。文官惟袁宗儒、武官惟郭勳不受饋。今訛言復播，宜有以禁戢之。』帝既下詔安群情，乃詰韜曰：『朕昨南巡，卿不在行，受賄事得自何人？據實以奏。』韜對：『請問諸郭勳。』帝責其支詞，務令指實。韜窘，乃言：『扈從諸臣無不受饋遺、折取夫隸直者，第問之夏言，令自述。至各官取賄實迹，勳具悉始末，當不欺。如必欲臣言，請假臣風憲職，循途按之，當備列以奏。』章下所司。韜懼不當帝旨，尋赴京，列所遇進鮮船內臣貪橫狀。帝亦不問。

明年十月，卒於官，年五十有四。贈太子太保，謚文敏。

韜學博才高，量褊隘，所至與人競。帝頗心厭之，故不大用。先後多所建白，亦頗涉國家大計。且嘗薦『大禮』『大獄』得罪諸臣，及廢籍李夢陽、康海等。在南都，禁止喪家宴飲，絕婦女入寺觀，罪娼户市良人女，毁淫祠，建社學，散僧尼，表忠節。既去，士民思之。始，與璁、萼結，既而比郭勳。舉進士，出毛澄門下，素執弟子禮，議禮不合，遂不復稱爲座主。及總裁己丑會試，亦遂不以唐順之等爲門生。其議禮時，詆司馬光。後議薛瑄從祀，至追論光不可祀孔廟。其不顧公論如此。

韜爲人質直好古，行誼高潔，平生肆力於居處恭，即獻納，亦以此爲第一義。尤好進賢，汲汲如不及。峽山有虎患，韜移文責山神，俄而震雷殺虎。峽江有妖石壞舟，過者必祭，韜祝告於天，即雷裂其石。其感格甚奇。二品叙蔭，捨子而官宗子與球；積俸置産，悉與從兄弟共之。尤人所難云。所著有《詩經注解》《象山學辨》《程朱訓釋》《霍氏家訓》《渭厓集》行於世，學者稱渭厓先生。

弟任最知名。長子與瑕，穎悟過人，年十五注《楚辭》，蚤卒。與瑕、與瓔、與瑺并舉於鄉，而與瑕登進士。

（《明史》本傳，參《明朝典彙》《明儒學案》）

【注】

〔一〕權根按：『正父子之稱』，原奪『正』字，據中華書局點校本《明史》卷一百九十七霍韜傳補。

〔二〕權根按：『曹邁』，原誤作『曹遭』，據《明史》卷一百九十七霍韜傳及上文『給事中李充濁、曹邁等』改。

紀　言

《議郊祀疏》云：南北郊分祀之禮，太祖行之十年，然後創合祀之制。是時太祖已五十矣，蓋在知命之年矣。其仰體天道，内察天心，蓋有非臣下所能窺測者。臣既歷古今异同之禮，復竊原太祖之原而著論曰：

未有天地，一氣而已矣，渾合而神萬化樞紐焉。闔闢迭運，陰陽著矣；清濁异質，天地位矣。懸象於上，爲日月，爲星辰；奠形於下，爲山岳，爲河海。一氣而已矣。一則神，二則物。是故二氣妙合之謂神，陰陽主宰之謂帝。是故合祀天地，完陰陽之氣，渾闔闢之神者也，非皇祖聖智，兼通幽明之故，孰能與於此？

又曰：未有天地，一氣而已矣。清而上覆，天由生焉；凝而下奠，地由生焉。一翕一闢，氣化流行焉。時其翕也，秋冬生焉；時其闢也，春夏生焉。譬諸人焉，吹氣而寒，唇所翕也；呵氣而暖，唇所闢也。一氣而已矣。謂陰陽有二氣，亦謂吹呵有二人也，可乎？陽生祀天，陰生祀地，則陰陽判矣。陰陽判而氣化滯矣，氣化滯而鬼神之機息矣。是故合祀天地，所以流行陰陽，參贊化育者也。非皇祖聖智，知天之至，達性命之原，其孰能與於此？

又曰：合祀天地，神陰陽也。《易》曰：『陰陽不測之謂神。』并祀祖宗，崇達孝也。《禮》曰：『祖文王而宗武王。』主日配月，及於星辰，象從天也。《易》曰：『本乎天者親上。』岳鎮海瀆，象從地也。《易》曰：『本乎地者親下。』是故天地合德，神化出矣；祖宗合德，孝德崇矣。日月星辰麗乎上，河海山岳位乎下，倫類別矣。是故渾涵宇宙，順序陰陽，幽贊神化，明奠類象，合祀之典禮具有焉。非皇祖聖智，明於天地之性，知鬼神之情狀，其孰能與於此？

《議從祀疏》云：歷代從祀孔庭之儒，若七十二賢，則親炙聖化者也。漢儒，則搜輯聖經者也；唐儒，則疏注聖經者也；宋儒，則闡明聖經者也。薛瑄生當聖明，道學大明之時，實能誦法孔子。觀其《讀書録》，平易親切，非身心體驗不能及。出處不瑕其摻，禍福不易其節，貧賤不移其介。身爲世師，言爲世訓，動爲世式。晦而彌彰，抑而彌顯，久而彌光。非真誠積累之素不能也。臣故曰：我聖朝從祀之儒，惟薛瑄無愧。

再按，宋臣誤列從祀，得二人焉。若司馬光者，於聖道實大背戾。著《資治通鑒》，尊崇荀況於聖賢之伍，荀況『性惡』之論，名教罪人，司馬光乃荀況之徒也。自有天地以來，未有改稱親父曰伯，改稱叔曰父考，光始創此議，謂宋英宗宜改稱其父濮王曰伯考，稱仁宗曰皇考，變亂天常，光實罪首。謀國不臧，弃河湟以養邊釁，用蔡京以啓禍源，忠智之道缺焉。宋人取其小善，舉伍從祀，蓋未究光實學也。又若陸九淵者，詆《太極圖》以與周敦頤异，鵝湖辨論與朱子异，論子貢、曾子之學與孔門异，主張禪教則致書禪僧，大闡禪宗則助瀾揚簡，辨論機鋒，聳動聾瞽，真聖門罪人也。近年行人司司副薛侃妄舉從祀，禮部不及詳議，誤從焉。臣謂司馬光小善可稱，大道則闇，可祀於鄉。蓋孔廟之祀，必其有功於道者也。陸九淵合與改正，則人不异趣，士不异學，正道大明，聖化洋溢，於風教甚非小補。

《與鶴江少宗伯書》云：司馬公、陸子静祀議，皆係斯道大節、人紀大倫，吾兄不得付之默然。陸學已送辨，幸細閲可知。若司馬公論人品，則質直可稱於僚友，儉樸可法於鄉邦，如斯而已矣。論相業不如韓魏公，論學識不如范文正，而於斯道則全未有聞，何取而從祀孔庭？君臣、父子、夫婦，三綱也。司馬公書赧王背秦攻周，赧王頓首受罪，右秦抑周，冠履倒易。建安廿五年十月，曹丕篡漢，廢獻帝爲山陽公，司馬公削去建安年號，書『黄初元年』。漢昭烈紹漢統，帝室之冑，名義甚正，司馬公削去昭烈，不得嗣漢。諸葛伐魏，書曰『入寇』。右篡賊，抑漢嗣，絶正統，助逆臣，其於君臣之義何如也？吕氏擅王諸吕，武氏滅唐爲周，牝雞晨鳴，萬世痛憤，司馬公不正其妄肆侵陽之罪，反紀其年，俾列正統，其於夫婦之義何如也？自生民至今，未聞改稱父曰伯，改稱叔曰父考，司馬公創議，謂英宗宜稱仁宗爲考，改稱其父爲伯，變亂名實，爲萬世禍始，其於父子之倫何如也？三綱攸斁，人道淪爲禽獸，豈可推禽獸之教於孔廟？

《象山學辨》云：陸子之學，似是而非。其强辨浮詞，足以亂正而惑俗。

又云：陸子於佛、老，陽叱其名而陰食其實，又借孟子口涎之似，以誇張之者也。

又云：陸子者，矜悻自高，喜人己諛，不喜人己規，長舌利口，大飾格言，以遂其自滿之陋者也，老、佛、儒三者混而一之者也。

又云：王安石以自信亂天下，陸子静以自信誤後世，若二人者，其名教萬世之罪人與。

《復陽明書》云：或謂先生張主學問，有流禪之敝，恐鼓天下後學逞浮談，不切實得，而庸俗無知者起而攻争焉。是亦世道淳漓之會，前世敗轍，不可不知也。生曰：王老先生學問，誠有過高者，此賢知之過也。然老先生虚心無我，聞一善言，見一善行，恐改從不早也。所慮者，或及門之士面從心違，張主門户，嘵嘵自异，啓流俗詆訾之隙，如宋程、朱門人然，則遂關涉世道耳。然此皆是老先生所熟計者，生亦徒見其贅，且淺視先生也。讀《傳習録》，多有未領者，曾標出一二，期面請教益，未敢輕率。

《與胡静庵書》云：今日急務，在薦進多賢，以革陋習，則人心自正，善類自多，而祖宗舊章自復，天下自治。古人求治，有急於退小人者。生謂退小人亦自有道，苟正人在列，正氣日長，舉世士大夫孰願爲奸邪？故大賢君子之謀國也，苟能誘一人以爲善，是能退一不善人矣。人人相勸誘以爲善，是舉世不善退矣，豈必黜逐之云。

《復湛甘泉書》云：承示《春秋正傳》，雖未盡閲，亦已得大意矣。生早年亦頗留心，惟恐見尚未定，不敢鹵莽立説。鄙見大略，因便請正。

何如『春王正月』？孔子實自創制，垂憲萬世。從古無如此書法，蓋孔子作之者也。聖人力量，與衆人不同。時在堯、舜，則禪讓；時在湯、武，則放伐；時在孔子，則立教垂憲。

皆常事也。天下之職，君、師二者而已矣。君道主宰一世，師道主宰萬世，一而已矣。謂孔子不可以匹夫改正朔，然則湯、武可以諸侯放伐乎？知湯、武之順天應人，則知孔子順天創制矣。

世儒委曲説『春王正月』，皆不識聖人力量，職事故也。子、丑、寅，皆可紀歲，古已有之。惟未嘗以子、丑月爲正月耳。故商以丑紀歲，於元祀則曰十有二月；秦及漢初，以亥紀歲，則曰元年冬十月。是古者雖以子、丑、寅紀歲首，至子之爲十一月，丑之爲十二月，寅之爲正月，徹上代末之有改也。《豳》詩，周公作也。曰七月，曰九月，皆夏正也。如周實改月，則述一代之制作，新天下之耳目，當用周正，不宜復述夏正，以溷頑民之聽矣。世儒曲爲之説，曰《豳風》，先公用夏正時也，則應之曰先公夏正之時，有民俗可稱者，在商六百年，豳俗遂無可稱者乎？《詩》中云：『五月斯螽動股，六月莎雞振羽。七月在野，八月在宇。九月在户，十月蟋蟀入我牀下。』皆夏正也。如果先公豳俗，則夏正十月，未改歲也，何乃曰爲改歲？是周雖改子月首歲，不改子月爲正月之明驗也。《詩》之《出車》，周正之時之詩也。其詩曰：『春日遲遲，卉木萋萋。倉庚喈喈，采蘩祁祁。』夏正之候也。如曰子月爲春，則倉庚之鳴、于蘩之采，皆非子、丑月所宜也。《豳》詩曰：『春日載陽，有鳴倉庚。』《豳》詩春日之倉庚，則夏正也。《出車》之倉庚，則曰周正之春耶？又曰：『春日遲遲，采蘩祁祁。』《豳風》之采蘩，則夏正；《出車》之采蘩，則周正耶？是又周人不改子月爲春正月之明驗也。孟子曰：『十一月徒杠成，十二月輿梁成。』如曰夏之九月，築場圃時也，十月，納禾稼時也，豈曰農工已畢，可用民力耶？此又孟子未嘗稱周十一月、十二月爲夏九月、十月之明驗也。《詩》曰『正月繁霜』，夏之正月也。其爲天灾，何也？非霜時也。在周之時，則三陽之月，于耜之時也。農事伊始，繁霜殺物，農人憂也，是其爲灾也。是故『正月繁霜』『九月肅霜』，皆夏正也。比而觀焉，《豳》之肅霜，常也；《小雅》之繁霜，非常也，變也，皆夏正月也。世儒不識，乃謂正月爲夏正四月，妄益甚矣。故凡《詩》曰『十月之交』，曰『六月萋萋』，皆夏正也。又曰『惟暮之春』，則辰月也。如曰周正，則寅也。寅月，豈來牟時耶？朱子於十月則曰夏正亥月，於六月則曰建未之月，於暮春亦曰辰月也。惟『正月繁霜』，則從蘇氏之説，曰夏正四月，豈其然乎？是蓋闕疑不敢身質，遠俟後聖之心也。是又周人雖改子月爲歲首，不以子月爲正月之明驗也。

《記》之《月令》，古之聖帝明王奉天順時之典也。呂不韋剿而布之，間以一二灾祥之説命之，曰《秦月令》。世儒聞秦、呂名，則耻且惡之，曰亂世之書也。今也驗之天文，徵之氣候，敷之政事，稽之物産，可悖之耶？是故《戴記》惟《月令》，惟古典出呂不韋所述，人則羞稱焉。《周禮》爲《周官》瘻瘤，王莽、劉歆剿周制而附會之者也。惟曰周公作也，世争誦之，世儒之不信心而信耳目也，弊也如此。是故《月令》，秦之政令也。秦以十月爲歲首，所述《月令》則夏正也。又秦人雖改亥月首歲，不改亥月爲正月之明驗也。秦不改亥爲正則，則周不改子爲正月又益明也。《春秋》書『春王正月』爲夏之寅正又益明也。或曰：『夏時冠周月，如何？』曰：『非也。』聖人順天立法，垂訓萬世，不如是委曲假借也。是故知聖人力量，則知《春秋》書法矣。或問：『爲下不倍之訓，非耶？』《孟子》曰：『有伊尹之志。』則湯、武之事後世談之，非亂賊之渠耶？故曰：孔子作《春秋》，若曰『皆徇史文之舊也云爾，無所作也』，則文儒之隸也，何足爲孔子？凡《春秋》經世大法，宜講明以俟後世者不止此，姑舉正月之疑例焉，不盡縷縷。

紀事

先生祖厚一，父華，世有隱德。黄蕭養稱亂，鄉豪悉受僞官，厚一獨拒之，世稱義士。

先生生而重瞳，資性穎异，父授以經書，即通其説。既而請謝舉子業，父曰：『何爲？』對曰：『術者每謂韜禄命不利。』父曰：『予豈望爾禄仕榮家耶？苟能爲儒，庶幾不忝古人爾。』於是屏居一室，書『居處恭』三字，對之終日默坐，曰：『此乃四勿綱領，爲學無要於此者。』年十九始入鄉塾，不半歲，四書、《周易》皆通，六籍子史百家，靡不該貫，尤熟《大學衍義》《東萊博議》等書。年二十一作《家訓》二十篇。爲文宏深雄偉，督學江潮程其文奇之。

會試，李叙庵得卷，以爲經世華國之才，五策全録以進。廷試仍議第一，爲中書倒印其卷，落名二甲第一，觀政吏部。

初則不認毛澄、李時爲座主，後則不認三百人爲門生。其言曰：『是進士者，天子不用爲私臣，我衆執事，豈敢曰士由吾進，爲吾門生私恩乎？』

先生謝病歸西樵，築室雷壇峰下，曰四峰書院，著書講學於其中。時方文襄、湛文簡亦各開精舍於山中，互相往來論學。方師陽明，湛師白沙，先生則惟誦法孔、孟、程、朱而已，無門户可依，亦無赫赫講學之名。文襄特論，謂象山乃再生孟子，而先生著《象山學辨》一書，隱然有學術之憂焉。

畿内女尼庵寺最盛，大傷風化，宗伯力請毁之。上曰：『霍韜嘗言僧道盛者，王政之衰也。所議良是。』遂詔毁畿内庵寺，天下僧道無度牒者，令有司嚴革之。江西督學徐一鳴毁寺散僧，鎮守内官黎鑒誣其激變，逮詣獄，先生力救獲免。

《明史·刑法志》：霍韜言：『刑獄付三法司足矣，錦衣衛復横撓之。昔漢光武尚名節，宋太祖刑法不加衣冠，其後忠義之徒争死效節。夫士大夫有罪下刑曹，辱矣。有重罪，廢之，誅之可也，乃使官校衆執之，脱冠裳，就桎梏，朝立清班，暮幽犴獄，剛心壯氣，銷折殆盡。及覆案非罪，即冠帶立朝班，武夫捍卒指目之曰：「某吾辱之，某吾縶執之。」小人無所忌憚，君子遂至易行。此豪傑所以興山林之思而變，故罕仗節之士也。願自今東廠勿與朝儀，錦衣衛勿典刑獄，士大夫罪謫廢誅勿加笞杖鎖梏，以養廉耻，振人心，勵士節。』帝以韜出位妄言，不納。

凡産業，俱統於一，租税所入，伯兄振先掌之，以均族衆。所得俸薪，亦以均之，不自私。合族内外，循禮守法，家政斬然。既貴，即飭家衆，不令干外事，凌鄉里。既顯，益加嚴飭，仍著訓以訓於家。生平極篤故舊。甘隱士學、陳隱士公贊，俱貧賤交也，貴顯後，皆以子婚其女。張羅山没後，權貴頤指凌其後人，公倡義極力保護。又重理學名臣，力舉章楓山之恩蔭，執公議出周推官於死獄，犯權寵，辯劉府尹之寃誣，經紀故人鄧訓導之亡，追還故相梁厚齋之産，此皆人之所難能者。官至宫保，衣無重綺，食鮮珍味，見士夫侈靡者，深鄙惡之，多有慚而化者。喜引進後學，有美質高業者，必延以隆禮，極力薦揚，多所成就。客至私宅，雖士類，必令出入中道，揖拜令如禮。至惡惡人，則真如蛇蝎，不少假借。

紀論

李時行《傳》略曰：公自弱冠即志在修、齊、治、平，嘗置《大學衍義》於座右，曰：『如有用我，執此以往。』比通顯，仿昇居同財之制，合三代同居，冠婚喪祭，悉如其訓。日以表正鄉閭，興復古道爲事。其立朝也，毅然以聖學爲可行，以王道爲可舉，故凡祖宗成憲、内外政體、生民利病，極言救正，雖摧於奸權，憎於衆口，志益堅奮。卒使清議精明，百工惴慄，用能以孤忠直節受名明主，前後凡八十餘疏，皆關國大體，具見施行。至國家大事，咸得與之。如罷鎮守，削恩倖，復廢爵，録大獄，率惟公是決，一時國是賴之以定。恩蔭授之宗子。諸子締親，皆貧賤時所交，對妻子不及私，人亦不敢以私干之。至於達幽枉，植善類，皆無所爲而爲。如尚書梁公材再起户部，武定侯郭勳素有私怨，以大工故劾之去，公面斥焉，事遂寢。御史黄正色扈梓宫南幸，爲權璫所頷，下之獄，公爲直之。提學江汝達得罪荆王，逮繫至京，亦賴公論救，遂得生還。過彭城，聞友人某某會試卒於途，旅殯多年，竟携以歸。皆人所難也。初，公頗以風裁自持，上且敬憚之，或起居有失，必問内豎『霍某知否』，故時目爲汲長孺。及轉官留都，惟杜門謝客，有大臣之度。使天假之年，相業當與張文獻、崔清獻相後先矣。勳庸勒諸鼎彝，心事如青天白日，文章如泰山喬岳，天下所共仰云。公没後，朝士見善人重足，憸夫揚眉，國是日摇，則歎曰：『使公尚在，乃有是耶！』居鄉之士見貪夫穢行彰著，則歎曰：『使公常在，乃有是耶！』嗟夫！此其人之出處所關豈細故哉？

魏莊渠《與林勿欺書》云：兀厓之亡，於世道大有關係。南京一小内臣大叫曰：『朝廷崩一座山矣！』里人有在山東作縣回者，曰：『昔傳駕又將出，官民俱不知死所，卒賴兀厓回天。』則兀厓，非但忠臣，乃直隸、山東、河南之再生父母也。

訃聞，上嗟悼，遣禮部侍郎馬汝驥致祭，行人游震德護喪南歸，諭祭四壇。公既没後，海内士夫，無問識與不識，罔不惜之。旅櫬南還時，士大夫有徒步數百里外，撫棺痛悼者。南都士民無不嗚咽注下。可見其感人之深矣。

卷十二

霍任

霍任，字尹先，南海人。少同兄韜讀書僧舍，衣冠相對，即暑夜不違，人服其端莊。兩試不遇，遂潛心理學，以主静爲根宗，絶玩好，斷戲謔，於聲色名利，澹如也。父母没，哀毁成痞，齋素三年，廬墓西樵。服闋，因移家墓下。兄方歷顯要，秉銓衡，尹先托迹溪谷間，與白沙高弟鄧德昌輩泉石自娱，不與世事，然赴人之急甚於其私。有被誣殺人罪者，初未識面，聞其冤，輒爲雪釋。其人致百金謝，麾不納。歲祲，令家人減食以賑。見債負苦累，或代償焉。有兩田更鬥，乙不勝，毁甲先壟以洩忿。甲將訟於官，諭之不聽，乃具脯酹往拜其壟，躬飭之。甲驚曰：『吾世田更，何以當此？』遂不復訟矣。棲西樵垂四十載，山民父視之。比卒，聞者莫不流涕。著有《心性説解》《宙山剩言》。

（《洛閩源流録》）

紀事

弱冠補諸生，兩應舉不利，輒謝去，習静西樵山中。嘗從王文成、湛文簡游，窮究理奥，所學日邃。

鄭一初

鄭一初，字朝朔，揭陽人。少讀書紫陌山，因號紫坡。和易謹介，不立崖畛，無疏戚，遠邇咸敬愛之。弘治辛酉鄉薦，乙丑進士。越年，正德改元，劉瑾用事，不謁選，家居以耕讀教子弟，於世味澹如也。有鄉人緣事在圄，以千金求爲居。間曰：『名義至重，鬼神難欺，敢饒舌作説客耶？』却之。劉瑾既敗，赴都授御史，巡按雲南，風紀肅然。在京師，從王守仁講學，日與横山、箬溪諸賢相質問，得聖賢之旨。以疾乞歸，卒於杭，祀鄉賢。子大崙，號仙橋，字峻甫。嘉靖壬午舉人，從甘泉游，選德清教諭。弟一統，嘉靖辛卯鄉薦，乙未進士，官編修。（《戴璟〈通志〉》，參《揭陽志》《明儒學案》）

黄　畿

黄畿，字宗大，雙槐先生之子。七歲善屬對、鼓琴，見者呼爲奇童。十六補郡庠生。通《詩》《春秋》二經。摭茹百家，滌去陳語。督學僉事張習稱爲古作，然竟不能取合有司。一夕，同舍生攘雞邀之，謝不往，即束書歸，曰：『是固嘗業舉擅場者，其行若此，吾胡可與侶哉？』乃告改邑庠。即以養親歸。自是絶意舉子業，隱居粤山之椒，研九流，通三才五行之藴，撰《三五玄書》，著《貫道論》，始而雜以佛氏，既而讀邵子《皇極經世》，深造其奥，歎曰：『自箕子以來，合術於道，其惟堯夫乎？』遂盡弃宿習，稽玄微，訂律曆，作《皇極管窺》十三篇。晚年潛心大《易》、《中庸》，曰：『《中庸》，《易》之疏義也。《太極通書》《定性》《西銘》，猶《中庸》也。』乃述《易説》數篇。

其論學則曰：『前之三代，由夏歷殷，而文成於周；後之三代，由漢歷唐，而文成於宋。名理醇粹，周、宋其齊軌乎？是故周至玄矣，道同乎伏羲；程至大矣，見卓於顔淵；朱至博矣，功亞乎仲尼。再闢渾淪，不亦玄乎？心普萬物，不亦大乎？功在六籍，不亦博乎？』又曰：『孔門傳心之要，一言而已，慎獨是也。故爲學必主於獨。』

生平未嘗袒露星月下，夢寐中有不善語，必籲天謝過，居暗室抱寂終日，臨妻孥無有惰色，其所養蓋醇如也。天性至孝，先意承志，惟恐不及。父母有怒，長跪叩頭，俟釋乃起。一味之甘，獻廟奉親，而後敢嘗。居喪，哀毀踰禮，既葬，日猶哭諸墓。方晨，有虎突至前，俯伏而去。旁有山人廖翼見之，大駭，爲作《孝子感虎歌》以美之。凡田宅財帛，兄弟欲之，即與，一無所靳。每合經史語，自誦曰：『天下無不是的父母，世間最難得者兄弟。』人以爲名言。捐己田七十畝有奇，爲義田以贍族。鄉鄰或肆凌轢，人所不堪，退縮不與校。飲酒微醺，即哦邵子詩，評者謂類康節云。卒年四十有九。别號粤洲，學者稱粤洲先生。

嘉靖甲午，父老核其行實，上之當道，揭名於孝友坊。丙申，家人以其著述送察院，御史周煦歎曰：『此真隱居求志之儒也。』命有司建逸士坊以旌之。

（《儒林録》）

紀言

《易》有太極，道也，心也。一動一静之間，造化分而經綸起矣。『易』，文從『日』，從『月』。『日』中爲『一』，奇，動而生陽也；『月』中『二』，爲偶，静而生陰也。故曰：『陰陽之義配日月。』

『《易》有真數，三而已。』其是之謂乎？自《先天圖》觀之，『乾坤大父母也，故能生八卦；復姤小父母也，故能生六十四卦』，所謂『加一倍法』。初爻子午中分奇偶者，兩儀也；二爻卯酉中分奇偶者，四象也；三爻四象中分奇偶者，八卦也；四爻則八卦各分奇偶，重有兩儀，爲十六矣；五爻則十六各分奇偶，重有四象，爲三十二矣；六爻則三十二各分奇偶，重有八卦，爲六十四矣。逆而數之，自乾至巽爲圓圖；順而疊之，自下而上爲方圖。自然而然，非人之所能爲也。方圓順逆，對待交互，曲盡天地萬物之變。

而周子《太極》一端，各爲一圖，一圖各具一理。伊川嘗謂邵子曰：『向嘗見周茂叔語及此，然不及先生之有條理也。』朱子曰：『格局則《太極》不如《先天》之大而詳，義理則《先天》不如《太極》之精而約。然《太極》終在《先天》範圍之内者，以自然不假思慮安排也。』其用惟在乎交，而動静互爲其根。方其未交也，二儀生天地之類，一動而陽，自復至乾；一静而陰，自姤至坤。四象定天地之體，則陰陽在左而上，剛柔在右而下矣。四象生日月之類，日之流行爲火，月之於水是也。八卦定日月之體，乾之對待爲坤，兑之於艮是也。及其交而變生，則八卦生萬物之類。日紀乎星，性踐乎形，月會乎辰，情發乎體，天四卦也；水行於土，走者栖草，火潛於石，飛者栖木，地四卦也。重卦定萬物之體，坤、剥、比、觀交乾、夬、大有、大壯，則小畜、需、大畜、泰變巽，井、蠱升，而乾爲性，巽爲飛矣；謙、退、蹇、漸交履、兑、睽、歸妹，則中孚、節、損、臨變渙，坎、蒙師，而兑爲情，坎爲走矣。離爲形，艮爲木，震爲體，坤爲草，其交而變也，亦各如之。逆推則知其所自生，順觀則見其所自成。故曰：『類者，生之序也；體者，象之交也。推類者必本乎生，觀體者必由乎象。生則未來而逆推，象則既成而順觀，日月一類也。同出而异處，异處而同象，推此以往，物焉逃哉。』

《太極圖》自陰陽而五行，遂及萬物斯類也已。若謂太極散爲萬物，萬物各具太極以見，道不可離，與一貫同旨，義理精約在是。殊不知先天之學，心學也，非術數也。人受天地之中以生，與萬物之爲萬物，孰非乾坤之理哉？自我而觀，物固物也；自理而觀，我亦物也。渾然一致，奚分内外？以觀物名篇者，正欲即其分之殊，見乎理之一，無彼無此，而實有所統會，念念在焉，事事循焉。私欲自不得而干之，則理窮而性盡，命自我而立矣。術數云乎哉？

（《論太極》）

朱子曰：『《先天圖》中，函十二辟卦，推步以此，管十二會，綳定時節。』

愚按，京房卦氣，以辟主公侯大夫，均於十二月。邵子則謂『乾坤起自奇偶，奇偶生自太極』，不過兩儀而已。何以明之？乾、坤爲《易》之門，復、姤爲門之關鍵而啓閉焉者。自冬至子中一陽生，則乾之門即啓，其動也闢，萬物出焉，故陽卦三十二。震宫始於復，歷十六卦，天根著於卯中春分，則陽進一半，二陽升於兑宫爲臨，又歷八卦而復，三陽升於乾宫爲泰，四陽大壯，五陽夬，六陽乾，至巳而止，則陽進極矣，自是分大爲小。故曰：『震以長之』，『乾以分之』。自夏至午中一陰生，則坤之門即閉，其静也翕，萬物入焉，故陰卦三十二。巽宫始於姤，歷十六卦，月窟著於酉中秋分，則陽退一半，二陰降於艮宫爲遁，又歷八卦而後，三陰降於坤宫爲否，四陰觀，五陰剥，六陰坤，至亥而止，則陽退極矣，自是長小爲大。故曰：『巽以消之』，『坤以藏之』。一闢一翕如門户然，陽來則啓，陽去則閉也。

陽卦震、兑各一而乾宫，四陰卦巽、艮各一而坤宫。四以見陰陽二氣，其始長也微而緩，其終也疾而速。微而緩，所以根柢萬物而養其源；疾而速，所以生殺萬物而成其功。曷嘗綳定時節，如漢儒之見哉？其不取坎、離者，何也？乾、坤，天地之體；坎、離，天地之用也。論者謂閉物之後，人物消盡，獨水火潛沸，混沌久之。及開闢，則天一下而生水，得火升而輕清；地二上而生火，得水降而重濁。故曰：兩儀，天地之祖也。

蓋由陰陽雖判，而實相交，故火胎於子，炎動卑濕，自地而天。《易》曰『離爲日』，今曰『乾爲日』者，乾居後，天離位，故日紀於星，而離又居震上。故月會於辰，日行有遠近，則天因之爲暑寒，而與月相出入，則爲晝夜，是賦命者天而亦日也。故人物受其理於心，則爲性情；禀其氣於身，則爲形體；日得其道，則月與星辰皆循軌。火之在地者，其渣滓也。離爲乾之用，則震、兑又爲離之用矣。水胎於午，潤入高燥，自天而地。《易》曰『坎爲水』，今曰『坤爲水』者，坤居後，天坎位，故水行於土，而坎又居巽下，故火潛於石，水行有升降，則地因之爲雨露，而與火相聚散，則爲雷風，是受質者地而亦水也。故飛走得水，則羽毛鮮明；草木得水，則根荄萌達；水失其道，則火及土石皆汨陳。月之在天者，其精英也。坎爲坤之用，則巽、艮又爲坤之用矣。納甲亦如之，水火二氣流行於天地間，其不用者，乃無往而不用，豈非合體於乾、坤？

故與邵子曰：火以用爲本，以體爲末，故動；水以體爲本，以用爲末，故静。是火亦有體，水亦有用也。故能相濟，又能相息，非獨水火，天下之事皆然，在乎用之何如爾。

（《論兩儀》）

蓍策之爲體物也，天下莫神焉。天一居尊而不動，去五以存一也，故大衍之數五十；陰不可過於陽，去一以成六也，故其用四十有九。合其體，則太極；分其用，則兩儀。左以象天，陰陽之變；右以象地，剛柔之化。方其合也，四十九策，自一而生，陰陽合德，而剛柔有體；及其分也，三百八十四爻，自四十九策而出，在天成象，則在地成形。河以通乾出天苞，故《圖》之用圓，圓則運天之四時，而數以行；洛以流坤吐地符，故《書》之體方，方則定地之四維，而數以成。皆存乎其人爾。

庖犧之《易》，無言無事者也，先天而天不違；文王之《易》，有言有事者也，後天而奉天時。天者何也？蓍以推數而立象，卦以告象而盡數，自然而然，莫之爲而爲者也。故曰：『天生神物，聖人則之；天地變化，聖人效之；天垂象，見吉凶，聖人象之；河出《圖》，洛出《書》，聖人則之。』子邵子盡發其藴，體用畢呈，豈非後羲、文而聖者與？夫數兆於一，生於二，成於三，此天、地、人所以立也。故掛一以象三，則有圖焉。子夏傳曰：『掛一象，人也。』人也者，包括萬物而爲之首也，故兩儀生，人曰三才。邵子亦曰：『能物物，則爲物中之人。』不能物物，則爲物中之物，惟至人爲能物物。自體言之，乾以一含四，合十二而爲十六，方圖之西北，如之大四象也；坤以一含四，亦合十二而爲十六，方圖之東南，如之小四象也。天四變，含地四變，圓圖則日月星辰包乎坤，水火土石從乎乾。方圖則西南十六卦，天往交地，東北十六卦，地往交天。自六十四交爲一百二十八，倍爲二百五十六，兼其兩，則五百一十二，合而四之，則千二十四，於千二十四之中復交互，得二百五十六焉。用在是矣。

蓋天地萬物皆陰陽剛柔之分，人則兼備陰陽剛柔，故靈於萬物而參乎天地。自否、咸未濟，恒而爲泰、損，既濟益正，猶取右手一策懸於左手小指之間，以象三才也。掛一之後，揲之以四，以象四時。故元會運世，春、夏、秋、冬，生長收藏各相因，而爲十六；皇帝王伯，《易》《書》《詩》《春秋》，道德功力亦各相因，而爲十六。復頤屯益，以一含四，而姤應之，人極於乾，物極於坤，而物之巨細、人之聖愚，亦以一、十、百、千四者相因，而爲十六，惟天兼地，惟人合天。昊天生萬物，飛走木草之中各有飛走木草；聖人生萬民，士農工商之中各有士農工商。以陽統陰，非包括萬物之象與。世秘真傳，輒紊其序。牛無邪所傳者，於泰與大畜之間，而參以損、節、需之下，而繼以中孚，《祝氏鈐》《元元集》皆因之，考諸內、外篇，豈有是哉？其法，先用四爻藏閏如泰，初九至六四是也。次用四爻應運析泰，六五上六合，損初九、九二，應星用一，而以損九三至上九，應星乙二是也。大畜而下皆如之。盡三百八十四爻，周於四時，變二百五十六卦，以元經會，冬至爲元之元，春分損爲會之元，夏至大畜爲運之元，秋分升爲世之元。天地人物，皆起於泰。夫《先天》一圖，奇必對偶，偶必應奇，渾然之中，粲然整齊，豈有錯亂若此者哉？

（《論三才》）

庖犧造六虚以迎陰陽，其始畫也，得於天以明天。天，君道也，五在人則爲君。及重之也，得於地以察地。地，臣道也，二在人則爲臣。合六虚，則三四居中爲人，而上天下地可知矣；分六虚，則内卦下體爲貞，外卦上體爲悔，而事物始終可見矣。揲蓍求爻，重爻成卦。七八者，六爻皆不變，卦下總爲之辭，曰彖，彖者，才也，通論一卦之才德，乾『元亨利貞』之類皆是也。九六者，當爻有變，每爻别爲其辭，名之曰象，象者，像也，指言一爻所像若，乾『初九，潛龍勿用』之類是也。

《易》以道陰陽，而乾、坤爲《易》之藴，乾爻之初曰『陽在下』，坤爻之初曰『陰始凝』。泰曰『内陽外陰』，否曰『内陰外陽』，餘卦不與焉。是陰陽分天地之氣，形而上之道也。剛柔相摩，八卦相盪，故凡《易》中卦爻，不曰『陰陽』，而曰『剛柔』，是剛柔成陰陽之質，形而下之器也。自九之八，陽變柔矣；自六之七，陰變剛矣。不變者，聚而爲象，故静則以象占之；其變者，散而爲象，故動則以爻占之。必兼之卦，以盡變焉。

卦之所之，則爲變體。先觀其上下，次觀其卑高。自初至上，然剛柔相易，則各以之卦言。如言『潛龍勿用』，不曰『乾初九』，而曰『乾之姤』；言『龍戰於野』，不曰『坤上六』，而曰『坤之剥』是也。用無常體，惟變所適。故發揮於剛，柔而生爻，無非物也；擬諸形容，其變不一，無非象也；卦以反對，比應承乘，無非數也。統之有宗，會之有元，其惟象乎？故邵子詳言『大過彖象』者，此也。運卦六變，合三百六十年，世卦貞、悔，各三十年。變化自然，卦不待揲，而神以知來，知以藏往，其必以大象爲主乎？世之鑿以私智，屢變以求協者，豈知天地自然之彖象，有一定不易之序哉？

（《論彖象》）

《貫道論》曰：天地以無爲祖，人物以有爲母，三才以動爲户，五行以因爲府。馮翼未形之謂無，氣質始靈之謂有，屈伸往來之謂動，生尅迭用之謂因。無則有，有則動，動則因，因則終始，終始以至無窮。人莫知所從，故能爲死爲生，時息時行，雖入於涓涓紛紛，而未始離其根。嗚呼！大哉道也，斯其神乎！聖人握宇宙之柄，懸萬化之鏡，故能前民用，知吉凶，以窮理盡性，至於命。

夫《易》，惟八，八其八，而爲六十四皇極；惟九，九其九，而爲八十一太元。動極潛虚，經世其數，皆不外是乎出，然其究三、五而已矣。五曜緯天虚，其中經以四方之宿；五岳緯地虛，其中經以四海之流；五事緯人虛，其中經以四德之端。維北曰水元，冥司規正位乎坎，在天爲雲雨，在地爲川澤，在人爲聽，在蟲爲介，其祥眚黑；維東曰木蒼，精司矩正位乎震，次乎巽，在天爲風雷，在地爲林藪，在人爲貌，在蟲爲鱗，其祥眚青；維南曰火朱，明司衡正位乎離，在天爲震電，在地爲岡陵，在人爲視，在蟲爲羽，其祥眚赤；維西曰金白，藏司權正位乎兑，次乎乾，在天爲霜雹，在地爲金石，在人爲言，在蟲爲毛，其祥眚白；維中曰土黄，靈司繩位正乎坤，次乎艮，在天爲霜霧，在地爲墳衍，在人爲思，在蟲爲蠃，其祥眚黄。是故三爲五宗，五爲三輔。五禮肇乎三統，而民性中矣；五音協乎三禮，而民情和矣；五倫行乎三德，而民彝正矣。虛其一，倍其四，中外相維，則八卦、九章皆五行也；生數五，成數五，天地相承，則《圖》河、《書》洛皆三才也；參伍而衍繹之，禮樂於明，鬼神於幽，政道於大，術數於小。苟違三背五而能成，吾未之前見也。是故人之易範爲數學之宗，而不知唐虞之世，七政、五典、六府、三事，無乎而非此也。蓋全則爲聖，爲賢，駁則爲讖緯，爲釋老，惟人神明之耳。至揆所原，則數雖有十、百、千、萬，以及萬萬不可窮，然皆出乎三，成乎五，本乎一。故曰『三十輻共一轂』，又曰『心爲太極』，此之謂也。

紀　論

廖翼《黄孝子感虎歌》曰：黄孝子，遇於菟。孝子慟哭不自覺，氣吞於菟恰若無。於菟初來威烈烈，咆哮未發石欲裂。須臾俯伏孝子前，叩頭致敬腰爲折。吾儕旁觀股交戰，孝子淚眼何曾見。乃知至孝通蒼冥，嗟爾於菟良有神。

朱希周曰：夫君子之行，莫大乎事親、守身。觀公之養生送死不遺餘力，可以見其事親之孝矣。暗屋不欺，以禮自律，可以見其守身之正矣。若太孺人之淑德孝行，於公實媲美矣。其家之齊，又可見矣。

卷十二

梁焯

梁焯，字日孚，南海人。正德癸酉鄉薦，甲戌與霍韜同年。韜生平所厚重者。焯卒，韜每經墓，必祭之。登進士。嘗過贛，與揭陽薛侃從陽明學。有《傳習録》。嶺南有王氏學，自梁、薛始。辯問居敬窮理，悚然有悟。拜禮部主客主事。十四年三月，上議南巡，與姜龍等十七人上疏諫止。上怒，罰跪五日，大杖三十，車駕遂行。會佛朗機夷人加必丹末等三十員名入貢，至南京，江彬領四家兵馬從上游，豫導引火者亞三謁。上喜而留之。比至京師，入四夷館，不行跪禮。焯執問杖之。

又，番人寫亦虎先與其甥米黑兒馬黑麻以貢獻事誣陷甘肅文武大臣。時彬及錢寧用事，二夷人者或馳馬於市，或享大官之饌於刑部，或從乘輿、餕珍膳於會同館，或同僕臣卧起，而大臣被誣者皆桎梏幽囚，以是輕侮朝官。焯每以法約束之。二夷人相謂曰：『天顔可即，主事乃顧不可即耶？』彬聞之，謂焯淩虐駕下人員，將奏，聞焯治後事以待命。三月丙寅，武宗晏駕。是日，皇太后懿旨誅彬。已而火者亞三等就獄，稱本華人，爲外夷所役，於是寫亦虎先等皆伏誅。有詔佛朗機不許入貢，以嘗試其君〔一〕也。

新政旌别淑慝，焯嘗諫被杖，陞俸一級。初，舉人武陵冀元亨與焯同師陽明，使元亨往寧藩察其逆狀，比濠爲陽明所擒，乃指元亨同謀，下詔獄死，焯捐俸爲備官斂。

嘉靖初，改兵部職方司。聞弟訃而病，遂予告歸養。宜興醫士周衝送之，及别，謂曰：『益，莫善於養心；損，莫甚於多欲。』焯佩服其言。卒於家，四十有六。

（黄佐《通志》，參《粤大記》《洛閩源流録》《獻徵録》）

【注】

〔一〕權根按：『試其君』，疑爲『弑其君』之誤。

林士元

林士元，字舜卿，瓊山人。正德庚午鄉薦。甲戌進士，授行人，册封唐藩，却饋金六十鎰。乙酉擢南京户科給事中。劾光禄少卿史俊、都御史汪鋐，并内外不職者數十人，仕路一清。先後陳時務數十疏，皆極剴切。擢湖廣副使。流民與土户争田，構兵連年，單騎入諭禍福，遂息。吏部郎中鄧尚義弟挾制守令，侵牟里黨，按以法。轉廣西參政。征大藤峽有功，陞浙江按察使。

以憂歸，遂不起。祀桂林名宦。晚年家居，戴笠躬耕，鄉人賢之。所著有《學思子》《中庸孟子衍義》《讀經録》《讀經附録》《孔子世家顔子列傳討論》《北泉論草》，及文集十卷。祀鄉賢。

（郭棐《通志》，參《道學録》）

祁敕

祁敕，字惟允，東莞人。五歲，通《論語》諸書。十二，爲詩文，有奇語。十五，明《春秋》。逾冠，魁鄉薦，即藏修不出，慕濂溪、延平二賢，爲之贊，師其心學，充養日粹，後進多出其門。

久之，聞逆瑾誅，始會試，成正德丁丑進士，歸省。庚辰，拜刑部主事。會季兄政上春官歿於途，即移疾護其喪歸。督學魏莊渠先生至邑，臨訪與語，稱重之。嘉靖甲申七月伏闕諍『大禮』，得罪，獲釋。三載以績最聞，歷員外郎、郎中。嘗辨出曹恕、王良弼之冤，議減屈劍、高欒之獄，平反公恕，都人頌德。公餘益砥學問，名其齋曰『日新』，作箴以自警。戊子，主廣西鄉試。事竣，取道歸省，有司致贄，一無所受。尋出知饒州，治獄如刑曹時，奸吏屏迹。常議鑿井濟因渴，泉忽自涌出，人呼爲『應德泉』。值少保桂萼家居，來相聞問，而未嘗私謁。治行推諸郡第一。奉旨燒造郊壇瓷磚，限無過七十日。或獻計，謂以土坯而飾以瓷，庶可速成。惟允曰：『是欺君也。』俾工匠如法爲之，竟以違期逮獄，謫貴州婺川典史。南還，感疾卒，年五十三。其教子弟曰：『士君子求不愧此心而已，進退榮辱，命也。』有《棠野稿》藏於家。

（黄佐《通志》，參《洛閩源流録》）

紀　言

思之又思，久當自明；行之又行，久當自熟；存之又存，久當自定；克之又克，久當自無。

士君子期不失此心而已，進退榮辱，有命存焉，非我所能計者。且誠能不失此心，則爲君子，雖一命不沾，寧不樂耶？倘失其心，則爲鄙夫，雖一歲九遷，其能樂耶？然則進退榮辱，非惟不能計，亦不足計矣。

易處之事，不可忽；難處之事，不可厭；無事之時，不可肆。聖賢不必無過，能改過而已矣；聖賢不必久生，能無傷生而已矣。

人之所以應乎物者，進退疾徐，自有一定之理，而不可參以私，亦曰精求之而已矣；人之所以得於天者，多寡厚薄，自有一定之分，而不容奪以私，亦曰順受之而已矣。

義理有見，則王公非貴，布衣非賤，萬鍾非富，飲水非貧。胸中無所得，一資半級，便如天淵矣。常須以此自驗。

離日用，更無道；離道，更無學。

富貴，不足言；功名，餘事耳。但得本心存，此生無憾矣。

風雩咏歌，是堯舜氣象；陋巷傳習，乃禹稷事功。彼以勳業希古人者，陋矣。

身心無愧，布衣亦貴。子孫能勤，數畝不貧。

人每於得意時，失了本心。處順境者，宜深念也。

財不求餘，官惟安命。掃除邪欲，存我真性。

管寧揮金，鄭氏埋錢。後之人，以身循之，哀哉。

紀　事

先生爲刑部主事，歷員外郎中，讞獄平反公恕，都民呼爲『祁佛爺』。

守饒州時，讞獄出無辜者百餘人。嚴諸水法，修預備倉，革排門夫役，今下民皆稱便。增築鄱陽白馬堤，浮梁胡曰渠，皆不擾而事集。

暇日臨學，與諸生談道，置簿以揚善紀過，獎其勤而賙其乏。凡廟器、射圃、弦歌、俎豆，焕然改觀。月旦，令父老集社學，訓戒子弟。置没官田以爲館穀費。凡貞孝節烈，悉旌賞崇祀。其表正風俗多類此。

公橐舊有可私入者，如吏員新參、鹽商税船，及存留耗糧，不下數千金，盡皆厘革。

饒人歌之曰：『有影黃堂月，無痕碧水秋。』至有私祠於家者。

南還，渡揚子江，盜至，舟人惶駭，公端坐自如，盜驚歎而去。

外祖廖公無繼嗣，爲之立後，仍予祭田二十畝。

紀論

黃佐曰：總制陽明王公於廣，與論窮神知化大旨，王公稱服。語人曰：『祁正郎深於養者也。』公天資端重，事父母孝謹，與朋友和易有終，接人無貴賤親疏，一於誠慤。周恤患難，如恐不及。尤潛心義理之學。

薛侃

薛侃，字尚謙，揭陽人。性至孝，父病革，嘗糞。正德十二年丁丑成進士，即以侍養師於王守仁於贛州。歸，語兄助教俊，俊大喜，率群子侄宗鎧等往學焉。自是王氏學盛行於嶺南。侃歸，汲引後學，議行鄉約。余氏、李氏婦皆雙節，已葬者表其墓，未葬者舉其喪，閭里稱之。

世宗立，侃授行人。聞母訃，殞絶，五日始食粥。結齋中離山，與士子講習弗輟。遇聖節、正旦、冬至，預期齋戒行禮。嘉靖七年戊子，起故官。聞守仁卒，偕歐陽德輩爲位，朝夕哭。時方議文廟祀典，侃請祀陸九淵、陳獻章。九淵得報允。已，進司正。

十年秋，疏言：『祖宗分封子弟，必留一人京師司香，有事居守，或代行祭饗。列聖相承，莫之或改。至正德初，逆瑾懷貳，始令就封。乞稽舊典，擇親藩賢者居京師，慎選正人輔導，以待他日皇嗣之生，此宗社大計。』帝方祈嗣，諱言之，震怒，立下獄廷鞫究交通主使者。侃曰：『明有君父，幽有鬼神，頭可斷，此心不可欺！』觀者嘖嘖，以真鐵漢稱之。

南海彭澤爲吏部郎，無行，因議禮附張孚敬，遂與爲腹心。後京察被黜，孚敬奏留之，復引爲諭德，至太常卿。侃以疏草示澤。澤與侃及少詹事夏言同年生，而言是時數忤孚敬。澤默計儲副事觸帝諱，必興大獄，誣言同謀可禍也，給侃稿示孚敬，因報侃曰：『張公甚稱善，此國家大事，當從中贊之。』與爲期，趣之上。孚敬乃先録侃稿以進，謂出於言，請勿先發，以待疏至。帝許之。侃猶豫，澤頻趣之，乃上。拷掠備至，侃獨自承，累日獄不具。澤挑使引言，侃嗔目曰：『疏，我自具。趣我上者，爾也。爾謂張少傅許助之，言何豫？』給事中孫應奎、曹忭揖孚敬，孚敬怒。應奎等疏聞，詔并下言、應奎、忭詔獄，命郭勳、翟鑾及司禮中官會廷臣再鞫，具得其實。帝乃釋言等，出孚敬密疏二示廷臣，斥其忮罔，令致仕。侃爲民。澤成大同。

澤在朝專爲邪媚，及敗，天下快之。

侃至潞河，遇聖壽節，焚香叩祝，甚謹。或報參政項喬曰：『小舟中有民服而祝聖者。』喬曰：『必薛中離也。』迹之，果然。中離者，侃自號也。

丙申，遠游江浙，會羅洪先於青原書院。乃歸羅浮，講學於永福寺，益力學，從游者百餘人，李鵬舉、葉萼尤日侍講席。精於《易》，每静夜，與二子説之。東莞學者迎居玉壺洞。一載還惠，在惠前後四年。歸揭陽，卒。自放歸及卒，凡十年，年六十。有《研幾録》《圖書質疑》《經傳論義》《中説》《西湖記》行世。擬著《魯論真詮》，未成。又十餘年，萼得其稿，追續成之。

隆慶初，復官，贈御史。祀鄉賢。

（《明史》本傳，參黄佐《通志》、《獻徵録》、《羅浮志》、《揭陽志》）

紀　論

《明儒學案》曰：王文成言：『潮在南海之涯，一郡耳。一郡之中，有薛氏之兄弟子侄，既足盛矣，而又有楊氏之昆季。其餘聰明特達，毅然任道之器，以數十。』

敕曰：國家於忠鯁之臣，生或未究其用，則於其没也，褒錫之典必加焉，所以彰往而勸來也。爾發身甲第，筮仕大行。夙懷漆室之憂，獨獻儲宮之議。言雖太驟，心實無他。業褫職以歸林丘，猶談道而訓閭里。清風可尚，没世有稱。特遵遺詔以覃恩載，焕新綸而進新秩。於戲！正氣長存，聞風者已竦然而有直志；寵光永賁，過門者諒式焉而動遐思。豈獨備乎彝章，久有裨於化理。眷兹英爽，尚克欽哉。

鍾景星

鍾景星，字叔輝，東莞寶潭人。性端重，寡言笑。少習舉子業，見就試者鮮禮遇於有司，遂厭弃之，卓然立向上之志。聞湛甘泉講學西樵，遂往從焉。與陳公贄相策勵，終日正襟危坐，未嘗少懈。及湛應召北上，景星偕公贄相往。至都下，復與陳謨、郭肇乾共勵。湛司成南雍，復從而南，學日益進，久而告歸。甘泉語之曰：『汝二人功同志同，必常相邇，乃胥有益。』既抵家，公贄築室寶潭之側，互相切劘，充然有得。洞見本體，其飭躬砥行，毅如也。家甚貧，然毫不苟取，雖往來諸名公間，終身未嘗有所干。人以此益重之。晚年，養愈冲粹，喜怒不形，未嘗疾言遽色，望者知其爲有道之士。家庭菽水，益歡。父病，祈以身代。喪葬循禮，蔬素三年，既久，哀慕彌切，欲繪親容，默禱之，父竟見夢於畫工，一筆而肖。嘗輯濂溪、明道、白沙、甘泉四公論學精言，爲《宋明道學四書》。又注釋甘泉《心性圖説》，一時

學者多傳習之。卒，年七十四，幾無以爲殮，邑令捐貲助之。尚書何維柏志其墓。（《洛閩源流録》，參《道學録》）

紀　言

心本無物，性本無物，然萬化由是焉出，稍着便有累矣。

先生興會所至，多發之詩。嘗示學者曰：『求田問舍非吾事，傍柳尋花祇自由。辟穀有方欲傳與，腰纏那得上揚州。』其安貧樂道之真乎，有欲不可成仙。其牖學人作聖之功至矣。

《夢游白雲池》曰：『笑笑江流漫不支，東風無復擊壤時。練空我欲飛雲去，洗耳青天白玉池。』其慨世遐舉之志乎，唐虞之盛有遺思矣。

又曰：『碧玉空中駕紫雲，江山何處更存真。落花滿地惜文字，彩鳳不來歌鳥頻。』其太初之想乎，憑高曠覽，虛文無補，聖王之瑞不可復矣。

《西隅觀射詒諸生》曰：『到處春光是舞雩，春容花鳥正咸熙。諸君欲識真顏面，須記從前偶射時。』其禮樂可興之具乎，敬立而和生，天地同流之本也。合觀之，此其所藴，豈循襲會浴之迹可輕擬者哉？

紀　事

在西樵，嘗夜榻斂襟危坐，達旦不寐。甘泉聞之，曰：『過矣。學在勿忘勿助之間，何以苦爲？』先生乃稍舒拓而静專一念，頃刻不忘。

甘泉暮年致仕家居，喜得老友。凡有游，必與俱，且屢致粟以周其貧。嘉靖庚申，甘泉年九十五，猶開講於龍潭書院。先生年七十三，與增城張春岡潮者，亦年七十餘，同侍聽講。師弟一堂，鬚眉皓白，亦异事也。

紀　論

山東王順渠見其《觀射》詩，歎曰：胸次圓融，殆識其大者。

龐弼唐曰：賓潭乃師門老成直諒益友也。

尹逸史曰：東莞理學，宋有李竹隱，明有林南川，今賓潭實與輝映。

卷十四

王漸逵

王漸逵，字鴻伯，一字用儀，號青蘿，番禺人。生而顥异，方童丱時，輒兢兢，儀度一如老成人，以書史爲嬉娛，蓋性之也。父傳，弘治鄉貢，仕爲泰州學正。

先生年十歲，隨父任，幼不課之學，乃竊取經史子籍潛誦之，復善記，久之，則從諸隽生説大義，咸詫爲奇。比學正公卒，公性廉仁，俸入悉以濟貧士，扶櫬歸，室如懸磬。母語之曰：『一貧至此，尚欲以誦讀佐養耶？』泣對曰：『兒力不任農圃，巧不任工賈，惟務學足代耕耳。』遂苦志鑽研。

正德丙子，舉於鄉。丁丑成進士，時年十九，未聘，以例乞歸，婚於何氏。己卯，除刑部主事，以不克將母，疏病請致。杜門掃軌，足不逾閾，日讀聖賢書，而力行之，曰：『學其以功名乎？抑亦以口耳乎？二者軌轍不同，其無得於道一也。』隱居十二年，自謂於中所得多矣。屬朝議查養病官員甚嚴，有司力勸駕，比至廣陵，詔下，凡養病三年以上者落職勿叙，遂歸，晦匿不出。巡察使者苕溪吴君爲之授館，欲尊事之以風學者，辭焉。築室青蘿山下以居，雜傭作躬耕，樹果蔬以自給，斤斤以禮讓率子弟，又合族聯師教之。建祖祠，修族譜，立宗法，定祭儀。而芝生於祠，蓋至和所召也。

嘉靖乙未，臺省董進第等薦天下人才，凡三十餘人，上俞其可者十餘人，先生與焉。丙申赴京，復刑部主事，目擊時艱，乃歷陳《往古可爲鑒戒》者，上書數千言，知者慮上怒不可測，咸危之，而書留中不報。未幾，上疏乞休。執政者素憾之，遂擬旨責以托病欺君，革職永不叙用。先生即日就道，親舊皆引避，惟銓曹倫彦周餞於水滸。先生謂之曰：『右溪勉之，吾先俟子於白雲之麓矣。』後果館於小雲谷之精舍，日就右溪及何古林解疑辨難，所得益深。嘗謂學者：『當體得吾心之生意。生意，即性也，仁也。求之古聖賢，如孔子之樂在其中，顔子之簞瓢不改，曾點之舞雩咏歸，子思之無入不得，孟子之萬鍾何加，皆是也。孔門教人求仁，莫先於此。千載而下，惟周、程得之，其次則李延平。其於五經自得尤多，如《春秋》深辨周正之非，於《詩》多從小序之旨。』又謂《易》因《河圖》而作，《書》多以安國爲宗。此其大端也。

所著有《正學記》《觀水記》《四書邇言》《中庸釋言》《大學義略》《讀易書詩禮樂記》《春秋集傳》《嶺南耆彦傳》《王氏宗禮》《青蘿集》，及周、程、張、朱、薛敬軒、吴康齋、陳

白沙、王陽明各集選等書。卒年六十一。隆慶初，恤建言諸臣，贈光禄寺少卿。（黄佐《通志》，參《粤大記》《獻徵録》）

紀言

《性論》曰：性至難言矣。必原於天，溯於命，驗於人，衷於聖，會於心，放之天下，準之古今，而皆合焉，斯得之矣。是故性至難言也。得其要，一人論之而有餘；不得其要，千萬言演之而不足。性果何以易言哉？吾嘗即古今之論性者而折衷之。

《商書》曰：『降衷下民，若有恒性。』《詩》曰：『民之秉彝，好是懿德。』劉子曰：『民受天地之中以生。』此以理言也。《易》之《大傳》曰：『一陰一陽之謂道，繼之者善也，成之者性也。』子思子曰：『天命之謂性，率性之謂道。』此亦以理言也。《記》曰：『民有血氣心知之性。』則墮於氣質矣。孟子之時有爲『杞柳』之説矣，有爲『湍水』之説矣，有爲『無善無不善』之説矣。曰：『食、色，性也。』又曰：『生之謂性。』此又專以形質而言也。孟子之後有荀子，荀子曰：『人之性惡，其善者僞也。』荀子之後有董子，董子曰：『性者，生之質也。』董子之後有揚子，揚子曰：『人之生也善惡混，修其善者爲善人，修其惡者爲惡人。』揚氏之後有佛氏，佛氏曰：『作用是性。』夫荀子之言，是專夫氣之偏塞者言之也。生之質，氣也。善惡混，亦氣也。作用者，知覺運動之謂也，亦以氣言也。唐時有韓子，韓子曰：

『性有三品。』蓋酌乎荀、揚〔二〕之間者也。宋時有周子，周子曰：『性者，剛柔善惡，中而已矣。』又有眉山蘇氏，蘇氏曰：『古之君子，以可見者言性。皆性之似也。』蘇氏之後有胡氏，胡氏曰：『性者，天地鬼神之奥，善不足以名之。』『孟子言性善，猶佛所言善哉，贊歎之辭也。』胡氏之後有象山陸氏，陸氏曰：『人之性惡，告子論性强，孟子斯又黨於告子者也。』夫言三品，言告子論性强，孟子氣質之説凝之也。剛柔善惡之中，中性存焉，雖未離乎氣，而已別乎氣矣。可見者性之似，以吾心之不測言鬼神之奥，以吾心之至虛言之也。

嗟乎！盈天地間，理、氣合一而已矣。太極者，理也。陰陽五行者，氣也。人之生，得乎太極之理以成性，得乎陰陽五行之氣以成形，故太極之理落在人心，則爲之性。本無不同也，但人稟於陰陽五行，雜揉不齊，則有昏明强弱之异耳，故程子謂『論性不論氣不備，論氣不論性不明』。夫性善也，蔽於氣則昏矣，故性猶寶珠也，落之清水則明，落之濁水則暗。是水之清濁不齊，而珠之明暗以之然，終非水之所能溷也，過則明矣。故孔、孟後千百年而得張子、程子。張子曰：『有天地之性，有氣質之性，善反之，則天地之性存。故氣質之性，君子有弗性者焉。』張子之言，又足程子之所未足也。惟然程子以性言性，而氣質歸之氣質，則亦張子弗性之意矣。即是而觀，孟子、子思以上論性，是舉其上焉而論之也，所謂生之理是也；荀、揚諸子是舉其下焉者而論之也，所謂氣質之渣滓是也；胡氏、蘇氏之説又以虛靈竅妙言之，則涉於佛矣；周子之『中』，所以別乎氣而言之矣。噫！張子、程子既發於前，而朱子又分析於後，世無二三子，則性善之論終惑疑之，而氣質之説，諸子可以自解矣。雖然，程子以性氣對言，張子以天地、氣質互舉，則以氣質爲性者尚未脱，然所以致後世之紛紛者，吾猶憾焉。

愚則曰：具於心者，謂之性；成於形者，謂之質。則性固性也，氣質固氣質也。性則至善，氣質則有昏明强弱之不同焉。以是而言，則性不溷於氣質，而氣質無與於性。是故不必謂不備不明，不必謂君子有弗性之論，而使天下曉然知吾性之本善，聖賢可學，而至氣質雖有昏明，可善反而復之，則天下之性一。天下之性一，則天下之見一。天下之見一，則天下之論一矣。愚蓋以此而足張、程未足之意，以證古人性善未疏之旨。

【注】

〔一〕權根按：『荀揚之間』及下文『荀揚諸子』之『揚』，原作『楊』，據上文『董子之後有揚子，揚子曰』，『揚氏之後有佛氏』改。揚子指揚雄。

有天地而後有萬物，盈天地間，皆萬物也。萬物各一其類，則各一其性；各一其性，則各一其太極也。人生於兩間，亦物也，而謂萬物皆備於我，何哉？

夫所謂萬物之各一太極者，蓋言乎陰陽、五行之分也。然五行，一陰陽也；陰陽，一太極也。則萬物固有體，統一太極者矣。是故人受天地之中以生，而爲萬物之靈，其得於體，統之太極者乎？物得其偏，吾得其全；物得其塞，吾得其通。萬物之備於我也，夫何疑！雖然，人之所以備萬物者，以其心之靈也；人心之所以靈者，以其性之靈也。性也者，其涵太極，貫天地，而包萬物者乎？斯其所以至大而至貴者乎？斯其所以無不足者乎？斯其所以無待於外者乎？自今觀之，心之所具者，何也？謂理也，義也。其浮乎上者謂之天，其隤乎下者謂之地，其混然而中者謂之人，其雜賾而不可窮者謂之物。存而爲仁義禮智之德，敘而爲君臣父子之倫，達而爲國家天下之用，著而爲禮樂制度之文，久而爲宇宙古今之變，莫非吾心之所具也。莫非吾心之所具，則莫非吾心之所有也。放之則彌六合，卷之則退藏於密，取之無窮，用之不竭，是吾心之無盡藏也。故知吾之自足，然後知吾之至樂。彼自小者，是虧吾之所有者也。求諸外者，是不知吾之所有者也。則孰知吾聖賢之道取之至足，而享之至樂者哉？故孔子之樂在其中，顔子之不改其樂，曾點之浴沂咏歸，舜禹之有天下而不與，同一至足也。

周子曰：『見其大則心泰，心泰則無不足。』噫！千載之後，能得聖賢之傳者，周子而已。二程見茂叔，而歸有吟風弄月之趣，其心契於此者乎？世之欲學聖賢者，必先識孟子萬物皆備之意，然後可以語聖賢至足之樂。

（節録《萬物皆備論》）

精於工者，不可眩以規矩之變；精於音者，不可眩以律呂之變；精於道者，不可眩以經權之變。夫道一而已矣。其往其來，其聚其散，其闔其闢，其大其小，其常其變，其倏而涣，俄而適，層疊而不窮，恍惚而不測者，皆道也。皆道，則皆一也。

《易》曰：『言天下之至賾而不可惡也。』不可惡者，亦道也。道，其有二乎？不可二其可异乎？自夫不深於道者，見其往來之無期，聚散之無端，闔闢之無朕，大小之無定，常變之無形，其倏而涣，俄而適，層疊恍惚而不可測者，感於外，觸於中，罔不心悸目眩，倉皇失措於應接之下。回視昔日之安常守分，界然於轍迹之間者，大不侔矣，於是始駭而求焉。而旁之解者乃曰：『此常也，經也；此變也，權也。經權之道始分。』噫！無怪其然也。蓋其見之不真，會之不融，迹之不化，精之不神。而於聖人大中之道，猶有影響之隔焉。而尚責其致一而不疑二乎？

今夫天日月星辰，風雨雷露，與夫寒暑晝夜，其變莫測也。識者曰：『此皆陰陽之道也。』今夫地山川草木，土石原隰，與夫高下廣邈，其變莫測也。識者曰：『此皆剛柔之道也。』是故知乎天地之道，則知乎人之道矣。且夫精於人道者，惟聖人而已。若乎大賢君子，具於天下之變，紛然而來，倏然而至，而吾之見之不的，處之不熟，而力之不能焉。則守乎經，而遜夫權，自岐於經權之際也。固宜求其精於天下之道，合之爲一者，自非聖人，其孰能之？是故堯之禪受，湯武之征伐，伊尹之放君，周公之誅兄，自宇宙來，數千百年而始一見也。

夫數聖人以天下古今所未有之事，始一見於我，而處之沛然，不以爲疑者，豈前有所承哉？一之以道而已。方其禪之，伐之，放之，誅之也，吾惟見其道而已，而不見其人也。夫惟見其道而不見其人，則何有於經，何有於權，何有於經權之足辨哉？是知經即權，權即經也，理之一也。程子曰：『中無定體。』又曰：『權祇是經。』噫！知天下之道，而後可以知程子之言；知程子之言，然後可以語數聖人之事。故程子又曰：『權，秤錘也。』今之人皆識夫秤錘矣，而不知秤錘之義也。故精於星兩者，爲之權，精於義理，亦爲之權。輕重在此，而權以移之，則天下之物平；常變在此，而權以精之，則天下之事平。是物之有輕重，而權之在我；事之有常變，而精之在我。所謂權者，精之之謂也。舜之執兩端，而用其中，精之之謂也。精則一矣，舜其善於權者乎？

（節録《經權論》）

向論『樂則生矣』之説，某謂此即萬物生意造化，元氣流行於兩間者也。在天則謂之道，又謂之命；在人則謂之性，又謂之仁。人得之以爲人，物得之以爲物，此皆生意也。求之古聖賢，如孔子之樂在其中，顏子之簞瓢不改，曾點之舞雩咏歸，子思之無入不得，孟子之萬鍾何加，皆驗乎此者也。至於孔門設教求仁爲先，亦期造乎此而已。此意一會，擴而充之，勿摧勿遏，則自起居食息，以至於窮通得喪，隨所感觸，何者非天？由是而窮居不損，大行不加，處天下之變，而成天下之務。古人德業之盛，所以大過人者，亦如此而已。千載而下，惟周、程得之，其次則李延平。嘗讀其《語録》，每有灑然自得之説，及解『肫肫其仁』一章，以爲涵養熟後乃有此氣象，不覺欣然不知，手舞足蹈。蓋與江漢以濯之，秋陽以暴之，同一意義。識此，可以語生意，可以與語仁矣。我朝惟吴康齋知此意，白沙學於康齋，所得盡在於此。吾聖賢千古得心之秘訣，離是，野狐外道而已。

（節録《與鄧貴齋書》）

承諭論性，而謂性有善惡，并舉告子及荀、揚、韓子及周子之説證之。夫以『性爲有善惡，修其善者爲善人，修其惡者爲惡人』，則孟子性善之訓爲誣，而孔子相近之教不通矣。此告子仁義杯棬，荀子禮僞之論所由起，可否不必攻也。

僕於宋儒，惟取信於明道。諸説皆以天地、氣質分之，則誠於善惡未能判截，反墮於善惡混之中，而與荀、揚無异矣。明道曰：『性，生道也。惻隱之心，人之生道也。』又曰：『心如穀種，仁則其生之之性是也。』此數言者，萬世言性之標的也。蓋僕之所謂性者，乃一陰一陽之謂道。道之流行，曰命；命之著物，曰性。故性者，人物得之以有生，即所謂『天地之大德曰生』，又『生生之謂易』，故曰人之生道。

夫人之生也，其禀質雖有昏明强弱之不齊，而無與性，非可以善惡論也。惟其感於物，則物交物，而引之習類，生而善惡始判矣。故人誠能從事於學，則其明而强者可以爲聖爲賢。其昏而弱者，薰陶切磨之下，雖未能造其全，亦不失爲敦篤之士。若其習於流俗而不知學也，則所謂明而强者，適足以爲奸雄滑黠之資；其昏而弱者，則甘於自暴自弃而流爲下愚之歸矣。故孔子曰『性相近』也，『習相遠』也。曰『相近』，亦以其質之昏明强弱，其初少有不同耳；曰『相遠』，則習於善則善，習於惡則惡，如南北其轅，不可復得而合一矣。豈不大相遠哉？

天地之道，除生人物，則無所見。一陰一陽以生人物者，則謂之道；指其道之流行不息，則謂之命；人物所受以生，則謂之性。人在其中，又禀得斯道中正之全，故人爲萬物之靈。是以人之有生，其心性即道也。道有統會，有散殊。具於心，則其統會；發於四肢百骸，其散殊也。然天地之道至中至正，全體兼備，到其散殊，萬變而不可測識，則又不同。故人雖得其全，而於賦禀之清濁、强弱之分，又不能無异。是清濁、强弱者，道之變化爲之也。道之變化爲之，故人之禀是道亦如之。蓋中正者，乃其常變化，而不可測識者，乃其流動處，雖聖神亦不可得而知之。非惟聖神不得而知，雖道亦莫知其所以然也。

故曰：惟聖人不知不能，天地之大，人猶有所憾是也。故鄙見以爲：性者，人之生道。生道至善，而禀質有清濁、强弱之稍分，所謂『相近』也，何嘗有善惡？善惡者，習後乃見，指清濁、强弱而爲善惡則不是。若以清濁、强弱而遂爲善惡之分者，益非也。

道命之性，人得之以生，然既落在軀殼，則其渣滓之凝結者也。渣滓凝結，是以不能無清濁、强弱，如地之初亦是此。道之渣滓凝結，故有四方水土各不同，然即其坤元之道流行於其間，則無不同也。人之禀於軀殼，雖有清濁、强弱不同，然天以此道付於人而爲性，其精靈一點統具於心，貫屬於四支百骸者，則無不同也。其昏濁者，但爲軀殼，混汨掩蔽，不得露其精靈之體耳，非惡也。若人從事於身心之學，静而有以養，動而有以察之，不蔽於外物，以逐其軀殼之欲，則心志安閑，神氣凝定，躁妄之思以息，嗜欲之火不燃，而復其真静之本。故精靈内照者，不汨不撓，其統會也，既有以存乎一心，其散殊也，又有以攝乎百體，猶是而存之不息，則道義出，而可以爲聖爲賢矣。

故曰：性者，人之生道，而無與於善惡也。若張子謂氣質之性，是指其軀殼而言，非性也。故孟子所謂性善，指其精靈統貫者言之也；孔子之所謂相近，指其所受之多寡言之也〔一〕。若不能事於學，則人欲蔽之於先，習類染之於後。染之於後，軀殼之欲無涯，莫之止極，其不流於大惡之歸不已矣。僕謂以此訓於天下後世，使人皆知人生而静，乃天之性，但物感之後始生軀殼之念，性之欲乃流耳。苟能反躬，則惡可免，咎可補，不至以人化物也。《書》曰：『人心惟危，道心惟微。』曰人心以其感於人者而言，感於人，則有軀殼之欲。故在精而一之，則中性著矣。諸説皆以善惡論者，蓋泥此渣滓軀殼，而不知吾身至精至靈之性，統會散殊，嘗與天地相流通，而爲人生生之道，初非軀殼之謂，亦無與善惡也。僕請不以氣質、軀殼爲性，而從於道命生生不已之間言之，則既有合孔、孟之旨，而有功於由教而入者不已多乎？

【注】

〔一〕原注：『此多寡，是人始受於天，所得五行之性之多寡，故有多於仁，多於智之别。』

始初，天以道命，凝爲人物，則此軀殼亦是性，但以既凝爲體質，則塊然爲器爲物，不靈矣。其輕清流行，主宰於其中而靈者，此真性也。故道家亦以爲大化流殊，嘗欲去人爲神爲性，釋氏之不愛四大者，亦以其精靈不在此故耳。由此觀之，則性爲人生生之道，猶天之乾元、地之坤元者，軀殼豈得以論性哉？

程子云：『人不可從軀殼上起念。』夫耳目之欲聲色，口之欲味，四肢之欲安佚，此軀殼上起念也。人當從心性上起念，不可從軀殼上起念。然此念頭起處，即是已發，因有所感而動，非是人生而静，性之本然者矣，故程子謂『纔思即是已發』。夫人動此念頭，或因物而感，或未因物而内自感者。蓋此心前時曾因所感留滯不化，是以久而復萌。故軀殼之欲，或無因而起者。此内欲之萌，《中庸》所謂『慎其獨』是也。或因物之感而起者，是外欲汨之，孟子所謂『物交物則引之』是也。故念頭起，即是感物而動，百孔千瘡皆從此出，乃性之欲，非復未發之真矣。惟聖人心性常虛明，凡物之感，所過者化更無留滯，是以內欲不萌，外欲不汩，真性常著。故於未發，則足以立天下之大本；已發，而念頭一動，即無乖戾撓亂，而爲中節之和矣。然則軀殼之欲，已是動處，乃情之流，非性之本也。諸家即其情之流而爲性，是以善惡之論紛紛，卒無合一。

又曰：真性未嘗不發露，但其不發露乃自然而然，非由意慮所得，如入宗廟生敬，墓生哀，見孺子入井而有怵惕，乃真性發露時也。其餘心逐物而動，乃軀殼起念，非真性也。佛氏謂『人性本善，直下便是』，其説又太高，蓋竊見其一二，而欲誘吾高明之士也。此所謂黠胡也。若直下便是，即是天生自然的聖人，然聖人之所教人，必在克己復禮者。蓋古今間世乃有聖人，自大賢以下，心之感物，未免理欲交戰，真妄相雜，苟非敬以閑之，鮮有不逐物而妄者。若循佛氏之説，卒流於狂妄，未有一人成於賢人君子者，蓋無踐履克治之功故也。

僕曾讀象山之門人楊簡已有此議論，謂此心廣大高明，不用察識，不入思慮，順其自然，往往舉佛爲況。其流弊至此。今陽明之徒又從而衍之，曰『克己非功夫，無欲是功夫』，又云『此真體一得，不用摻持，常常照管便是』。僕自抵都下，其説盛行，然大抵皆事講説，無一誠篤者，以其徒識其光景，而下手功夫，全然不著，如登高山未曾跬步，而虛望其巔厓之氣象，何益？此程子於介甫有平地説相輪之喻也。我朝薛敬軒、吳康齋二先生曾觀其書，真以踐履爲實地，一步一步做去，故卒成名儒。於此可見儒、釋之异，可見釋氏誘人之深，可見吾性雖虚靈，汨於人欲，不可無澄治之功也。

因論性并以近代之學上聞，乞恕狂妄。

（以上四條俱《與方西樵書》）

《論語》一書，實作聖之階梯，上下皆可企及。向見薛中離云《論語》乃撫世酬物之言，非聖人之精藴，修之精藴，乃見此離心事而言者。夫即心即事，即事即學，精粗不殊，道器何别？吾儒實功，衹在語默、取予、出處、死生做一題目，終食不違，如有鎡基立脚處。吾見今之學者，名爲學道，飾取名譽，而人亦以此歸之。及觀其平生語默、取予、出處之際，多與道相馳背，是何也？離心事而二之之弊也。程子亦曰，能盡語默之道，斯能盡取予之道；能盡取予之道，斯能盡出處之道；能盡出處之道，斯能盡死生之道。此言道無大小，學無心迹，心無内外，一真百真，乃聖賢服煉之至訣。今人多忽之，是以背之，則倡爲超悟虚談光景之語，誤之也。

來教所謂『致良知』之説，以僕之質性魯鈍，學力粗淺，固未能窺其微奥。然以是稽之孔門，反之吾心，殆尚有可疑處。

夫今之學者，多主於白沙、陽明二先生之教。白沙之學，在於孔、顔樂處；陽明之學，在於致良知。二者固聖賢法門，但以此爲教，恐學者流於漭蕩，無實下手得力處。夫孔、顔之樂大矣，必有躬踐實際，而後可以契其樂之真；良知之體明矣，必有涵養操持，而後可以得其明之用。不然，則所謂樂，亦虚談其光景之可愛，而於獨知之地，但凝之於静，而不能不汩之於動，融之於心，而不能不滯之於事者多矣。

某嘗以《論語》一部，真千古聖賢入手之要訣，何也？其旨在心與事合一而已矣。以心而貫於事物，隨處致力，隨處照管，故心事合一，鍛煉純熟，打成一片，然後謂之真境實際，方無走作，乃有受用處。苟徒抱夫虚靈之體，而昧夫流行之用，以之資講説則可以是，求聖賢之實學則未也。故某亦以《孟子》『先立其大者』之語爲立言太寬，然必以『集義』爲事，乃見入手脉絡處；昔丹書之戒以『敬怠』，言之盡矣，而又以『義』對欲言；《易·大傳》『敬以直内』可矣，而又必以『義以方外』，德始大而不孤。皆隨事致察之明驗也。

（二條俱節録《答王龍溪書》）

今人不識朱子之學，往往一倡百和，可怪歎之甚。向有友與予論及朱子，予曰：『汝祇學朱子存心修身，居家處鄉，莅官立朝，實切之學可也。』今不能盡其道，不及朱子之萬一，方愧之不暇，而乃暇議之耶？又見陸子静謂本朝濂洛之學，其植立可謂盛矣，而未聞道。夫既植立之盛，又可謂之未聞道乎？夫道也者，自身心而推之天下、國家者也，豈有諸賢於身心、倫理無愧，而不可謂之道？吾不知子静所謂道，何道也。後世尚竊其説以自附，豈不可怪？

蓋朱子之學，乃聖賢大全之歸，先存心力行，然後及於外面，讀書窮理，是即所謂『好古敏求』，所謂『博學審問』，所謂『好問好察』，所謂『多識前言往行以畜其德』，所謂『學於古訓乃有獲』，所謂『夙夜積學以待問』。蓋學而至此，乃是内外不偏，心事合一，表裏精粗，一以貫之，使致其知而無不知，擴其能而無不能，光明者日益光明，充拓者愈益充拓。此聖賢大成之學，孔門之正派也。

自孟子來，略稍失之，然猶有『盡心』『知性』『博學』『詳説』之證也。世之主子静之説者，在元則有吴草廬，在正德之間則有王陽明。草廬之學極該博，所謂『與先生言如探滄海』，則外面之學何嘗略之，而便以罔人，可乎？王陽明聰慧過人，自少讀盡古今多少書，及謫龍場，始悟心學，即以此教人，無外面充拓之功，可乎？

今有爲陽明之學者，吾嘗見之矣。但云致良知，從易簡，問之以古今天下之理，懵然不知。謂世間有此愚聖賢，而聖賢之所謂聖賢，果祇理個身心，而外面事通不料理，然後謂之得其正脉耶？爲此偏内之言，祇因後世有博學著述，而實行不檢，又有科舉之學來累之，是以其説得行。然謂之矯世之言則可，謂之聖賢大全之歸則不可。且知即行之説，請考夫古今聖賢詩書之言，每每分之，何也？以一手而盡掩天下之目，其用心可謂勞且拙矣。望深思之，則知其偏枯之病也。

（節録《與項甌東書》）

夫禮者，履也，非虚談以資講説，博洽以悦聽聞，假飾以爲美觀之謂也。聖門之教，求人爲先，其次則在於禮、仁。禮者，内外夾持之道。聖賢之學如斯而已。

自百家衆氏之起於周末，訓詁之起於漢，科舉之途之起於唐宋，天下之學，日益支裂淪汩而不可救。幸而不與之俱亡者，此心存焉爾。世之功利嗜欲之徒，又從而斲喪澌滅之。於是老、佛二氏狡黠者，出竊吾所幸存不亡之心，竄易而倒置之，以愚弄斯世，遂有『清净無爲』之論、『真空出世』之説，鼓其術而嘘之。其高明之士求吾聖賢之途轍不可復得，又不甘心，駢首於波利昏汩之場，始悦其説爲可差异，方就而息肩焉。使吾聖賢之學明，二氏者將怵心俯首之不暇，而敢恣其邪道乎？乃今日之目爲高明者，且呼號而倡召之曰：『佛氏之教，與吾儒無异！』又曰：『世儒之學，已落第二乘矣。』其無知之徒，冒吾儒冠服，而自蹈於异端恣肆之歸，復羣嚚而衍翼之，其愚不思亦甚矣。

紀論

瞿昆湖曰：先生未弱冠，舉進士，退居山中者十餘年。後以薦起，上疏不合，輒引退，遂堅卧不出。余既高其風，及觀其著述，多所自得，爽朗峻潔，琅然可誦，又疑以爲文章家也。及觀《正學》篇與論學諸書，不事陳言，而亦不事奇詭，循其言，可以入道，中材上下，莫能外焉。乃竦然异之，何所見之確，而不移於近世頓悟之説歟？再考其行，則事母孝，與兄弟友，辭受取予，皭然不以利自污，蓋能文而實之以行，有得於博約之教者。視顏子卓爾之見，吾不知其何如，然於心學之的，蓋得之矣。

卷十五

黄佐

黄佐，字才伯，號泰泉，香山人。先生天姿明睿，四歲授《孝經》，五歲能隨父粤洲公執養親禮。日探家笥藏書，問知經史難字，觀周、程六君子遺像，即自誓必如此而後爲人。及就外傅，問諸師曰：『《大學》自綱領條目之外，何以釋本末而不及終始耶？』師辭不能教。至十二歲而舉子業成，乃更學爲古文詞及究心皇極象數，著《座右銘正騷》《粤會賦》。正德庚午，鄉試第一。作《九州問》以見志。沉潛理奥，至忘寢食，歎曰：『孔門之學，知行并進，豈可偏廢乎？』

癸酉，粤洲公偕先生行，途次儀真，病卒。先生扶柩還，攢於先兆，日必往，至禫猶不食肉。庚辰登進士。明年五月，世宗即位，始廷試，選庶吉士。大學士蔣冕以乾清宫成命賦題，試諸吉士，先生獨先成，文奇字奥，無不驚服。命下，授編修。先生素不喜干謁，至是見内閣楊廷和，曰：『予目近视，今日得識君耳。』若有憾色者。時嘉靖元年十月也。

先生首上《初政要疏》，又上《修舉新政疏》。皆留中不行。唯刑部尚書林某是其議，遂與定交。癸未先日，先生侍班殿上，見鴻臚官引戎狄來朝之使徑至御前，先生草奏，謂宜仿古禮，令各在東西門外設位拜伏，傳天語命之。或曰：『舊制也。』不果。未幾，浙有宋素卿之變，人以爲先見。康陵既祔，『大禮』方興，尚書毛澄謂兄終弟及，無追尊之禮，唯漢有之。先生從其説，書《大禮議》。後有謂先生黨者。會册封南渭王，充岷府副使。事竣，堅辭金幣。歸家，即具《出使陳情疏》，未報。有旨核復命者，先生力疾還朝。禮部尚書席書及諸議禮者皆始進用，欲援先生爲助，先生謝絶之。大學士楊一清欲引用，先生亦辭不往。

三年考滿，疏乞省親。不報，再上，得允歸。有司請修《廣州志書》，却幣辭宴。

戊子，『大禮』成，出爲江西按察司僉事。先生聞命至境，疏乞養親，情詞懇切。下都察院奏覆。惟列學行甚稱，趣令赴任。隨補廣西督學。抵蒼梧，謁軍門，秉禮不跪，撫臣銜之。道經府江，瑶賊出没，召主守者詰之，諭以威信，其酋皆叩首去。抵省，則稽查書院，教育人材，日與諸生發明『理一分殊』之旨，因輯《理學本源》頒行郡邑。又端士習，撤淫祠，行射禮，舉節孝，立鄉社，擇士民之秀者爲弟子員，以風勵之。瑶、僮感悦，寇掠少輯。

宗室故與諸生爲讐，督學者至執梃而後敢出。先生遺以《小學古訓》，皆遵約束，校士懷集。偶得家報母疾，即疏請致仕，竟弃官歸。撫臣以前憾，偕御史劾先生擅離職守，欲中以法。時大學士李時薦先生有程、朱之學，宜充經筵講官，世宗亦知先生名，銓部以『母老且病，非詐』核覆，止令致仕而已。遠近學者從游日衆，闢粤洲草堂以居之。巡撫、都御史陶諧召還，兵部薦先生文章華國，謀猷經邦，諫臣董進第等以遺逸薦，禮部右侍郎吕楠以宫寮薦，皆爲議禮者沮之。

丙申冬，以翰林院編修、左春坊左司諫起先生於家。至京師，作《九經政要箴》，又取『訓蒙』二字更正之。將進，先啓輔臣曰：『儲貳爲天下之本，而輔導之職則以預養爲本，故預之必早，則所聞皆正言，所行皆正事。聰明日開，德行日純，駸駸乎日以入於聖域矣。』輔臣不悦，書不果上。

充經筵講官，遇事規諫，陞翰林院侍讀，掌南京院事。陞右諭德兼修撰，同修玉牒。尋陞南京國子監祭酒，頒《五倫條約》，禁止超撥之法，及清餼廩之乾，没者以給，諸生有『清如水』之謡。作《南雍志》。復出舊制《樂典》以示諸生，學士張治見之，曰：『簫韶九成，可復聞也。』先生始爲此書，夢夫子告以『知崇禮卑』之説，積思二十年始成。嘗與吕涇野質論之，至是其傳始廣。

先生以南都炎暑，恐母夫人不安，具疏乞休。逾月而母夫人病卒，哀慟切至。歸，祔廬於墓側。服闋，陞少詹事，兼翰林院侍讀學士。至京，見輔臣夏言，抗禮，唯再拜，談及河套事，輔臣愈不悦，詔令致仕。

抵家，諸生復從游講學，爲條約以申告之，朔、望皆至精舍請業，日録所聞，積成卷帙，名曰《庸言》。門人何价、孫學古、陸湯臣輩爲刻以傳。

先生操履端謹，模範嚴整，居無惰容，燕無媟語。私第鄰府寺，敲扑喧雜，而處之裕如。布帏木榻，不求更新。細繹經文，每至夜分不休，終歲少入私室。少癯然，晚年乃更豐碩，知其所養充粹也。通籍三十年，在朝僅數載，雖屏居，有廟廊之憂，賙貧赴義，意唯恐後。嘗增置義田，以贍族人。所至褒表孝義，居鄉必爲言於官。丙寅疾革，作詩，有『氣完光岳，身在雲霄』及『貽謀無厚業，忠孝種心田』之句，整襟拊帶，曰：『弘毅之學，當如是也。小子識之。』乃卒，年七十有七，贈禮部右侍郎，謚文裕。

所著有詩文集六十卷、《樂典》三十六卷、《詩經通解》二十五卷、《春秋傳意》十二卷、《庸言》十二卷、《鄉禮》七卷、《革除遺事》十六卷、《翰林記》二十卷、《廣州府志》六十卷、《廣東通志》七十卷、《廣西通志》六十卷、《南雍志》二十四卷、《香山志》八卷，《小學古訓》《姆訓》《西京賦》《敷教録》各一卷，《漱芳集》《廣東人物傳》《六藝流别》《明音類選》《羅浮山志》各若干卷行於世。學者稱泰泉先生。

（《明儒學案》，參《儒林録》約刻）

心、性之難辨也，久矣。心者，氣之會而有覺者也，是謂人之神明；性者，生於心而有則者也，是謂人之生理。辨之不可以不明也。

夫心有形而中虛，萬物皆備，其猶田之種穀者乎。性無形而命於天，物理若有根柢，生於心而不窮，其猶穀之苗而秀，秀有實者乎？繼善之初，性本天命，成形之後，性乃相近。凡血氣之性，從人心生，《記》所謂無喜怒哀樂之『常』，《書》所謂『節性，惟日其邁』是也。凡天命之性，從道心生，《記》所謂喜怒哀樂未發之『中』，《書》所謂『上帝降衷，若有恒性』是也。性必有情，非情則性不可得而見。然心統性情，而其官則思，故能管乎一身，而節情復性。人心易爲道心，其猶畇畇原隰，稂莠盡而嘉種自生者乎？告子曰：『生之謂性。』孟子以牛犬猶人闞之正，謂性生於人心，有覺，與牛犬异耳。近世乃有謂性非止具於心，爲是耳目手足之屬亦各有性，是告子之説也。性若在身，然則情奚從而發與？故自古聖賢言心，必管乎身；言性，必根於心。《語》曰：『視思明，聽思聰，色思温，貌思恭。』又曰：『回也，其心三月不違仁。』其明徵者一也。《大學》言正心必及視聽，而忿樂憂懼因情以見性。其明徵者二也。《中庸》言至聖必先聰明睿知，而後容執敬别。其明徵者三也。孟子則又詳矣，曰『盡心』必曰『知性』，曰『存心』必曰『養性』。正以田能盡闢，穀必嘉生，可從而占，盡心知性之謂也。《詩》曰：『禾易長畝，終善且有。』疆界不失，穀得其養，順而無害，存心養性之謂也。

《中庸》言性不言心，曰中和則心統性情者也。堯舜始言『中』，仲尼益以『庸』。蓋慮人難知難行，而不知其爲人倫日用之常也。子思子憂道失傳而筆之，其作聖之樞要，執中之疏義乎？

嘗分論之。道之在人也，其體用全；人之弘道也，其功化大。故始言一理散爲萬事，體用之全顯諸仁者也，上承天命，下立民彝，和順於道德而理於義，其微殆出於見聞之外者乎？故曰『費隱』。中言萬事未復合爲一理，功化之大藏諸用者也，下學人道，上達天道，窮理盡性以至於命，德性之知與天載一矣，故曰『明誠』。《漢志》『禮』家有《中庸説》二篇，分爲上下，兹固《禮》之本與？言費隱非明誠，則孰凝之？此戴氏所以合而爲一也。

又合論之。凡受天地之中以生，與形色於天地間者，厥有恒性，孰非庸哉？克念作聖，必知以知此，仁以體此，勇以强此，致中和而後已焉。是之謂德。喜怒哀樂之節，親疏貴賤之倫，九經三重之政，天下國家之治，大至於峻極，小至於威儀，必參贊化育，配天而後已焉。是之謂道。至誠無息，其欽明允塞，德之盛乎？悠遠、博厚、高明，其時雍風動，化之神乎？凡言品節限制操存於内者，皆以坊人心之危也；凡言天地人物發見於外者，皆以廓道心之微也。是故明乎善，則惟精矣；誠乎身，則惟一矣。其功化必自戒懼慎獨始，在乎下學立心而已。故曰：『人皆可以爲堯舜。』

《易》有『三大』，可以見聖學矣。大有也，大畜也，大壯也。剛過乎中者不與焉。大有之象曰：『君子以遏惡揚善，順天休命。』言反身也；大畜之象曰：『君子以多識前言往行，以畜其德。』言博文也；大壯之象曰：『君子以非禮弗履。』言約禮也。夫俯仰喘息，人未始離乎天，則命德討罪，天亦未始離乎人。遏而討之，必欲其無諸己；揚而命之，必欲其有諸己。反聽内視，自欺之根，拔而去之，無遁形焉，則天明也。由是博文以見道於萬殊，約禮以會道於一本，合兹『三大』，是謂明誠。

禮與非禮，而仁與不仁繫焉。其於躬行也，切矣。其體也，天理節文根於中，天下之大本也；其用也，人事儀則發於和，天下之達道也。君尊臣卑，父坐子立，體固嚴矣。然臣安於卑以事其君，則氣自然屏，足自然躩；子安於立以事其父，則容自然婉，色自然愉。一出於誠，無所勉强。故曰：『禮之用，和爲貴。先王之道，斯爲美。小大由之。』非達道而何？不以禮節之，則和而流矣。君臣主敬，必至於褻敬；父子主恩，必至於狎恩。其何以行之哉？故天地之氣，肅則必雍，能敬且和，何事不行？在《易》『上天下澤』曰『履』，禮之所從出也。然以兑説而仰對乾剛，則有和之義焉。大傳繫之，蓋禮非强世也。加之錙銖則過，損之毫髮則不及，故曰：『履和而至。』躬行由禮，則動無乖戾矣，故又曰：『履以和行。』由此言之，非有子之言也，固孔子之言也。行禮之時，局促不安，固爲非禮。褻狎不敬，亦爲非禮。皆將失其本心，是謂不仁，可不戒哉？

子朱子曰：『自黄鍾至中吕，皆屬陽；自蕤賓至應鍾，皆屬陰。』一大陰陽也。故吕在陽則下生，律在陰則上生，《月令》『列以物氣』者也。《儀禮經傳》鍾律爲蕤賓重上生，與《律吕新書》吕在陽地倍數相同。又曰：『黄鍾爲陽，大吕爲陰。太族爲陽，夾鍾爲陰。姑洗爲陽，中吕爲陰。』又一小陰陽也。故律爲陽而下生，吕爲陰而上生，《律書》『吹以考聲』者也。生鍾分：蕤賓生大吕，半律。夷則生夾鍾，無射生中吕，亦如之。又曰：『半之此律也，倍之亦此律也。』予在京師，太常典簿李文察來受業，制十二管吹之，含少三寸九分，與黄鍾之管龠聲八寸一分雖清濁不同，然殷殷隆隆舉相似也。天地之和，應於聲律者如此，豈非自然之數與？故特舉子朱子三言以爲律吕要法。

樂有本，有文。文盡美，本盡善，惟《大韶》不可尚矣。禹言九德，《招》之本也；夔言九成，《韶》之文也。

堂上之樂，以歌爲主，去鍾徹箾，以明至德。或戛或擊，以鳴玉球；或搏或拊，以鼓琴瑟。以此登歌，人聲爲先。是時，享禮初行，祖考來格。帝堯之後，爲虞賓者在助祭位，群后以初就位，皆德讓焉。樂聲依咏，球瑟從之，以九爲節，是九德之歌也。堂下之樂，以管爲主，鼗鼓導舞，每一成必合止柷敔，而笙鏞間作，與歌聲合，亦以九爲節，是《九韶》之舞也。

管弦相合以成，雖有上下之别，合而名之，則總名『簫韶』。鳴球特懸也，韶簫十六管，金石編懸如之，故間合成曲。奏之以鍾，其律用羽，節之以石，其律用角，而統於琴瑟之宫，以簫齊，其聲必與玉球詘然者相應，則中聲之所止也。黄鍾宣養六氣、九德，故爲九成始終。五弦之琴，爲南風之調，奏姑洗，歌南吕，而黄鍾、大吕應之，則羽、角以相生；太簇、應鍾應之，則商、徵以相制。

羽、角相生，則知、仁交際而萬化。出於人聲，則呼動腎與肝，自水而木，天數也。自冬日至而發春，是以謂之陽也。黄鍾之羽，一變姑洗爲中聲，六變圜鍾，九變歸於黄鍾之宫。南吕之羽，一變大吕以應南吕，六變黄鍾爲角，八變太簇爲角，九變而歸於南吕之角。然姑洗，角聲之始也，自姑洗之羽與其羽無射，一變中吕以應夷則，六變姑洗爲羽，九變復歸於姑洗之羽，而黄鍾、大吕收聲矣。

徵、角相制，則禮、義交際而萬化。入於人聲，則吸動心與肺，自火而金，地數也。自夏日至而成秋，是故謂之陰也。太簇之羽，一變蕤賓爲中聲，八變函鍾，九變歸於函鍾之徵。應鍾之羽，一變夾鍾以應夷則，六變太簇爲徵，八變姑洗爲徵，九變而歸於太簇之羽。然函鍾，徵聲之始也，自函鍾之羽與其羽大吕，一變夷則以應應鍾，八變南吕爲羽，九變復歸於函鍾之羽，而太簇、應鍾收聲矣。

宫調以倡之，商調以和之。故用宫逐羽，而清角生焉，本於黄帝《雲門》，其聲如天之無不幬，象德之升也；引商刻羽，而流徵生焉，本於黄帝《咸池》，其聲如地之無不載，象澤之降也。故陽紀聲，皆羽比於角；陰紀聲，皆徵流於商。羽、徵，水、火也；商、角，金、木也；變宫、變徵，土、穀也。五行之氣，形爲六府，因天施以正民德，因地化以利民用，因人事以厚民生，而三事和焉。樂其樂者，沐化述情，故曰：『九功惟叙，九叙惟歌。』然君聲往而不返，臣聲離而不合，豈人情哉？故宫主角，商主徵，九變則君回宫，臣合君矣。舜以地平天成歸功於禹，禹乃尊黄鍾以主《韶》，而和以太簇。豈非君臣揖讓之德與？

夫九官命益爲虞，治至於鳥獸草木，而有禮以節文之，則恩及動植矣。政道成而後作樂，此所以命夔典樂也。德既格於上下以暨動植，而《韶》樂聲和又感動之，是以其應敏速，鳥獸蹌蹌然而來，固不待九。至於鳳凰來儀，則非九奏不足以致之。蓋《咸池》承《雲門》〔一〕而爲《韶》，則坤道承天而育物，象形而流於聲，故能爾與。其既也，夔歎美之曰：『予惟知擊拊而已，百獸自舞，庶尹自諧，則非予之所能知也，是必有妙於聲音之間者矣。』蓋推本舜禹之德，非徒以聲容爲也。千載而下，季札《韶》於魯〔二〕，孔子聞《韶》於齊，其奏者固非夔也，而感之之深，則聲均存也。是故習其音，知其數；得其志，知其人。

【注】

〔一〕權根按：『《雲門》』，原奪『門』，據上文『本於黄帝《雲門》』補。

〔二〕權根按：『季札《韶》於魯』，味文意，『季札』與『《韶》』之間，似奪『觀』字。

予作《鄉禮》。百家爲鄉，鄉立之社，社立之學，前置鼓以警衆，後囤倉以儲粟，擇保長行鄉約以綜之。保長綜五家爲伍，程伯子令晉城保伍法也。約正約副，月朔德業相勸，過失相規，禮俗相交，患難相恤，仿《吕氏鄉約》，易簡以行之。是故鄉約以司鄉之政事，鄉社以司鄉之祀事，保伍以司鄉之戎事，社學以司鄉之教事，社倉以司鄉之養事。保約即爲約正，保副即爲約副。潤澤制宜，務合人心，而官毋督焉，否則王安石之保甲可殷鑒也。然有司必令社師遥相聞而虞其變，苟爲力政，則亦借寇兵賫盜糧也已。吾廣藩參西溪徐子乾，見而梓行之。比嘉靖乙未，鄉落多盜，歲且不登，諸耆民請於李方伯中舉行焉。

著述者，道既晦而能著之使明，聖既作而能述之使傳，非惟一切言語文字鄙俗支離者，皆可以爲著述也。

周外史掌三皇五帝之書，楚左史能讀《三墳》《五典》、《八索》《九丘》，則是皋、夔、稷、契之時已有之矣。《丹書》陳於太公，放勳見於《孟子》，世所傳誦，蓋不止此。

布在方策，教以樂正，群夫民之俊秀，設爲庠序學校，俾日講習，以明其懿德焉。學成而後，用之以治國家，澤及民物。《書》曰：『不於古訓，於何其訓？』《詩》曰：『古訓是式，威儀是力。』古訓，文也。威儀，禮也。博文約禮，蓋周道也。猶懼弗率，於是乎學古入官，有牆面之戒，有非聖之誅，有造言之糾，故天下大同，罔有違戾。及其衰也，家自爲學，國自爲政，聲教殊而道遂晦。仲尼有憂之述《詩》《書》、六藝，以式萬世。故其言曰：『述而不作，信而好古。』又曰：『吾學《周禮》，今用之。吾從周。』蓋憫憫焉懼作聰明而蔑弃先王之彝訓也。其所雅言躬行有得，豈越著述之外哉？苟謂皋、夔、稷、契無書可讀，則亦何必讀書？子路之佞爾，其在於今厭弃聖經、反宗語録之鄙俗支離者，自謂道學，無乃飲其流而迷其源乎？是故束書不觀，游談無根，酒醴未成而惡糟粕者也；記誦不遺，玩物喪志，筌蹄徒設而不獲魚兔者也。

周、邵、程、朱皆學於古訓而有獲者，曷嘗捨聖經以求道哉？然《學》《庸》《語》《孟》之後，未見醇而不雜者矣。是故積學以明之，聞見之知博文者也；反身以誠之，德性之知約禮者也。知豈有二哉？以尊德性爲本，而合聞見之醇，以培養察之惟精，由之惟一，則道在我矣。

問：『載籍有四：曰經，曰史，曰子，曰集，其文繁矣，反約之其心乎？』曰：『然。』『讀經曷約？』曰：『「反身而誠，樂莫大焉」。』『讀史曷約？』曰：『「見賢思齊焉，見不賢而内自省也」。』『讀子曷約？』曰：『「衆言殽亂折諸聖」。』『讀集曷約？』曰：『文以載道，詞達而已矣。』

古之學者，志行篤而不自是，故爲己；今之學者，志行不篤而又自是，故爲人。飲食起居，動静語默，日用之常也。心悦理義，則不暇謀食矣；身安理義，則不暇懷居矣。動静必以理義，則敏於事矣；語默必以理義，則慎於言矣。志在是則事在是，事在是則言在是，猶必就有道而正焉。無其人，則正諸經可也，立言而言可則矣，夫是之謂反約。

《河圖》者，龍馬之毛，點攢必五。其餘散者，一連之則六，二連之則七，三則八，四則九，五則十。四象之位，一、二、三、四用以歸奇，五居爲衍母。四象之數，九、八、七、六用以過揲，十合五爲衍子。五生數，配五成數，先天也。《洛書》者，神龜之甲，脊五旁八，環二十四，以合五行卦爻。虚脊中，一遞除三十六，以分乾、坤六子。首、尾、左、右皆一，肩、足皆二，主五與八，縱横十五。五奇數，統四偶數，後天也。

先天八卦，因《書》位數；後天八卦，因《圖》生成。蓋水木相生，自地而天；火金相克，自天而地。天變陰陽，地化剛柔。故水木不可易，而火金可易；陰陽不可易，而剛柔可易也。

陽在上而生自下，從下而左，一而三，而七，陽長，則進而九矣。《書》之『戴九肩四』，九，太陽之數也；四，太陰之位也。『左三足八』，三，少陽之位也；八，少陰之數也。天位乎上，澤匯東南，火精在東，雷起於地，乾一，兑二，離三，震四是也。陰在下而生自上，從上而右，二而四，而八，陰消則退而六矣。《書》之『履一足六』，一，太陽之位，易太柔也；六，太陰之數，易太剛也。『右七肩二』，七，少陽之數，易少柔也；二，少陰之位，易少剛也。地位乎下，山峙西北，水精在西，風鼓於天，坤八，艮七，坎六，巽五是也。兩儀變化，四象對待，故曰：『天地定位，山澤通氣，雷風相薄，水火不相射。』對待必合，則致用皆《洛書》之九也。

星曆之法，起於圓矣。乾降三陽於西北，左行而坤，索之得一陽，而成三男，長者宣乾，用於春陽之止者，日動於下，極於夏至，則一陰生。《圖》之『地八震雷』，反易艮也；『天三離火』，上通震也；『地四兑澤』，反易巽也；『天九乾交』，坤中離也。三、八居東，不易四、九，自西而南，金將克木，而震交離則火，以土王至坤，而金伏焉，陰根陽也。坤升三陰於西南，右行而乾，索之得一陰，而成三女，少者斂坤，用於秋陰之入者，日説乎上，極於冬至，則一陽生。《圖》之『地二陰入』，陽下坤也；『天七坎水』，下塞兑也；『地六陽止』，陰上乾也；『天一坤交』，乾中坎也。一、六居北，不易二、七，自南而西，火既克金，而兑交坎則水，以土成至艮，而木萌焉，陽根陰也。五氣順布，四時流行，故曰：『帝出乎震，齊乎巽，相見乎離，致役乎坤，説言乎兑，戰乎乾，勞乎坎，成言乎艮。』流行必對，則其體皆《河圖》之十也。

州井之法，起於方矣。體用相因，象立氣行。發其機而帝出焉，其一動一静之間乎？故希夷序《龍圖》之既合也。天一居上，爲道之宗；地六居下，爲氣之本。天三斡，地二、地四爲之用，言陽變自震也。象山論《龜書》，水木各正，惟金火易位，而木生火，故金在西，一變七，七變九，九復變而爲一，言陰合自兑也。乾六成水，坤二生火，退居無事，六子共成。萬物可得而分者形，不可得而分者神也。出入於機，合一不測，象之不相射者，一、九相變，氣相逮矣；相薄者，三、四相聯，氣不相悖矣；通氣者，七、八相應，氣自通矣。後天之流行，本先天之對待，一而已矣。故曰：『《易》有太極。』

象數之理，妙在意會，難盡言傳。王禕氏曰：『《河圖》《洛書》，皆伏羲則之以作《易》。』而《洪範》九疇，則禹之所自叙，非《洛書》也。箕子告武王，不言《洛書》可證矣。《漢書》以《洛書》爲《洪範》，不過以其數之九爾。然一在下指爲五行，五行豈有陽與奇之義乎？二在肩指爲五事，五事豈有陰與偶之義乎？八政、皇極、稽疑、福極，烏在其爲陽與奇？五紀、三德、庶徵，烏在其爲陰與偶乎？其數通爲四十有五，則於九疇何取焉？殊不知一陰一陽之謂道，奇偶自相交通，未嘗滯於一方也。《河圖》《洛書》相爲經緯，八卦九章相爲表裏，作《易》則《圖》以合《書》，作《範》則《書》以合《圖》，其理一而已矣。

《書》之合《圖》也，水漸木升，陽顯諸仁，故居其常；火鎔金范，陰藏諸用，故易其位。生長收藏，而四時成焉。上所以不言時者，地之別名也。五行言行者，爲天行氣之義也。地之承天，猶臣事君，卑者視事，自同一行，故虛。五居中，而十藏於五。《漢志》曰：『太極中央元氣。』言地在天中也。天包乎地，則君臨中土，而皇建其有極明矣。裁成輔相，自初一以至次九，皆五行之用也。用於外，則十藏於五者，翕聚而後發散縱横，皆爲十五自然之數也。且箕子之陳九疇也，自鯀堙洪水發之者，何也？九疇首五行，而五行首於水，水未平，則三才弗寧，彝倫之所爲斁也。水既治，則地平天成，民奠其居，而後九疇可施矣，彝倫之所爲叙也。水之象，五行始於一，三德乂於六，氣有陰陽則性有剛柔，知而克之，謂之知。木之象，八政用於三，庶徵驗於八，政有臧否則徵有常變，厚而念之，謂之仁。火之象，五事敬於二，稽疑應於七，事有得失則占有休咎，神而明之，謂之禮。金之象，五紀協於四，福極行於九，數有順逆則理有吉凶，協而用之，謂之義。知仁禮義一主於聖，則民人會歸有極，而彝倫敘矣。其中五之運用爲九者乎？合五行爲四象，以之作《易》可也，修六府和三事，以之作歌亦可也。故曰：立言所以明象也，得象而忘言；立象所以盡意也，得意而忘象。

紀事

先生渡江訪陽明，論及良知，曰：『知猶目也，行猶足也。詢知公居，足以步目，一時俱到，其實知先行後。』王公曰：『君太信宋儒。』先生曰：『知之非艱，行之惟艱，豈宋儒耶？夫子亦曰：「知之未嘗復行也。」』王公歎曰：『直諒多聞，益友也。』

嘗增置粵洲公義田以贍族人，所至褒表孝義，居鄉必爲言於官。壬辰，海賊許折桂入寇，至琵琶洲，城門將閉矣，公畫策以授守者，賊遂請降。城中有夷達官舍，自永樂中安置，其後供費日廣，而軍儲至不給，武臣議請裁革，衆大譟，刑白馬爲誓，以仇主者。公聞變，亟出慰諭，仍言於院使，俾復其舊，衆始感悦。又有楊指揮者，與三學生徒詬競，其僚屬從使之歃血教場，欲殲諸生。公言於鎮守，平之，城中始安。安南莫登庸通使請封，詔大臣處分，有力言可取以覬進者，公示以永樂征交事迹，且言當從其請，以羈縻之。後登庸效順，兵費不損，公之力也。

紀論

范鄗鼎曰：博而後約，千古之學程在焉。薛、胡如是，程、朱如是，等而上之，孔、孟無不如是。自心學日熾，而此學程弃如土矣。先生之學，雖由博入，然非有以見理氣之一、性善之原，即一目十行，旬日三史，愚亦謂之玩物喪志。

卷十六

方重傑

方重傑，字思興，南海人。尚書簡肅公之冢子。幼著孝行，母病籲天，割肱和粥以進，母啖之，尋愈。父没，廬於墓側，有朱蛇盤旋廬舍中，弗去者旬日。臺司行檄獎扁其門。受業於東所張子，摻養漸充。

正德己卯，舉於鄉，再上春官，不第，遂脱迹名場，潛心道奥。甘澹泊，絶嗜好，以顔子淵、程伯淳爲榘矱，妙契疾書，根極要領，著《希明録》以見志。後病嘔血，卒。屬纊之日，令其子講『疏食飲水』章，歌《歸去來辭》，自作挽詞，至死不亂。大理卿黄鞏贊曰：『簡肅之有思興，猶張忠獻之有南軒也。』

（《洛閩源流録》）

陳激衷

陳激衷，字元誠，號堯山，南海人。行不疾趨，容無遽色。少爲郡庠生，釋奠掌佾，遂善歌《鹿鳴》諸詩，聲出金石，聞者樂之。中嘉靖壬午鄉試，教諭邵武之建寧，與諸生朔、望習禮，束脩饋遺，皆不受。晉國子助教，弃官歸。

初，何時矩師事白沙，晚謂其學虚無，因諭王道要在農桑，不徒虚言，雷州多荒田可墾，宜往開耕，以爲民先。著《存羊録》。由是激衷多借債，往雷州開荒。及至耕熟，爲雷民所認，將訟，激衷弃還不校也。益困貧。獻夫時延之談論。及卒，祀於鄉賢祠。

（郭棐《通志》，參《福建通志》）

楊仕鳴

楊仕鳴，潮州人，與兄仕德同游於陽明之門。初，録所聞，備載陽明之語，陽明以爲不得其意。其後，直書己意，所得反印可之。仕鳴言：『日用講求功夫，祇是各依自家良知所及，自去其障，擴充以盡其本體，不可遷就氣習，以趨時好。』又謂東廓曰：『公往治舉子業，竭其才否？』東廓曰：『然。』『今致良知，亦竭其才否？』東廓曰：『未能也。』曰：『微竭才，曷由見卓爾？「竭才」二字，希顔之的也。』東廓每舉斯語以告

學者，亦未幾卒。（《明儒學案》）

陳其具

陳其具，字才甫，别號唐山，番禺人。父昊賢，字乾及，弘治二年己酉舉於鄉，官臨江判，擢漳州同知，攝郡事。開元寺僧私置腴田，既卒，而徒訟而争之，則設而歸朱文公祠祀，并贍諸生之貧者。歷官朝列大夫。著有《在臨》《在漳》稿。

冢子，即其具也，弱冠，以儒士領嘉靖乙酉鄉試。壬辰，以乙榜授武寧教諭，刻《文公家禮》以正民俗，驅奸僧以息异端。累薦陞浙江昌化縣，丁父憂，未任。服闋，補湖南鍾祥。丁母憂，起，補閩之運城。酌田糧，均徭役，雪盜牛圖賴之冤，化兄弟互争之訟，與諸生徒講明正學，士民翕然信之。歲餘，力乞休歸，年方五十有一。家居，與里人劉模、岑萬、龐嵩、何維柏諸公，四仲月爲天關大會，發明聖賢心性之旨。又爲粤山詩社，咏性情。生平教孝友，尤嚴義利之辨。所著《思誠日録》《讀易疑義》及文集十卷。時稱爲有道古儒。（郭棐《通志》，參《粤大記》）

陳　建

陳建，字廷肇，號清瀾，東莞人。恩子，越、超、赴之弟也。嘉靖戊子領鄉薦。究心國家因革治亂之迹，及道術邪正之分。兩上春官，皆乙榜，以母老選授侯官教諭，日勤陶鑄。建博聞强記，諳於典故論文，謂文有九善九弊，因作《濫竽録》以爲式。與巡撫潼川白公賁論李西涯樂府，因著《擬古樂府通考》；與督學潘公潢論朱、陸同异，作《朱陸編年考》。督學江公以達命校《十三經注疏》，成，代作《十三經注疏奏稿》。又代海道汪公作《海防長策奏疏》。七載，遷臨江府學教授，編《周子全書》《程子遺書》，大有造於來學。聘典試，凡四，江右、廣右、雲南、湖廣。所得多名士。尋陞山東陽信令，注《小學古訓》。未幾，以母老力告歸養，時年方四十八歲。益鋭志於著述，乃裒輯洪武以來，迄於正德，爲《皇明通紀》三十四卷。又著《治安要議》六卷。其言切於變通救弊。時朝議進宋儒陸九淵於孔廟，憂學脉日紊，乃發憤著《學蔀通辨》，以破王氏所編《朱子晚年定論》，其書批禍根於横浦，證變脉於江門，而中間則詳著朱、陸始終不同之迹。閱七年，書成。復著《古今至鑒》六卷以嚴勸戒，刻《陳氏文獻録》以示子侄。莆田林潤爲都御史，修葺《宗藩條例》，内翰李廷機編《百子粹言》，多采建之説也。

建學識温醇，論議純正，至於崇正黜邪，則毅然賁育莫奪。年七十有一卒。又有《經世宏詞》《明朝捷録》諸書，前後當道名公，咸采其策而收其用。巡撫陳聯芳、侍郎萬士和、恭順侯吴繼爵、都御史李義壯，均稱學問博洽，明體達用，如司馬子長，則稱凌雲之才、如椽之筆，著述可以立百王不易之法，可以開古今未决之疑。績洛稱《通紀》《要議》言經綸事業，《通辨》言學術是非，皆如布帛菽粟，民生日用之不可缺也。湖南内翰瞿九思不遠數千里造廬拜墓，有謁墓詩文，稱建著述多君國大訏謨，趨向端，取捨正，可以直號名筆矣。萬曆丁巳，督學楊巏崍、徐如珂采輿論舉，祀鄉賢。（《粤大記》，參《福建通志》《洛閩源流録》）

紀言

朱子未出以前，天下學者有儒佛异同之辨。朱子既没之後，又轉爲朱陸异同之辨。此聖學顯晦所由繫，世道升降之大幾也。

朱子有朱子之定論，象山有象山之定論，不可强同。專務虚静，完養精神，此象山之定論也。主敬涵養以立其本，讀書窮理以致其知，身體力行以踐其實，三者交修并盡，此朱子之定論也。若或專言涵養，或專言窮理，或止力行，則朱子因人之教，因病之藥也。或者乃單指專言涵養爲定，以附合於象山，其誣朱子甚矣。

象山志趣，專尚曾點。凡胸襟高灑，不拘小節，類於曾點者，即以爲疏通而取之。至文理密察，矜於細行，與點不類者，即以爲蔽錮而不取。故深詆伊川，而推譽淵明、李白輩。

象山詆伊川，猶陽明詆朱子，大率儒禪不相合也。

象山謂：『目能視，耳能聽，鼻能知香臭，口能知味，心能思，手足能運動，更要甚存誠持敬？』又謂：『持敬字乃後來杜撰。』陽明亦譏朱子主敬爲綴，爲畫蛇添足，而謂『點也雖狂得我情』，譏持敬而尚點狂。陸學見趣，自是一種。

漢儒以來，皆以大中訓皇極。象山講義，承訛踵謬，至朱子始以一正之。言君以一身立至極之標準於天下，發明精切，有功前聖。

朱子一生，惓惓以訂釋經書，辨明雜學爲己任。此二者，正其上承孔孟，下闢來學，有大功於世者也。自程篁墩造爲朱陸早异晚同之説，而視朱子平日所以辨排雜學者，皆爲覆瓿；自王陽明有朱子定論之作，而視朱子平日所釋經傳，皆爲蕪言。嗚呼！二氏何苦好誣朱子耶？此天所以使余正二氏之誣，昭朱子之實，破禪陸之惑也。

精神即心也。心者，精神之舍，而虛靈知覺、作用運動，則皆精神之發也。故禪學絶利欲，遺物事，屏思慮，專虛静，無非爲修煉精神計。及其積久，精神凝聚澄瑩，豁然頓悟，則自以爲明心見性，光明寂照，神通妙用，廣大無邊，一皆精神之爲也。象山之學，實原於此。故其講學，專管歸完養精神一路。

《孔叢子》有云：『心之精神，是謂聖。』陸學宗祖，全在此一語。朱子嘗謂《孔叢子》是後人僞作，理既無足取，詞亦不足觀。陸學一派，以其與禪見偶合，遂尊信而專主之。按，《莊子》曰：『神全者，聖人之道。』又曰：『精神，聖人之心。』觀此，則作《孔叢子》當是莊、列者流。

『萬物皆備』之語，孟子以萬物之理言，陸氏以萬物之影象言，儒釋不同，肯綮祇此。朱子嘗云：『聖人本意，欲人戒慎恐懼，以存天理之實，非是教人揣摩想象，以求見此理之影也。』正明兹意。

朱子云：『道祇是君臣父子日用當行之理，非有玄妙奇特，不可測知，如釋氏所云豁然大悟，通身汗出之説也。』觀此，儒佛明矣。

薛文清曰：『老、莊雖翻謄道理，愚弄一世，奇詭萬變，不可摹擬，卒歸於自私，與釋氏同愚。』按，象山、陽明，正是翻謄愚弄，卒歸自私，與釋老同也。

胡敬齋曰：『儒者養得一個道理，釋老只養得一個精神。儒者養得一身之正氣，釋道養得一身之私氣。』按，此言見得極分明，近世學術，真似、是非、同异之辨决如此。

近世宗尚陸學者，皆自幼從朱子之教，讀聖賢之書，理頗明矣。然後厭淺近而好高奇，厭繁難而趨簡徑。其議道術，言高談闊論，雖曰宗陸，而實朱子之教先有以啓佑培植之也。使其自幼即從象山之教，捐書絶學，遺物弃事，屏思黜慮，閉眉合眼，專一澄心，不以言語文字爲意，不恤視聽言動，非禮不知，成甚麽人？君子試於此思之，則陸學之是非不難見矣。

釋氏不分是非善惡，皆欲掃盡，一歸空寂，所以害道。

程子謂：『聖人本天，釋氏本心。』天即理也，心即精神知覺也。儒釋之辨，非程、朱大儒，安能剖判明白如此？

張子謂：『合性與知覺，有心之名。』性即道心也，知覺即人心也。此論心之的也。儒以義理爲主，佛以知覺爲主，學術真似同异、是非邪正，皆判於此。義理，於人所繫甚重，全則爲聖爲賢，失則爲愚爲不肖。知覺，則夫人有之，雖桀紂盗跖亦有，豈可謂視聽言動底便是天理，無非大道之用耶？

仁義禮智，理之精也，所以主正乎知覺，而使人不差者也。虚靈知覺，氣之妙也，所以引翼乎仁義，而爲之運用者也。二者相爲用也。

周子《太極圖説》謂：『人得其秀而最靈，形既生矣，神發智矣。』正是指虚靈知覺而言。至聖人定之以中正仁義，便是義理爲知覺之主。

道心爲人心之主。從古聖賢垂訓皆不外此意，但不曾有如此明言。至朱子序《中庸》，始申虞廷之訓，明言直指以示人，一言而盡入德之要，大有功於學者。後學所當拳拳服膺，尚何得暴弃妄議耶？

析而言之，則仁義禮知爲性，虚靈知覺爲心。統而言之，則二者皆心也，亦皆性也。然雖皆心，而有道心、人心之别；雖皆性，而有義理之性、氣質之性之殊。君子以統同辨异，須析之極其精而不亂。

平時已致窮理之功，臨事又加審慎而後發，此是吾儒之道。若禪學，則衹完養一個精神知覺便了，任佢自流出去，以爲無不是道。

人與天不同。論天地之化，氣爲主，而理在其中。論聖賢之學，理爲主，而氣聽其命。盈天地間，皆一元之氣，未聞氣之外别有所謂『元亨利貞』。蓋天地理、氣不相離，二之則不是在人。精神作用，皆氣也，所以主宰其間，而使之不差者，理也。是理、氣在人，不能無二，欲混之有不可，何也？蓋天地無心，而人有欲故也。

存心致知，相須互發，正入道之要。

朱子謂：『論先後，知爲先；論輕重，行爲重。』誠確論也。

吾學所説『静』字，與禪學説静辭同意异。吾儒主於無欲而静。禪家主於無事而静，心不可泊一事，此禪學之静也。一者，無欲也。無欲，則静虚動直，此聖賢之静也。無欲而静，即爲敬爲誠。無事而静，則入於空虚寂滅。此正毫釐千里之差，所謂『句句同，事事合』，然而不同者也。

子思作《中庸》，發明中和之旨，内外兼該，動静畢舉，未嘗有所輕重。朱子釋之，亦以涵養省察交致，并言工夫不容少缺。此聖賢萬世無弊之道也。近世陸學一派，惑於佛氏本來面目之説，謂合於《中庸》『未發之中』，於是衹説未發，不説已發，衹説涵養，不説省察，陷於一偏，流於空寂，全非聖賢之旨。

孔子教人，未嘗言及未發，衹説非禮勿視、聽、言、動，及居處恭等，皆是就已發言之。孔子豈不知未發之旨哉？誠以未發工夫微妙，無形易差，已發工夫則明顯有迹而易力。至子思『喫緊爲人』中和之論，兼該并舉，心學之秘發洩盡矣。豈可復重彼輕此，捨孔門中正平實之道，而徇禪宗偏敝浮虚之説，亂道而誤人哉！

紀事

太孺人年老，三詳力請終養而歸。第三次詳文云：『看得通縣里民留職之情固切，而卑職歸養之念更殷。懷邑先年罹亂，卑職奉令提兵，躬環甲胄，涉水登山，或撫或擒。今緑林寂無嘯聚矣，各峒瑶蠻不復反矣，亂既平矣，嗷嗷之哀鴻雖百堵未完，然安宅有期矣，四民漸皆復業，即殘野荒郊，職亦多方勸諭，源源開闢矣。後來任斯土者，自有良牧。卑職魯鈍迂儒，教養乏術，奚當衆民攀留久任？况職哀求終養，實爲老母年逼桑榆，倚閭西望，度日如年，非圖後日補用。乞亟據題早歸一日，永戴二天。』詳文出日，即繳印弃官歸，賦詩云：『輕舟一葉賦歸來，盛世非因弃不才。在昔宦途多蹐跼，於今膝下樂徘徊。何當潦草酬書債，豈爲疏狂嗜菊杯。三徑未荒松未老，班衣常倩笑顔開。』

紀論

尹逸史氏曰：先生，理學大儒也。而知先生者，衹目爲良史，亦末之乎窺先生哉！夫當陽明講學盛時，舉世之士皆如狂瞽，苟取道於一夫，則相與拍肩隨之耳，誰敢更執考亭之説，以實辨其是非乎？而先生獨斤斤不少置，使非卓有所見，確有所持，亦烏能以自立也？今陽明之學漸次解駁，而《學蔀通辨》猶未得如《通紀》之廣其傳，則人之欲測其涯涘以爲言，胡得焉！

《日知録》曰：《學蔀通辨》，固今日中流砥柱也。

《三魚堂文集》曰：《學蔀通辨》一書，辨析最精。

《藍鹿洲集》曰：象山假孟子以欺人，未有能破其説者。陳清瀾《學蔀通辨》所論，深切著明，可謂抉陸學之隱，如陸子所云『直截雕出心肝』也。

劉模

劉模，字叔憲，號素予，南海人。中嘉靖十年辛卯鄉試。十四年乙未，以乙榜授浙江蘭溪教諭，大學士瀔陽趙氏，其受業門生也。典文陝西，得解元馬自强，後致位尚書。時稱其藻鑒。擢知貴縣。辭牛税，絶火耗，清刷擄之弊，弭五山之盗，頌聲大作。丁母憂，起，補四川梓潼，革繁費以蘇里甲，製灌車以興民利，察何家殺婦之寃，創何石亭忠節之祠，吏畏而民懷焉。後致政歸，父老攀留不得，則肖像立祠於學宫之右，復祀於名宦祠。

既歸家居，甘貧茹淡，而厚宗族，和鄉里，惓惓篤至。與龐弼唐嵩、何古林維柏諸公爲詩易會，『春王正月』有辯，『格致』有説，《學》《庸》有疑，『天德』『太極』有解，多獨得之見。其《春王正月辯》謂陽明言孔子作《春秋》以誅僭亂，乃首改周之正朔，何以服亂賊之心，而杜魯宣、鄭莊之口？不知曰『敬授』，曰『巡狩』，皆用夏時，則《魯史》所書，固夏時耳，何憂於宣、莊？《小雅》、六官，周公作也，可嫌於改正朔耶？其『格致』之説，祖述程朱，謂不學古而有博文一段工夫，則夫子亦不必删之述之矣，□□□也。

（《西樵游覽記》，參《粵大記》）

卷十七

何維柏

何維柏，字喬仲，號古林，南海人。閉户讀書，取周、程諸子玩繹之，得其大旨。嘗見同舍生臨祭而譃，輒引避以爲辱，已，衆皆愧服。由是嚴憚之。嘗慕西樵泉石之勝，負笈讀書其中。時湛文簡、霍文敏、方文襄亦山栖，與語，多默契。

嘉靖十年辛卯，舉於鄉。下第歸，復入西樵古梅洞，澄心静坐，日讀《白沙集》，思見端倪。嘉靖十四年乙未進士，選庶吉士，授御史。雷震謹身殿，維柏言：『四海困竭，所在流移，而所司議加賦，民不爲盜不止。請罷沙河行宮、金山功德寺工作，及安南問罪之師。』帝頗嘉納。尋引疾歸。後入西樵，與劉模、王漸逵、陳激衷爲莫逆交，門人從遠方來者屨常滿。久之，起巡按福建。值歲大祲，福與漳、泉爲甚，條救荒十餘策，發倉廩餘羡，親率郡邑長吏分行之，民賴全活者數十萬。

二十四年乙巳五月，疏劾大學士嚴嵩奸貪罪，比之李林甫、盧杞，且言嵩進顧可學、盛端明修合方藥，邪媚要寵。帝震怒，遣官逮治。士民遮道號哭，維柏意氣自如，賦『孤臣尚有生還日，帝德真同宇宙寬』之句。民間矢爲歌謡數十百章，有《誠徵録》以傳。下詔獄，廷杖，僅存餘息。備極拷掠，語不變。下獄，與楊斛山、周納溪、劉晴川三人聚首，甚愜。上一日於宫中扶鸞問，曰：『養身莫要於寡欲，治國莫先於惜才。』上默悟。維柏乃削籍。

家居二十餘年。教其弟維椅，舉隆慶戊辰進士，讀中秘書。四方從游者衆，大會於廣孝寺，發明白沙宗旨，名其居爲天山草堂。又闢河南勝地，爲天山書院，以處從游之士。

隆慶改元，召復官，擢大理少卿，遷左僉都御史。疏請：『日御便殿，召執政大臣謀政事，并擇大臣有才德者與講讀儒臣更番入直。宫中燕居，慎選謹厚内侍調護聖躬，俾游處有常，幸御有節。非隆冬盛寒，毋輟朝講。』報聞。進左副都御史。母憂歸，廬墓側。萬曆初還朝，歷吏部左侍郎。極論鬻官之害，上《修聖德》《勤聖學》《飭群工》諸疏，多讜語，忤江陵意。

御史劉臺劾大學士張居正，居正乞罷，維柏倡九卿留之。及居正遭父喪，詔吏部諭留。尚書張瀚叩維柏，柏曰：『天經地義，何可廢也？』瀚從之而止。居正怒，取旨罷瀚，停維柏俸三月。旋出爲南京禮部尚書。考察自陳，居正從中罷之。年七十七卒。訃聞，上惻然，命賜水衡錢以葬，謚端恪。

公學以無欲爲宗，而忠孝實行，出處大節，可爲世範。著有《易義禮經辨》《太極圖解》《天山草堂存稿》，及編《陳行録》傳於世。學者稱古林先生。子崇亨，以蔭歷南京都督府經歷。

（《明史》本傳，參《粤大記》《福建通志》《洛閩源流録》）

紀言

《易》曰：『幾者，動之微，吉之先見者也。』此『幾』字，有善而無惡。握此霸柄，終日乾乾，反復於道，察見天，則方可謂知幾，而修之吉也。不然，則辨之不早，至於屢失而屢復焉。難免於頻，復於厲也。始學，未信得及，須就敬上漸積久，當有得也。

予乙未歲釋褐在京師，與海内有志之士同會一友。問：『近日作何工夫？』或答云：『有工夫，便不是工夫。』予聽之甚駭愕。蓋以本體即工夫，工夫即本體也。此豈初學者一時能悟？看來衹是儱侗依傍光景，全非下學實落工夫。夫子教人謹言信行，直内方外，積漸深造，顔卓曾唯，豈易遽及？年來講學，忽略庸常，騖意高遠，每到作用，便即差錯，全不得力。

學貴反求諸己。自得於心，必於聖賢之言實見之力行乃可，不宜於訓釋字義上求之。

學者須是實用其力，而後能有疑，疑而後問，問而後覺。故白沙曰：『疑者，進道之萌芽也。』若平日無工夫，安能有疑？無疑，則所問非切問，何由信諸己？

學如不及，猶恐失之。古人譬之上灘船，一篙不可放下，甚爲親切。心與力，皆一時事，分而爲二不得。

孔子於大人則畏之，孟子則藐之。此聖賢氣象之别。學者須學孔子。

自古聖人德業，做出來自然大格局，與後人氣象不同。如伊尹五就湯，五就桀，直是以天下爲己任，後世豈能學得？嘗謂伊尹氣象，惟孟子似之，如孔子，則是聖之時。

陳堯山《夜坐》詩云：『松風不雜齋前樹，夜半焚香啓竹扉。水鳥一聲人獨坐，雪梅香冷月斜輝。』此堯山學有得處，清通潔静，於道殆有見也。

堯山少時作充實美文章，有云『自可欲以至於無欲，由有己而至於忘己』之句。魏莊渠讀之，聳然加敬。

先生一日問曰：『汝輩於仕路上淡否？』

憲文曰：『文平生於世態上頗能不介意。』

先生曰：『世有輕物肆志者，世故之所迫遫，意氣之所激昂，類能塵視軒冕，然不得謂之淡也。須知一日立乎其位，則一日業乎其官，而以徒穀素餐爲可耻，淡之之意即在其中。惟其有見於在我者之當盡，無見於在外者之可慕，故自能淡得。』

子入太廟，每事問注言，雖知亦問，謹之至也。看得聖人太高了，有所不知，何害爲聖人？惟其不知而必求知之，此所以爲聖人也。故曰：『知之爲知之，不知爲不知，是知也。』此理最可玩味。知與不知，而皆無自欺，心地何等光明，豈不是求知之道也？

憲文問先儒論理、氣有不離不雜之説。

先生曰：『理、氣不可分爲二。如手之持，足之行，氣也；手容恭，足容重，理也。恭、重之理，即在持、行之中，理、氣原分不得。』

問存省。

先生曰：『省察、存養，非截然二法也。陽明曰：「存養是無事時省察，省察是有事時存養。」學者最宜體認。』

問：『周子《太極圖》「無極之真，二五之精」兩句對言而曰「妙合而凝」，凡物必有兩而後可言合，莫是分理、氣爲二否？』

先生曰：『周子之言妙合，以二五之精言也，非以理對氣言也。二氣、五行，是太極分布。太極本無極，天下之動，貞夫一。生天生地，生人生物，皆是此一。所謂真精，皆一也。天地間一氣耳，動而爲陽，静而爲陰，一動一静，分陰分陽。自主宰而言，謂之一；自對待而言，謂之合。渾淪於太虚之中，凝聚於化育之始，人得之而爲人，物得之而爲物，皆所謂一也，非二也。故曰：「陰陽不測之謂神。」』

問：『「默而識之」章，或以爲默即不睹不聞，默識即戒慎乎其所不睹，恐懼乎其所不聞。「學而不厭」，學此者也；「誨人不倦」，誨此者也。此説若何？』

先生曰：『亦是。但默識是實體諸心，不是口耳之學，學與教，則所該者廣，自是三件事。《論語》書中聖人，因事立教，隨問而答，不可求之太深。後儒始説頭腦在，夫子發言，原無此意。學者須要識得。』

問：『日用酬酢，憲文亦知主敬之功，但萬感紛然而至，不知何以能使敬之周匝而無遺？』

先生曰：『能使敬周匝無遺，非大賢以上不能。敬者，警也。心常警畏，不拘平居，與人有事無事，皆不敢放逸，充積之久，則自然周匝無遺。此中工夫，人替不得。』

問：『夫子「三十而立」，「四十而不惑」，既卓然自立矣，宜於事物無所疑，何以必待四十而後能不惑？』

先生曰：『「立是立得定，動摇不得了，不惑是與之爲一，無復疑滯。蓋立之益定，而不疑其所行也。吾人看聖人地位不宜太高。孔子好古敏求，終夜以思，亦猶學者爾。但不厭不倦，不知老之將至，是以獨覺其進，非學者所能及爾。且道無終窮，學亦無止處，使夫子年若衛武九十、舜百有十歲，想獨覺其進猶不止此，但非後學所能測爾。』

問：『「操存捨亡，出入無時，莫知其鄉，惟心之謂與？」不知聖人之心，亦待於操之而後存否？「出入無時」，舊以「出爲亡，入爲存」，以言乎心之妙用，説得去否？』

先生曰：『孔子此言，是説人心本體妙用如此。孟子引之，欲人知所操存而善養之也。聖人之心，若不待操之而存，則緝熙敬止，終日乾乾，至夕惕若者，果爲何事？但聖人之工夫出於自然，不甚費力矣。夫造化之神易，無方無體，變動不居，周流六虚者也。人心妙用，良亦如之。放之而彌乎六合，斂之不盈一掬，至虛至明，常感常應，寂然不動，而有以通天下之故，何有止息？至無而至動，至近而至神，不睹不聞，何有方所？人心本體，原自如此。』

問：『「養氣之始，必由事皆合義，自反常直，是以無所愧怍，而此氣自然發生於中。」何如？』

先生曰：『「自反常直，無所愧怍，此氣自生。」所説良是。但要察識，義原在心，不在事上。告子以義爲外，祇緣認義爲在事爾。集義猶云緝熙，集義何以養氣？氣與義原離不得，配義與道，乃直養無害工夫。其爲氣也，配乎道義，所以浩然充塞。無是，餒也。無是，無此道義。餒是氣從而餒也，所謂「自反而不縮，雖褐寬博，吾不惴焉」也。若云既養成此氣，而後道義爲之助，則未配道義之先，此氣安在何處？天下豈有離乎道義，而可以語氣之充哉？又以無是爲無此氣，餒爲不能行夫道義，是倒做直養工夫矣。合乎道義則充，不合乎道義則餒，故須集義以生之。集義所生，是集於心而生於心也，非義襲而取之也。』

問：『朱子云：「但得心存即是敬，莫於存外更加功。」文嘗留心於此，必嘗加警惕，把捉得定，而後能常存不放，稍任其自然，即妄想忽然而起，强以制之，則未免有迫切之病。何以使此心常脱灑而不至於放失乎？』

先生曰：『此心常照，便自能不妄想，便是常存。《書》所謂「顧諟」，《詩》所謂「思無邪」，《禮》所謂「毋不敬」是也。「莫於存外更加功」，朱子此語極好。存即敬，存外無敬也。何等脱灑乎！若是把捉，則助長矣。』

問：『夫子「發憤忘食」，「樂以忘憂」，不知是一時事，抑二者迭爲先後？』

先生曰：『發憤忘食，樂以忘憂，分不得。已得未得，樂以忘憂，此『憂』字，世情之憂，與憂道之憂不同。樂爲吾心本體，學所以存吾心之樂也。人不知學，則常戚戚而多憂，惟好學而至於發憤忘食，則見大心泰。無入而不自得，何憂之有？愈發憤則愈精進，愈憂勤則愈快樂，終日乾乾，反復於道。蓋終其身而爲之不厭，故不知老之將至。此聖人至誠無息之功也。學者大宜發憤，以憂終身之憂。』

問：『「言忠信，行篤敬」，在未言行之前用功，則參前倚衡之謂也。此即静時工夫否？與「無意」「無必」之學何以并行不悖？』

先生曰：『《書》云「顧諟」，天之明命，所謂常目在之也。此理無時而不在，無時而可忽，故忠信篤敬，常若有見，即所謂主忠信也，安得爲「意必」？《禮》曰：執虛如執盈，入虛如有人。此理最可玩味。』

烈問：『亥子之幾，從前未經人道，發自邵子，而周子亦曰：「動而未形，有無之間者，幾也。」《易》曰：「知幾，其神乎？」而顔子有不善未嘗不知，知之未嘗復行，故贊之曰「其殆庶幾乎」。今欲學顔子之學，而握亥子之幾，其道何如？』

先生曰：『前輩以亥子中間言幾者，蓋以陰陽剥復之交指人心動静相乘之幾，至明切也。然剥復之交，一歲之候也；亥子之交，一日之候也。若吾心常感常應，常動常静，則時時刻刻無非亥子也。惟在默而識之，然必言亥而後子者，貞下起元。静者，動之幾也；潛者，昭之伏也。程子言：「不專一，不能直遂；不翕聚，不能發散。」白沙言：「藏而後發，明其幾矣；形而斯存，道在我矣。」二先生之言最可玩味。《易》曰：「幾者，動之微也，吉之先見者也。」是必有真功而後有真見，致虛以立本，閑邪以存誠，功在幾先，乃見天則，故曰：「知至至之，可與幾也。」昔者，顔子從事於克復博約之訓，慎審乎視聽言動之微，拳拳於擇善固執之守，終日不違，反復於道，是以有不善未嘗不知，知之未嘗復行，以祇於悔，故能不遷不貳，以協聖人之一，故曰：「不遠之復，以修身也。」又曰：「顔氏之子，其庶幾乎？」夫以顔子上智之資，得循循之教，既竭其才，而後可以與幾。故夫子獨稱其好學，閔、冉以下，未足以語。此則知幾之學，信有未易及者。後之學者，不加學問精擇之功，又歉允蹈積累之漸，徒剿説光景，而曰「悟而後修」者，無惑乎「對嗒説相輪」，其於道也遠矣。吾契答問已見，大意更在，默而識之，敬而守之，則可以學顔子之學。』

問：『初學須是習静，神氣始能收斂。此程子所以見人静坐，每有善學之歎。然動静時也，學貫動静而一之原，無時之可分也。所謂「動亦定，静亦定」。習静者，習此而已，不必别求静功以爲順應張本也。故即動即静，則動不妄；無動無静，則静不槁。何如？』

先生曰：『所問大段亦是。然動静之静，與主静之静，自是不同。動静時也，主静之静，原於一也。周子所謂學聖以「一爲要」，一者，何也？一者，無欲也。無欲，故静。故曰：「人生而静，天之性也。」定之以仁義中正，君子行此四德，天下之道備於此矣。主静以立極，聖人所由爲一理。天下之動，貞於此矣。一元之氣，混淪於太虚之中，統天資始，合同而化。所謂「《易》有太極」者也。太極動而爲陽，静而爲陰，分陰分陽，兩儀立焉。天高地下，萬天得之而爲天，地得之而爲地，人得之而爲人，上載於穆，萬象森羅，命之流行而不已者也，物散殊，誠通誠復，旋相終始，一闔一闢，往來不窮，理之一定而不可易也。是故春夏秋冬各一其時，五行之生各一其性。陽生於子而極於巳，則爲直遂，爲發散；陰生於午而極於亥，則爲專一，爲翕聚。日月寒暑，陰陽晝夜，天地時義，不可移易固如此。至語其直遂發散之時，而至虚至静之體未嘗不在；專一翕聚之時，而廣生大生之機未嘗有息。静而無静，動而無動，是之謂真動真静。是故觀理一分殊之妙，會真静真動之機，而天地萬物之情可見矣。學者戒慎乎其所不睹，恐懼乎其所不聞，致虚以立本，則至無而至動，至遠而至神。周子所謂「主静以立極」之旨，可以默識之矣。』

問：『「德之不修」章，解者謂「四者，日新之要」是矣。愚意善即義，義即德，不善即不義，不義即不德，不可分爲三事。蓋去乎彼爲改，入乎此爲徙，如擇鄰以遷居，必去不善以從善，則改、徙不可分爲二功也。故人之學，修德爲先，而修德之功正在徙義、改不善，而其德始成。至要其德之所由成，必須講學承於父兄，質於師友，式於古訓，擬議於心思，以啓其是非之良知。其何者爲義而徙之，何者爲不善而改之？此所以欲修德者必以講學爲要也。故夫子之言，似云德之不修，由於學之不講，惟其學之不講，安能徙義、改不善以修德乎？』

先生曰：『來問謂「德之不修，由於學之不講，惟其學之不講，安能徙義、改不善以修德」，歸重於學之不講，意甚切至。竊觀夫子原無歸重此句意，衹是四者平平説出去，而先之以修德者重自修也。講學，徙義，改過，皆修德事。蓋學者終日乾乾，以進德修業。德必修而後成，學必講而後明，善必徙而後及，過必改而後無。夫子終日以修德、講學、改過、遷善爲事，孜孜焉惟憂其修之未成，講之未明，義之未遷，過之未改，發憤忘食，樂以忘憂，不知老之將至者也。尹氏傳注亦已明白。若以講而後修，則夫未閲載籍之時，未對師友之先，此時工夫，豈無所事？夫子恒言：入孝出弟，謹言慎行，愛衆親仁，而行有餘力，則以學文；不求安飽，敏於事而慎於言，乃就有道而正焉。觀此，則學者修德工夫，擇善固執，慎思篤行，皆反求諸己，蓋有當仁不讓者矣。至於審問明辨，講習討論，以正所修之失得，則師友之功實不可少。然必有爲仁由己之志，而後可受以友輔仁之益。若不能着實爲己，惟藉於所講，則易聞易失，終非己物。夫子舉此四者，而先之修德，意有在矣。修德而即繼之講學者，蓋以世之學者有知所自修，乃不能式於古訓，正諸先覺，問之於師，辨之於友，自以爲是而居之不疑，日入於孤陋寡聞之地，而貿貿於遷善改過之圖，皆非所以語君子之道也。是故并舉而詳言之，所以教後學者至矣。』

招俊文問：『孟子論求放心爲學問之道，而以不知求爲可哀，蓋甚之之詞也。至程子亦云「心常要在腔子裏」。夫爲學之本於心固矣，不知何所求而得免於放，何所存而不至於可哀，何所養而得其常在腔子裏乎？』

先生曰：『君子之所以异於人者，以其心存也。存之則近於聖賢，失之則入於禽獸，甚可畏也。故學以存心爲貴，而存之之功，則在乎敬。君子敬以直内，則虚静無擾，天君泰然，常在腔子裏。敬者，心之所由存，君子之學所由成也。敬也者，儆也。心有所儆，則日乾夕惕而不敢放，終日親師取友，學以聚之，問以辨之，皆所以求此心而不使放焉者也。人心存，方做得人，若不知存而放之，是之謂失其本心，將無所不至矣。是故可哀也矣。』

問：『戰國之士匡章，通國皆稱不孝，而孟子與之游。陳仲子，人皆以爲廉，而孟子獨以小廉目之。夫匡章以不葬其母而冒不孝之名，陳仲子以辭相位而得廉士之名，孟子皆不隨俗好惡，或與之游，或小其廉，是必有真見者在也。然則欲從威王之命而更葬其母，則有傷死父之心；若曰父未有成命而不可更，則忍其母於馬棧之下！爲人子不幸而處此，將從君乎？抑守父命可乎？陳仲子辭相位不居，而爲人灌園，固不失爲自守之貞矣，而絶倫逃世，則未免有傷於激者。爲士而處此，則將以母兄爲重而喪其所守乎？抑爵禄不可辭而相位必可居乎？爲學之道，必先明於好惡之公，定其取捨之極，然後此心不爽，而從違不差。吾夫子蓋權之熟矣，願以二子之行斷之，以示後學。』

先生曰：『君子之好惡，非欲與人异也。君子以同而异，衆好必察，衆惡必察，此所謂「惟仁人爲能愛人，能惡人」，學者不可不察也。匡章不幸處人倫之變，其父戕其母而埋諸馬棧之下，可謂忍矣。匡章見父所爲而責之，爲父所逐，世人見其如此，而謂之不孝，然章之心大有不得已也。若其平日不能善則和親，以諭親於道，及有過，又不能幾諫，而直義以責善，不能如舜之烝烝自治以不格父母之奸，以是責之則宜也。然其終身出妻屏子，負慝引咎，以不得於親如不能終日，此其心則可取而情則可原也。威王命葬其母以爲先，臣未有成命，則不敢也。子思謂其子「不爲伋也妻」，則「不爲白也母」。古人之尊父命者類如此。匡章之不改葬其母，其或出於此乎？其不欲成父之惡也乎？抑尚別其有故乎？其中情事，必有大不得已者，千載之下，難以遥度懸斷。不然，以君之命而葬其母，亦不爲忍負其父而然，而不然者，其申生之恭也乎？然觀匡章之心，可謂不敢得罪於其父矣。顧衆以爲不孝，其亦未諒其心也乎？孟子原其心之大不得已，嘉其怨艾之不懈，故與之游，而禮貌之，蓋衆惡必察，非阿於所好也。陳仲子固守小廉，視世之貪饕不義而無饜者，何啻天壤？然避兄離母，處於於陵，無親戚、君臣、上下之倫，以其小者賊其大者，孟子以蚓比之而尚不能。如蚓，則亦何足取哉？蓋仲子矯情行怪，世人皆异視之，而以爲廉士。匡章亦心歆之矣。孟子開而喻之，若此明切，蓋衆好必察，無可疑者，天下之道中焉止矣。聖賢取人，要之天理之時中，以揆夫民彝物則之常，推見隱微以立取捨之極，以是進退古今人物，不爽毫髮。君子之好惡，豈世俗所能測識哉？』

李尚梅問：『朱子論克己復禮爲乾道，主敬行恕爲坤道，何如？』

先生曰：『乾元始物統天，高明上照，合同而化，流而不息，乾之所以乾也；坤元承天時行，博厚下凝，柔靜剛方，質具有秩，坤之所以爲坤也。是故健而無息之謂乾，乾知太始，聖人之學法之；順而有常之謂坤，坤作成物，賢人之學效之。顔子以上智穎悟之資，全體備具，終日乾乾，明炳幾先，躬「四勿」，以閑非禮，直以仁爲己任而弗辭，擇中庸而得一善，則拳拳服膺而弗失，故有不善未嘗不知，知之未嘗復行，此其心三月不違仁，而天下皆歸之，故夫子稱其好學而爲萬夫之望。仲弓以厚重簡默之質，莊莅寬居，而深造之以道，直内方外，惟積累而後成，居敬行簡，中有主而自治嚴，推己及物，事不煩而人不擾，故自反而常縮，德修而人信，而邦家之咸達，故夫子許其寬洪端重，足當南面之尊。是故顔子之學乾，以易知之學也，故謂之乾道；仲弓之學坤，以簡能之學也，故謂之坤道。二子非截然异也。分量有大小，學力有難易，夫子因其才而教之，俾各有所成。夫子可謂善教，二子可謂善學，孔門授受心法，萬世之下可以想見。惜乎吾黨生已後時，不得親炙面承，雍容揖遜於杏壇之上，以聆成德達材之教，徒誦遺編於千載之下。幸私淑之有聞，日當與二三子討論規勵，日乾夕惕，改過遷善，以求其所未至。蓋天下之動，貞夫一，聖人所由，惟一理。學者學無常師，主善爲師，善無常主，協於克一，各隨分量之大小，識見之高下，循序漸造，皆可以有成，惟在乎果而確焉爾。程子有言：「哲人知幾，誠之於思」，思無邪，則可以閑邪而存其誠；「志士勵行，守之於爲」，無爲其所不爲，而後可以有爲。二者，學之大端也。兹因所問，以大概如此，願與諸君其勉而求之。』

紀事

先生甫四歲，從群兒嬉。見尊貴者，兒多避匿，先生獨端拱爲禮。自爲諸生，閉户取周、程諸書樂玩之，言動間必曰：『得無與聖賢异乎？』

先生膺按閩之命，時嚴嵩專政，例當謁辭，嵩囑曰：『爲語方相國，旦夕召矣，宜先治行。』先生對曰：『大臣起用，斷自宸衷，豈臣子所得私！』嵩色沮。

疏劾嚴嵩，遣官逮繫。所過緹騎持之益急，諸生大哭送，先生謝曰：『此予慮定而後發，人臣之義當如是，何哭爲？』

廷杖削籍歸，二親在堂，無頃刻違膝下。講學於光孝寺，發明白沙宗旨。從游者日衆，尚書葉夢熊、僉憲陳吾德輩皆出其門。嘗筮得遁卦，遂以『天山』名其草堂。後擇河南勝地，闢天山書院以處來學之士，至今人猶稱爲古林先生。

翟宗魯

翟宗魯，字一東，博羅人。少補縣博士弟子，砥礪節行，學師聖賢，居處必敬，動遵古禮。嘗設科以誘進多士，故一時學者遵教惟謹。時延慶招提峙泮宫東，宗魯上書督學使者魏校，曰：『泮宫厭於招提據高臨下，雨集以學爲壑，非所以息邪反經，崇儒貞教也。徙招提登高鎮，以其地廣學宫便。』校從之。僧赴闕訟，使者雜問，卒直宗魯。當是時，校講學嶺南，檄下邑弟子良者受業，宗魯從校，居之省心亭。一日，過問省心之義，對曰：『聞省身矣，不聞省心。心，一也。省心，無乃二乎？』校默然。其定力卓識皆此類也。後歐陽鐸來督學，檄諸博士行僞，而堅言僞而辯者悉以名聞。博士徐甲憚宗魯嚴，則以應條，宗魯於是上書請削籍去。鐸疑之，廉得其情，强起試，遂中式。時嘉靖辛卯年也。

甲辰，署宣平學諭，本其教於鄉者行之，文士彬彬向風。嘗著學規上督學孔天允，報曰：『不帥教者，先斥後聞。』其重如此。丙午，聘典蜀試。故事有幣，直指袁公大重宗魯，有加賄，皆辭不獲。買田闢地，鑿池築臺，皆以『文明』命之，田書負版，亦稱『翟文明』云。

己酉，遷融縣令，緩徵輸，節財用，廣學宫，復廢學地租，每日焫蕭告天而後聽訟，片言立剖。胥吏受成而已。久旱露禱，雨乃大澍。十二峒瑶來寇，宗魯率師禦諸郊。賊以牛前行，忽震死，懼而退，宗魯遂釋兵詣壘，諭以禍福，頓首請爲編民。其後，兩院以轉饟非宗魯不可。中道賊百艘遮迎，諜知融縣，亦頓首投戈而退。於是宗魯擇諸瑶子弟稍慧者，被之青衿，鉦鼓導歸，諸瑶以爲寵，剽掠用稀。二府歎曰：『得一賢令，勝百萬師，信哉。』宗魯一介不取與，事上盡禮，至争當否，則諤諤不撓。上官求珉，對曰：『非融産也，憾之然。』卒未有中也。藩司以獻程不及，逮簿往。宗魯謝簿無罪，罪乃在令，然則未誅，致剋民田，捐國賦，亦典兵罪耳。藩司默然良久，曰：『君且休矣。』而御史朱有孚則齮齕之也。有孚行部，宗魯不候門，大怒，遂文致其罪。明年大計，群吏諸司皆署上考，其毁不行。既覲，遂乞骸骨歸。宗魯夙興，夫婦登堂相揖，諸妾供櫝。退而治事，三尺童子不入中門，内外肅然。卒，年七十有四。宣平、融縣皆祀名宦。

（郭棐《通志》，參《粤大記》《琭玉齋稿》）

紀事

先生居鄉塾，教人必由禮入，步趨有法。堂下爲三位，學者始進，使立收、放心位，觀而不語。浹旬，驗其志氣凝定，令進升堂。違教者令退立西下有過位，俟其省悟，移立東下改過位。既改進，復升堂。故弟子畏而敬之父兄，慕而愛學。徒日衆，墻舍不能容。

館後有澄心亭，揭一聯云：『身教本於心，心一自然身一；聖功起於獨，獨修便是聖修。』嘗進諸生於亭，斂襟静坐，存心體察，以求自得。

初試春官，時翟内閣以同姓延見，不往。郭武定侯賫百金延爲館賓，亦不應。

妾有過，閉之一室，令思其過，能改乃出。小僕亦然。客至，進茶畢，則斂手足旁立，非有命，寸步不離。

家素貧，致仕歸，先業不加於舊，租入不足歲給，則煨芋煮粥繼之。賓至乏酒，以粥款待，悠然自得也。

葉春及嘗訪，先生歸自田中，華冠縱履，指露踵决。室衡一杼，不能布席，肅入精舍得誠意堂坐定，瓦淅淅下〔一〕，相對飯枯魚而别。再至，藿一盂，甘於九鼎。

【注】

〔一〕權根按：文淵閣《四庫全書》本明葉春及《石洞集》卷十六《涵江翟先生傳》中有一段，除了一字有异於此文，餘同，當爲此條所本。『瓦淅淅下』，《石洞集》同，然意不通，疑『瓦』爲

『雨』之誤。

配楊孺人，比德萊婦。先生當仕，將市帛爲婦人襦裳，辭曰：『答布侈矣，向爲諸生婦，不苴麻耶？』乃止。先生固賢，室無交謫，亦内德茂也。

紀論

葉春及曰：嘗聞尚書郎琯其舅臨河欲渡，朐矣，適一生來請負長者。既渡，問爲誰，拱手曰：『翟宗魯。』久之乃知爲翟先生。翟先生自諸生慕古人多奇節，別傳淵明，執事附會，不免水流濕，火就燥，居上流，天下之善皆歸，曷足怪哉？以余所見，翟先生義至高，其貧逾甚，即淵明何以加焉？牽繫於文，摭其大者爲傳，將別傳之，然淵明本老、莊，不恥乞食，江州使龐通之賫酒於栗里，至則欣然共酌，其達如此。先生步趨孔、孟，惟誠敬爲兢兢，嚴於一食一飲，故人以爲苦。太上甘節，其次苦節，其下喪節，苦之不敢猥藉口於甘。夫然，故多饕餮之徒矣。

羅一中

羅一中，字致吾，高明籍，高要人。從湛文簡游。嘉靖間，督學魏校檄諸生有文行者講學五羊書院，先生與焉。辛卯鄉薦第二人，知江西樂安、湖廣石門二縣。居官以慈惠爲本，凡讞訟，必焚香告天，有罹重辟者，輒求其生。至不得已抵法，情甚惻然。嘗居家會客，有小婢負一兒趨過，即肅然起立。詢之，乃其叔也。所餘清俸，悉均分族黨。或勸爲子孫計，曰：『吾書史滿架，即所以長子孫，何必阿堵物。』嘗築一軒，與子侄生徒聚講性學，以終天年。卒，年七十四。以子欽顔贈儒林郎、光禄寺署正。著有《躬行日省録》及《元山集》五十卷。

（《端溪書院志》）

卷十八

龐嵩

龐嵩，字振卿，南海人。居弼唐鄉，學者稱弼唐先生。五歲喪母，痛籲哀毀。弱冠，充郡庠生。嘉靖十三年甲午舉於鄉。講業羅浮山，從游者雲集。二十三年甲辰，歷應天通判，進治中，先後凡八年。府缺尹，屢攝其事。始至，值歲饑，上官命督賑。公粟竭，貸之巨室富家，全活者六萬餘人。乃蠲積逋，緩徵徭，勤勞徠，復業者又十萬餘人。留都民苦役重，力爲調劑，凡優免户及寄居客户、詭稱官户、寄莊户、女户、神帛堂匠户，俾悉出以供役，民大蘇。江寧縣葛仙、永豐二鄉，頻遭水患，居民止存七户。嵩爲治堤築防，得田三千六百畝，立惠民莊四，召貧民佃之，流移盡復。屢剖冤獄。有張元二者，以追逃婦不及，躬至婦所，見室畔懸崖矗立，林木颯然，心動，行數十武而前，佯執村老，呵問之，對曰：『我但見屍。』遂得元二殺人狀。又，高淳傭人亡其妻，妻家以为死，執之，嵩偵知鄰有畫工，以其妻歸日遁也，計致畫工，奪還之，聞者以爲神。戚畹王湧、舉人趙君寵占良人妻，殺人，置之法。嵩饒吏干，百廢具舉。尤加意造士，暇則進諸生課之，自捐俸以資賞給，歷寒暑無倦。早游王守仁門，淹通五經。集諸生新泉書院，相與講習，發疑抉异，無不虚往實歸者。歲時單騎行縣，以壺漿自隨，所至肅然。一蔬片楮，不以煩民，人目爲『龐青天』。京府佐貳，鮮有舉其職者，至嵩以善政特聞。府官在六年京察例，而復與外察。嵩謂非體，疏請止之，遂爲永制。遷南京刑部員外郎，進郎中。撰《原刑》《司刑》《祥刑》《明刑》四篇，曰《刑曹志》，時議稱之。遷雲南曲靖知府，刻《同文編》以通三種夷字，行鄉約保甲以變夷俗。嘗董濬盤龍江，及勘夷情，自會省至車里、交阯之界。轍迹所遍歷，不憚險遠。居二載，爲忌者所擠。值大察，中察典，以老罷，而年僅五十。既歸，茹淡服勤，建祠祀先，聯族以恩，處鄉以睦。復從湛若水游，聞『隨處體認』之説，歎曰：『幾虚此生！』後湛文簡没，塲居三年，力恤其喪。晚築室西樵大科峰下，優游自適，久之卒，年七十七。所著有《太極解》《圖書解》《弼唐遺言》，皆爲學者傳誦。應天、曲靖皆祠之名宦，葛仙鄉專祠祀之。子一夔、一德，皆中鄉科。

（《明史》本傳，參《京學志》《獻徵録》《江寧志》《粤大記》）

紀言

天地之本，誠而已矣；聖人之本，亦誠而已矣；學者之學，誠之而已矣。誠者，天之道也；誠之者，人之道也。誠之之至，則人亦天也。工有生熟，理無淺深。故於穆變化，在天之忠恕也；淵泉時出，聖人之忠恕也；盡己推己，學者之忠恕也。求至一貫之妙，當於思誠勉之；求致思誠之功，當於慎獨始之。否則，真純之體，欲得以間之。有間，則有二矣。有二，則非誠矣。善乎！周子之言曰：『一爲要。一者，無欲也。』

吾性渾然，天地萬物一體者也。無内外，無人己，無大小，惟心稍放而無以存之，即奪於物交之感，流於有我之私，便有形骸，便有爾汝，雖至親骨肉，不免乖忤，况他人，况天下乎？惟敬以修己，則心常惺。然天理常存，所存者，天地萬物一體之心；所施者，天地萬物一體之愛。視人之痛癢，即己之痛癢。凡物之不得其所，即爲之處寧。有一人、一國、天下之不遂，其生不若其性，的非曰尸坐之敬，面壁無爲。自足以及人也，亦非修己之外，别有一個法術，以求安人也。大率盡己之性，即能盡人物之性；能戒懼謹獨，即能致中和。以基位育，無待外求也。

昔者，曾點之樂，夫子與之。或者因有仿效，曾子羡慕其高，而謂即樂爲學者。夫曾點擺脱無累，因時描弄光景，胸次含闊，視三子窠臼，已自躍出，故夫子與之。若遽執此爲學，則見爲虚見，樂爲虚樂，非反身而誠之妙矣。其必獵較、曲肱、陋巷、商歌，皆不失浴沂風雩之趣，然後爲自得乎？

大率今時之弊，或因動而失静，或偏静而遺動，或不分動静，却籠統全無下手着落處。若識獨，即吾之良知真切，念念不敢轻忽，時時照管，事事照管，即此心常生常活，常虚常覺，更無别項打攪昏雜，雖謂主静可也，雖謂動静不分可也。故寂然不動，即感而遂通；物來順應，即擴然大公者而已。然汨没紛華，躁動中者，則静中養出端倪，尤其入門徑路也。

一陰一陽之謂道。自孔子發之，未嘗别理、氣爲兩事，故精粗顯微，天人上下，本自一貫。有陰陽，便有五行，便有百千萬化。尹自爲任，夷自爲清，惠自爲和，要之，心體粹然不雜，純乎自然，皆不失爲聖。而尹、夷、惠之得至乎此，未嘗不本學問之功也。今徒歸咎於氣質之偏，而不知所以學，或遽認氣質之偏，指此以爲學，不知有事何事，勿忘勿助何爲，故論説雖多，旨説雖玄，終非身心之益也。

自聖學不明，風俗頽敗，有志世道者，欲於學校培養加意。然爲師儒者，止以文章别低昂，標準不立，心行罔稽，如之何可挽而復也？《易》首乾坤，天地之道闢矣。即次之屯蒙，君道也，師道也，所以弘其政教，以扶植天地者也。然觀蒙之辭曰：『蒙亨，以亨行時中也。』

夫所謂蒙，非赤子純一之心乎？以可亨之道，發人之蒙，非即其良知良能者以導之乎？以人治人，使之自易其惡，自至其中焉止矣。首爻，乃施教之初，曰『利用刑人，用説桎梏』。刑者，型也，即模範之謂，與『刑於寡妻』之『刑』同，但以身教不必拘攣以束縛之，人將自得，欣欣然悦慕，不能已矣。二爻曰『包蒙，吉。納婦，吉。子克家。』則擴吾休休之量，視彼柔懦，欲進而不能，從容以汲引焉。如是，則其任稱矣。惟於三之見金，夫苟欲以忘其身者，則絶之上之，怙終爲寇，則擊之皆所以捍外誘而全純一之真也。夫是謂『養正聖功』『大人之學』，皆不外此。

心衹一個心，知衹一個知，自其天機自動，循理而發，不失其正，是謂良知。此知，稍涉計較，便是私意，而流於過，便不是良知。良者，善也。曾謂：『知不出於天理，而可謂良乎？』自其知之良者，意必俱無，形迹俱泯，是之謂微，是謂道心。自其知之不良者，私意競起，如滚湯，如奔馬，是之謂危，是謂人心。危、微二字點出道心、人心面目如此，因道心有人心之累，須用精一，以致反本復初之功。精字即兼知行，濯滌洗磨，私欲净盡，即天理渾全，所謂一者在是矣。若周子所謂『定之以中正仁義，而主静立極』，就義理言。至曰『剛柔善惡，中而已』，則欲變化氣質，以歸於中也。

自處卑污，則友莫與親；非志高明，則友不肯親。故世之求友者，須有脱凡近、求高明之志，須講脱凡近、極高明之學。吾心之體，本自高明，惟耻於惡衣惡食則卑污，溺於聲色貨利則卑污，馳於功名富貴則卑污，染於時情俗套則卑污。人惟絶去乎此，而後可以語高明。朋友之同志者，亦因遠方來矣。《詩》曰：『伐木丁丁，鳥鳴嚶嚶。出於幽谷，遷於喬木。』意蓋取此。

夫道，一而已。自其原於天命，則有性之名；自其率此性，則有道之名；自其修此道，則有教之名。命，即命脉之命，人得之以生者也；性，即所生之理，具於吾心者也。率則循天命之自然，順而不害，自有恰好至當處。是即聖賢之中路。修則去其習心之偏蔽，還天理之中正焉耳。

夫道，爲吾之性命，人得之則生，失之則死。罔之生也，則爲夷狄，爲禽獸矣。故曰：『道也者，不可須臾離也。』若其可離，則非吾之性命矣。道既與生俱生，則人之保是性命者，當如之何？亦惟戒慎不睹，恐懼不聞，以謹此獨而已。蓋在我之性，即天之命，於穆不已，無聲無臭者也，豈耳目所能見聞者乎？不睹不聞，若所謂隱也，微也。然一點靈明，生機不息，寂而能感，虚而能通，烔然明白，不可欺以毫髪，是最見最顯也。自知自覺，非他人之所能與，是則所謂獨也。戒慎恐懼，即所以慎此者也。如此，成性存存，真體呈露，情感之動，曾有不善者乎？故就喜怒哀樂，指其未發者，感應隨物而不着於物，則謂之中；即其發而中節，順物無情而各得其情，則謂之和。通寂感合，内外一，隱見微顯，而無間焉者也。是中也，冲漠無朕，萬象森然已具，非天下之大本乎？大本者，達道之根基也。是和也，施無不宜，行無不得，非天下之達道乎？達道者，大本之枝葉也。夫本，曰天下之大本；道，曰天下之達道。則非一家一人之私。含宏徧覆，包天地萬物，而無外位育之，具固在我者也。惟夫局之而未充，則所及者亦有限矣。誠能不息其功，不窒其用，始之一心，達之一身，推之一家一國，而極之天下，充塞貫徹，無遠不到，則範圍曲成，裁成輔相，自當有道，天地有不位，萬物有不育者乎？此由修道復性之功，而致盡性致命之極者也。舉其要，不外乎戒懼以慎獨得之。

人惟無志於爲人，是以自甘於爲禽獸而不覺。顔子衹是有志於爲人，故念念就情感應處，體認於視聽言動之間，反己内觀，恐或過差，有稍違乎天則，便擇乎中庸。及體念既久，契悟自深，會通夫所性之原，真見上帝降衷。衹有這些精微純粹中正，便是善。善衹是一個，更無别善，是謂一善。理與神會，的然在吾心目中，是謂得一善。以此存存，日乾夕惕。此理之在吾心常明常覺，達之視聽言動，瞬息不違，是謂『服膺勿失』。

客有問學者。曰：『從隱處做起，從偏處克去，用儉字得力，用强字結果。』未達，因係以詩云：

格天功業將相易，漏室明神對越難。舜跖雞鳴霄壤辨，直嚴衾影介毫間〔一〕。
因方用藥原無定，燥濕温涼各有宜。若識病根那處甚，便求真藥自家醫〔二〕。
紛華半點依常調，玉璞千鈞便染污。記得敝袍齏菜味，欲心平澹過來無〔三〕。
行行不盡天長路，暫暫全歸葉落時。一息有存如少懈，便擒中帥失群師〔四〕。

【注】

〔一〕原注：『從隱處做起。』
〔二〕原注：『從偏處克去。』
〔三〕原注：『用儉字得力。』
〔四〕原注：『用强字結果。』

紀事

先生任道之志，老而彌篤，隨處體認，隨處發明，鄉士大夫翕然和之，若何古林則講訶林，薛中離則金山，黃泰泉於白雲，鍾叔輝於實潭，王青蘿於粵秀，葉炯齋〔一〕於羅浮，而其在廣州者，遇朔、望，必偕至天關，就正於先生。

【注】

〔一〕權根按：『葉炯齋』當作『葉絅齋』。詳下『紀論』目『葉炯齋曰』條所考。

紀論

區大倫曰：先生於學，心悟之，於境驗之，口出之，於身體之。學是其政，政亦是其學。惟先生政、學之不二，故能會甘泉、陽明之旨而一之也，可謂踐履篤實之儒矣。

周謙齋曰：先生師事甘泉，遠溯江門之緒，淵源所漸舉，不詭於聖賢之道，不流於邪説之歸。早年挺出流俗，尚友古人，信道執禮，動遵矱度，孝友著於家庭，行義乎於族黨。領鄉薦後，携學子築室羅浮，分經授講，更幾寒暑，當時稱作人之功居多。中年筮仕留都，清修苦節，展采錯猷，以績最累遷至雲南曲靖太守。前後動庸，不可殫述。晚年主盟天關，倡同志以四仲之會。每會，赴者恒百十人。先生親爲講義，開示藴奥，多前人所未發。至於應酬答述，信手拈出，不落文人蹊徑，而會文切理，蔚爲有德之言。然則，先生謂之『三不朽』，非耶？

霍與瑕曰：先生晚立甘泉門墻，領袖多士，具體實踐，大勇莫前。其大勇也，讒訕不能爲之惑，勢利不能爲之摇，千人沮之不能爲之摧，衆論排之不能爲之變，荷大任重，屹然狂流之砥柱也。其實踐也，不以一長自滿，不以一善自矜，不以一偏自安，不以一息自懈。行無細而不謹，事無小而不親。同方合志，書無遠而不周；樵叟山翁，人無賤而不敬。《詩》曰：『温温恭人。』又曰：『夙興夜寐，無忝爾所生。』先生蓋有之矣。

葉炯齋〔一〕曰：先生不言而躬行，其質行，諸儒不能逮也。而教人則尤精微純粹，要而不煩。

【注】

〔一〕權根按：『不言而躬行，其質行，諸儒不能逮也』見葉春及《石洞集》（文淵閣《四庫全書》本）卷十二《弼唐龐先生七十壽序》，則『葉炯齋』即葉春及。然〔光緒〕《惠州府志》（光緒七年刻本）卷三十四《人物·儒林》葉春及傳載葉春及『號絅齋』，〔萬曆〕《廣東通志》（明萬曆三十年刻本）卷三十八《郡縣志》（二十五）《惠州府·人物·文藝》、〔道光〕《廣東通志》（《續修四庫全書》本）卷二百九十一《列傳》（二十四）葉春及傳不述春及之號，稱春及『著有《絅齋集》』，則葉春及號『絅齋』必無疑。又，本書卷十九葉春及傳曰：『葉春及，字化甫，號絅齋』。故此條作『葉炯齋』者，當爲『葉絅齋』之筆誤。

《粵大記》曰：弼唐既歸，茹淡服勤，建祠祀先，聯族以恩，處鄉以睦。晚從湛甘泉游，得其奧旨。甘泉没，居天關理厥家事。甘泉立有常餼以待四方學者，公代主之。每歲每月，率諸弟子爲會。當道諸公及里中縉紳群臣會講，公每出己見，發明宗旨。如曰：『獨者，性命潜伏之根。吾心發見，自然之本體。甘泉所謂天理，陽明所謂良知，皆是此理，顧人用力何如耳。』至論工夫，則曰：『從隱處做起，從偏處克去，用儉字得力，用强字結果。』生平刻意勵行，人所不能爲者，力任而不辭。世固以此多公，乃忌者則以爲矯，或以爲迂，而公用世之志不獲大行於世，然公求志明道之心無加損也。

《理學名臣録》曰：嵩歸，游於甘泉門，論日精純。甘泉謂『北有涇野，南有弼唐，江門之緒不墜矣。』即有疑王爲遺外，湛爲遺内者，嵩折衷之，曰：『知之良者，即天理也；隨處體認者，即致之云也。吾人有志從事致良知，驗之不學不意，即不背甘泉之旨；從事體認天理，承之勿助勿忘，亦不背陽明之旨。』其論學奥旨，多前人所未發云。

林　烈

林烈，字孔承，別號艾陵，東莞人。父椿，篤於行，有長者風。烈年方垂髫，即通《左》《漢》，登嘉靖十三年甲午鄉薦。嘗師事魏恭簡，潜心理學，四赴南宫，弗售，就署江陰學教諭。教人先孝弟崇德行，士知講明正學。二十八年己酉，同考北畿，解首出其門。尋陞大理司務。九載，遷員外郎中。皆以勤慎著聲。曰：『守官正所以守道也。』三十九年庚申，督賦江右，綜核惟嚴。辛酉，父卒。甲子，起補户部郎中。乙丑，同知福建鹽運司事。革常例，祛宿蠹，毁淫祠，立社學，闢射圃，與諸生講習其中。又廣養濟，恤孤貧，驅虎患，修火政，百廢具舉。未幾，夢歸章綬，適奉世宗遺詔，至病不起。百姓悲號，幾罷市，乃立祠水口，尸祝之。

烈性敦儉約，學本彜倫。初學於魏莊渠，崇尚實行。私淑於林緝熙，作聖學格物之訓，以聖人爲必可學，而至終日乾乾。養日深，氣日粹，蓋充然自得也。諸所交游，廬陵則鄒文莊、羅文恭，安陵則何亞卿，吾粤則鍾實潭、龐弼唐、何古林，皆以道鳴海内者。視其師友，而烈之學可知已。福建則祀名宦祠，廣東則祀鄉賢祠。著有《青山紀聞》一卷，《卧雲洞詩文》三卷。子六人，培、坦、城俱領鄉薦。

（《粤大記》，參《洛閩源流録》）

紀　言

程子教人以忠信爲先，由乎中而應乎外也。横渠教人以禮爲先，制於外以養其中也。己有善，不求人知；己有過，不怕人知。則自處厚而德日進矣。愚聞之師云。

《論語》頭一字便是『學』字，先儒解作『效』字，盡好。又或解作『覺』字，於義尤良。白沙先生云：『人争一覺，纔覺便我大而物小，物有盡而我無盡。』伊尹『天民先覺』，正此意。

問：『顔子克己復禮，樊遲居處恭，執事敬，與人忠，延平先生教人看喜怒哀樂未發前氣象，三者功夫同异何如？』

曰：『居處不恭，執事不敬，與人不忠，即己私也；能於居處、執事、與人，而恭、敬、忠焉，則自復於禮矣。顔子天資高，故但教之克己復禮，便知問目而豁然。樊遲不及顔子，故以居處恭、執事敬、與人忠告之，使其於居處、執事、與人上用力，乃有依據也。若看喜怒哀樂未發前氣象，能克己，當自明之，不用力於克己，而求氣象，亦妄想也。學者須先克己。』

問：『爲學，無耐雜念多，難下手做工夫。』

曰：『祇是志不立。若立志，爲聖爲賢，則念念皆做聖賢事，雜念烏得而多耶？初學未得力，且於朋友聚會之時，勿放無益之言。無益之言不發，則彼此漸歸於正，而道義相親之意藹然矣。』

今之講學者，就要修行。所謂修行者，不外人倫日用之間。行得漸好，便見意味真切。先正曰：『事不離道，道不離事。』此知行之所以合一，而言行之所以相顧也。

聖經一章，是聖門教人爲學的榜文，其功夫要緊在知止上。人不能知止，是以雜念紛擾。若能知止，則物欲自消，此心自然能定而静而安，即《易》所謂『艮其背，不獲其身；行其庭，不見其人』也。定即静，静即定。但始定謂之定，定久謂之静。如是，則一以貫萬，隨所感而順以應之，斯能慮矣。知止、定、静、安，即明明德之事，立天下之大本也。慮，即親民之事，行天下之達道也。《中庸》『未發之中，天下之大本』，即知止、定、静、安。中節之和，天下之達道，即是慮。《易》之所謂『無思無爲，寂然不動』，即知止、定、静、安。感而遂通天下之故，即慮。此之謂體用一源，顯微無間，至是而《大學》之道在我矣。故曰『能得』。

延平先生云：『常存此心，莫爲他事所勝。』蓋心即理也，理即心也。常存此心，遇事之來，隨心應之，則心大而事小，自不爲他事之所勝矣。

問：『行己有耻，不辱君命，德與才兼備，可以爲士矣。夫子因子貢問其次，告之以宗族稱孝，鄉黨稱弟。夫堯舜之道，孝弟而已矣。此以爲士之次，何也？』

曰：『孝弟有大小之分，此衹是入不違親，出不傲長，故宗族即稱其能孝，鄉黨即稱其能弟矣。若夫堯舜之孝弟，塞乎天地，横乎四海，傳諸後世，豈但宗族、鄉黨稱之云乎哉？就如夫子告樊遲爲仁，曰「恭、敬、忠」。此三字，推而極之，曰「篤恭」，曰「敬止」。聖人地位，不過如是。乃因樊遲而以居處、執事、與人言之，使其易入耳。聖人立論，自有高下、淺深之别也。』

白沙先生云：『古人閑處今人忙。』有志於學者，知古人所以閑，今人所以忙，則可知學問之要矣。蓋古人爲學，得其要領。要領者何？周子曰：『聖可學乎？』曰：『可。』『有要乎？』曰：『有。』『請問焉。』曰：『一爲要。一者，無欲也。無欲，則静虚動直。静虚則明，明則通；動直則公，公則溥。明、通、公、溥，庶矣乎。』能無欲而一，則廓然大公，物來順應，何等閑。今人爲學，不知頭腦，事未來也而將迎，事已往也而留滯，憧憧往來何等忙，忙到死而後已耳。

知行合一。既知之真，安得不行？知飢定要食，知寒定要衣，烏能已也？此其説，非始於陽明。孔子曰：『道之不行也，我知之矣，知者過之，愚者不及也；道之不明也，我知之矣，賢者過之，不肖者不及也。』《大學》在明明德，『明』字即『覺』字，常明常覺，學之能事畢矣。

紀　事

公性敏質樸，少即自負，稍脱略不羈。既娶孺人盧氏，因岳丈盧可琛見其師林易齋，得聞前督學莊渠先生教人之旨，欣然慕之。丁酉北上，遂迤道至崑山執贄。莊渠留語連月，示以作聖要義。自是以聖人爲必可學，倍加斂飭，以禮自度，言動一出於正。時山東順渠王先生，莊渠同志友也，又往就正所學，日夜不寐。

既歸，學徒從之。公即教人以詩禮入，雖暑月習射，衣冠不廢。舊友有豪俠者笑之，公不爲動。鄰鄉有寶潭鍾先生，宗甘泉湛先生『體認天理，勿忘勿助』之學，公結廬就之，日對榻講論，或乘月放舟潭中，吟咏各適。甲辰，中離薛先生自羅浮移居玉壺洞，公時偕寶潭往親之，每一往，輒數日而後返。凡履迹之地，親師取友，亹亹不倦。在江陰則有君山之會，南都則有新泉、興善之會，東莞則有道山之會，廣城則有天關之會。海内講學名公，如鄒東廓、呂巾石、何吉陽、朱近齋、劉仁山、李望羅、李同野諸公，吾廣則甘泉先生、陳唐山、劉素予、鄺五嶺、何古林諸公，皆其所往來就質而取益者也。故其造養日深，氣宇日益温粹，終日不見疾言遽色，接人謙恭寡默，遇緊要處纔發一二語，咸有思致。

居常服食布素，澹然自適，雖居官，不改其舊。平生無他嗜好，惟喜貯書，有相知善稿未刻者，則借録之，不啻己出。所爲文順意揮灑，不爲雕蟲之習，發之詩歌，天趣渾成，脱離煙火，觀者占其所自得矣。

事親一念，則天性最孝。侍大橋翁跬步不離，宦轍所到，必迎與俱。父年近耄，公亦五十矣，左右煦煦，常若嬰兒。然母余蚤世，事繼母劉如余，視异母妹不啻同胞。例部差官，不以家隨，公往江西，獨挈家隨之。或爲之慮，公曰：『吾豈以三公而易一日之養哉？』既而大橋翁卒於行署，得親視殮，亟扶櫬以歸，議者始服其誠孝先見云。及櫬抵家，由中門入，殯於正寢，卜吉以葬，不惑於諸家利害之説。公素清貧，田廬守先人之舊，憂居三年，不能別治家産，惟列代祖墳則竭力修飾之。居左砌一石臺，引諸孫以娱繼母。又建收族堂以聚宗族。值時歲荒，桂薪玉粒，公自撙約，推所有以周戚族黨里之貧者，無吝色。

方學諭時，一以正人心、崇德行爲務，敦行孝弟者則尊禮之，劣於行者，雖優於文不齒，故江陰之俗漸以丕變。北闈取士，得唐汝楫卷，總裁康公欲落之，公執不從，明年廷對，唐果大魁，天下君子謂其識驪黄於牝牡之外云。比贊棘寺司部儲，一率舊章，行所無事，董運擇府佐之賢者任之，公惟總其要，會其成，故政不煩而國賦自足。以講學至者，接引無虚日。門禁雖弛，人亦不以爲疑。水口之地，貿易之場也，去會城百八十里，俗素薄惡，寇亦時出劫掠，勢甚熾。前此分司官不敢移家，公獨葺宇，携室居之。首革常例，清鹽政，嚴私販，通商惠民，利興弊革，課日以充。遂毁淫祠，興社學，闢射圃，躬率師儒以教子弟。舉鄉約，振木鐸以化導其父兄，禁火化以厚人倫，置義阡以掩遺胳，施義棺以資貧殮，壇鄉厲以恤無祀，院養濟以哀煢獨，通火巷以弭火灾。善政種種，不可殫述。仁厚忠信之俗，弦歌禮樂之化，渢渢乎竦聽易觀矣。撫按、藩臬諸司莫不歛衽賢之。巡撫汪公、督學蔡公以其禁停喪、立鄉約、習射禮諸條頒之合省諸郡，俾以爲式。按院陳、胡二公洊行褒典，謂其創社學以化愚頑，播清風而回古道，遇縉紳，則稱之曰：『使天下之治皆如水口，唐虞三代之治可復，豈虚語哉？』病之日，問安饋藥者踵至。及卒，院司致祭，老稚奔走悲號。行之日，泣送者如堵。其所感人者深矣。公真不負所學者哉。

紀論

《龐弼唐集》曰：惟公之學，礪在得賢。一變至道，時出淵泉。孝信於家，教敷於士。政成於民，風淳俗美。唐虞可復，禮樂可興。不有斯人，誰將與成？

《粤大記》曰：艾陵學聖賢之學，心君子之心，立志以必爲聖人自期，存心以不愧屋漏爲主。

又曰：卓卓命世之儒，肫肫有用之學云。

林挺春

林挺春，字少和，順德人。少事親孝，藩臬并旌其門，挺春不喜標榜，輒屏去。嘗從湛若水游，以嘉靖癸卯科舉人授仙游教諭，學田所入，散給諸生，籩豆禮器，捐俸錢辦之。遷知南靖縣。邑遭兵燹後，官署里居一空。挺春芟穢掩骼，倚茅聽政。已，潦水至，城郭蕩析，乘桴露處，乃遷於大帽山下邑焉。漳經界不正，自宋儒朱熹已患其然，相沿尤甚，富者割倍賦之田，無直以啖貧民，民利而從之。既而賦日積，縣官受其病。挺春悉究其所繇來，責諸富者，以其間招流移，撫凋瘵，南靖大治。久之，遷需益知州，以親老不赴。挺春性清慎，自筮仕致老，未嘗一介取於人，罷官甚貧，人以是咸重之。

（金雋《通志》，參《洛閩源流録》）

郭棐

郭棐，字篤周，南海人。弱冠，由儒士領嘉靖己酉鄉薦。師事湛若水，與聞心性之旨。壬戌成進士，初授户部主事，尋改禮部。會穆宗即位，次日傳封七夫人御札出，棐力諍納還，曰：『方今先帝廟號未尊，中宫母儀未正，而遽有此舉，何以示天下？』事得寢。輔臣高拱爲時指摘，間以語棐，棐諷以恢宏相度，拱不悦，棐遂以祖母年耄請歸養。因疏陳十事，如設史局官，録于謙後，進薛瑄、陳獻章從祀孔廟，皆允行。以數忤當路，出爲夔州知府。夔地巖瘠，棐以課農養士爲急，作仰高、夔龍二書院，選郡邑士董教之。兩校蜀闈，所得皆知名士。晉湖廣屯田副使，攝蘄州道。有柯賊數千爲梗，督府陳瑞欲提兵剿之，棐願以身往，果得首惡，正其罪，餘悉解散。來往數經張居正之門，不投一刺焉。

萬曆五年，始改四川提學。棐掄選公明，所拔置前茅，學士范醇敬輩登鄉會榜，幾三百人皆屈指豫定。時執政方行汰士法，棐守正不阿，去取公恕，人服其賢明。癸未，抵京將補銓司，相國申時行、余有丁皆棐同年，雅欲推轂。而每多規諷語，遂外除右江副使。至則首平象州、洛容等亂，修柳慶、賓象四學。旋陞湖北參政，糴穀萬石以賑，繕武陵、龍陽、沅江等邑堤六千餘丈。又計擒苗帥楊廣和，一方獲安。秩滿，轉山東按察使。值倭寇窺邊，棐計盡防守，全齊晏然。未幾，擢雲南右布政，攝行堂事。滇人方苦師旅，復苦貢金，棐爲平丁苴，戢緬寇，又疏罷增金二千兩，爲閣所抑不得奏。乙未大計，乞休，詔晉光録正卿致仕。家居十五年卒。

棐生平孝友公忠，外絶攀援，内屏聲色，自講學之外，一無所事。家無餘積，其子陽齡藉手親友，始克成喪云。所著有《粤大記》、《嶺海名勝記》、廣東、四川《通志》、《夢菊全集》、《齊》《楚》《滇》《蜀》諸稿。

（金雋《通志》，參《洛閩源流録》）

卷十九

葉春及

葉春及，字化甫，號絅齋，廣東歸善人。生而神雋，八歲時，與群兒緣攀草薪上，父執劉公梧見之，曰：『草茅應有廟廊心。』輒應聲曰：『燕雀安知鴻鵠志。』嘗作《遷善改過文》誓於學宫，又設先師暨四配神位，朔、望率群兒祭焉。出見髑髏，争捧而瘞之。年十二，通《詩》《書》。十三，通《易》《春秋》。居父喪，不脱斬衰，哀毁柴立。

壬子，舉於鄉，計偕過吉州，賦詩贄羅文恭論學。居陽田旬日，舉凡心性、知行、博約、忠恕、中和、道器、天人、有無鬼神、格致、敬義、慎獨、一貫之旨，無不辯論，然先生恪守程、朱，念庵學稍不同，竟不北面而去。凡六上春官，不第。最後爲穆廟改元，應詔上書二十有五篇，計三萬餘言，而首之《崇聖學》尤爲探本。授閩清學諭，擢令惠安，請邑之耆老，待以异禮，居之申明亭，户婚之訟，使兼聽之。毁淫祠一百五十所。建社學二百一十有二，隨里居疏密而多寡其數，以禮聘學行生儒爲之師，群一社之子弟，皆於此行禮而受説焉。刻朱子《小學》，户誦家弦。教民遵行四禮。有作佛事者，召之曰：『知縣禮教未敷，致百姓居喪而作佛事，罪在令。』即取幡幢、鬼魍、鈴鐸等焚毁。孝子、僧衆來聽講《小學》，士民爲之改觀。有告殺人者，不得其手刃之人，先生禱於青山。其牒曰：『張君昔爲將，常禦海寇於此，今殁爲神，致盗殺人於山之陰，何勇怯無等也。余爲令，月食七石五斗，常懼不能去暴安民，貽素餐之耻。君廟食百餘年，歲時伏臘，村民椎牛擊鼓以祀。有司歲一舉，盗殺人而不知，何耻如之？若曰土木，吾亦土木之矣。期三日必夷君廟。』使隸宿廟中，不得賊不返。神授以張欽騰父子，一訊而服，閩人呼爲神君。在治三載，引疾乞休，和《歸去來辭》以見志。無何，擢知賓州，惠安民詣闕乞留，不允。以病不能赴，竟掛冠歸。大察，削籍爲民。入羅浮山，選勝石洞，伐石作室以居，顔其堂曰『敬義』。學者稱石洞先生。

萬曆辛卯，太常卿艾穆、户科給事中王嗣美疏薦遺逸，於是以興國知州起之。未之官，擢同知鄖陽，一年所入，爲户部員外，隨轉江西司郎中。嘗筦崇文之税，其事凌雜米鹽，動關中貴人。先生一切淵魚察之，不少假也。疏條上利弊甚悉，奉旨如議刊行。時遣使日本，先生上疏求遺書，而引司馬温公《日本刀歌》爲證，奉旨該衙門知道，所部不爲覆，亦逸書一阸也。擬《核九邊疏》，未上而卒。所著有《應詔書》《惠安政書》《崇文榷書》《石洞文集》，《肇

慶》《順德》《永安》《惠安》諸志行世。（《明史》，參郭棐《通志》、《福建通志》、《儒林録》）

紀言

《崇正學》[一]篇曰：臣聞物有至物，人有至人。至物則麟、鳳是已，至人則聖人是已。夫至人而不離於人，則聖人者，人人能之也，皆天之所生者也。同是人，而謂之至人，則聖人者，非人人能之也，必天之所厚者也。天子者，其天之至厚。至厚者乎，何以明其然也？五都之豪智，必豪於五都，而五都之人俯首下之矣；十室之長才，必長於十室，而十室之人交臂事之矣。天子者，四海之所共尊，兆民之所共仰者也。雖有雋傑，莫不臣妾，則其才智必厚於天。故曰：天子者，其天之至厚，至厚者乎是。故臣之於其君也，不徒曰『上』也，曰『聖上』也；於其君之言也，不徒曰『旨』也，曰『聖旨』也。豈虛哉？誠有所易能矣。

肇自生民以來，君之聖者，莫盛於堯、舜，故孔子序《書》，首於唐、虞，所以爲萬世帝王立極也。今陛下首出庶物，君臨萬邦，此天固有以厚陛下矣。令出而率土歸心，仁施而敷天頌德，此天固將以聖陛下矣。履聖人之位，躬聖人之資，揞堯、舜何適哉？此臣之所以願陛下矣。夫人皆信其近而疑其遠，易其近而難其遠，何則？遠者所不見也。由堯、舜而來三千餘年，遠矣。持物而數之，自一而千，自千而三，瞬息而畢。然則堯、舜亦瞬息間之帝王耳，豈遠不可爲哉？且其爲聖，不過曰『欽』，曰『恭』，曰『精一』而已。陛下胡不自近而求之？『敬一箴』者，先帝作聖之功，而堯、舜傳心之法也。由今而上，亦三千年間之典謨矣，何待遠求？《書》曰：『別求聞由古先哲王。』又曰：『祇遹乃文考，紹聞衣德言。』此之謂也。故臣願陛下學必希聖，希聖必法堯、舜，法堯、舜，必從事於敬一。夫一者何也？純一於理之謂也。一念，理矣，間之以欲則二；一時，理矣，間之以欲則二。能敬，則可一矣。敬者，無内外，無動静，無遠近，無久暫，無大小，無衆寡，無敢慢者也，是心之本體也。

夫人不可不敬，而天子爲急，何者？執缶者趨，執玉者傴，執愈重則敬愈至也。天子之所執者，天之命也，人之心也，宗社之樞，而國家之柄也。天命之去留在敬，人心之向背在敬，宗社之安危在敬，家國之存亡在敬，可不敬乎？故曰：天子爲急。

夫人不可不敬，而天子爲難，何者？攻之者衆也。臣聞天子以一人之身享萬乘之樂，終日之間，其雜遝而前者，非歌鐘狗馬之娱則姣冶嫺都之色也，非精熒詭异之觀則便嬛婉佞之態也。夫心者易動，而欲者易攻，以易動交易攻，則懸旌不足喻矣。故曰：天子爲難。

雖然，急則有矣，曰難，未也。天理人欲，迭爲勝負，敬勝百邪，非虚言也。以敬爲急，則不見其難。見其難者，未急焉耳。故臣願陛下急於敬一。敬則一，一則無欲，無欲則静虚動直，而聖學成矣。是故心之未感，敬以養之，理與心涵，一物無所容也；幾之方萌，敬以察之，心與理游，一隙無所乘也。根於其心，發於其政，出乎其身，加乎其民，恪乎若大祭之承也，凜乎若六馬之馭也。大廷敬矣，而尤嚴於深宮燕處之時；群臣敬矣，而尤謹乎親昵暬御之習。自一言一笑、一出一入之間，以至於一刑一賞、一用一捨之際，莫不純乎天理，而絶乎人欲焉。尊居九重而常周四海之慮，心存一日而常懷萬世之圖，事似無虞而常爲有備之戒，無有内外動静，無有遠近久暫，無有大小衆寡，一以貫之，敬之至也。如是，可以修己，可以安人，可以安百姓，可以育萬物，可以位天地。諸福之物，可致之祥，莫不畢至，而聖學終矣。『箴』曰：『君德既修，萬邦則正。天親民懷，永延厥慶。光前垂後，綿衍蕃盛。』此之謂也。夫人君莫不欲聖而惡愚，然而不能去逸而事敬，何哉？是未得敬之樂也。夫敬，非拘攣煩苦之謂也。心本至舒而理亦無滯，縱之則一毫無所逾，執之則一毫無所勞。故欽而曰安，恭而曰温。必安而後可以言欽，必温而後可以言恭，其體固如此也。人君惟不得其從容之趣，而徒見其檢束之形，是以遂便於放逸之趨，而愈失其準繩之正。此聖學之所以不明，而得失之間非細故矣。且夫天之所以厚於我者，聖人之所必承也。帝王之佐，韋布之人，亦有天之所厚者，惟其敬而承之。是以修身於内，成名於外，道德之美垂於無窮，若臯陶、伊、傅、周、孔之徒是也。而況陛下承天之位，得天之隆，敬以修之，所謂『登高而呼，聞者遠矣』。此臣之所以爲陛下願之也。孟子曰：『人皆可以爲堯、舜。』古之君子，惟其得天而爲之，是以至於堯、舜而無難，然則堯、舜者，亦在爲之而已矣。

【注】

〔一〕權根按：《崇正學》，據上文葉春及傳稱『應詔上書二十有五篇，（略）而首之《崇聖學》尤爲探本』，及葉春及《石洞集》（文淵閣《四庫全書》本）卷一《應詔書》（一）《端治本·崇聖學》，當作『《崇聖學》』。

《太極辨疑序》曰：昔者，聖人畫卦立象，則已圖造化矣。《易》有太極數言，闡發畫卦意指，濂溪緣是復圖太極，直指造化而又加以無極之文。蓋造化、畫卦，其致一也。自象山、紫陽互相譏駁，垂四百年，而孔憲卿爲《辯疑》。隆慶辛未示余閩中，今業刻之，余乃爲之序。《傳》曰：『天地設位，而易行乎其中矣。』天地之始，一易耳。氣坱然太虛，混淪推蕩，舒而燠，謂之陽；翕而慘，謂之陰。變易交錯，生陰生陽，謂之易。易無極矣，而有所極，是生兩儀、四象、八卦之本，謂之太極。流行不窮，謂之道。無方無在，合一不測，謂之神。若此類，夫子具言之。生天生地，始而復行其中，一易耳。善乎！謝汝慎先生之言曰：『易無極而有太極，陰陽變易，眇無定極，而有太極爲之本體。』又曰：『於陰陽之變易見其有太極，於變易之無極見其爲太極，太極即易也。』有味其言之哉。易本無極，《河圖》《洛書》，聖人作，易則之，其説自合。憲卿皆類成書，能貫通矣。書凡八卷，疑耶，否耶，覽者自得之。

紀事

先生少日，與夢熊同游於庠，誓曰：『吾兩人他日若不俎豆其間，非丈夫矣！』

令惠安時，隱士康朔、孝子王定民皆躬至其廬禮焉。

賓州民愛之如慈父，歌之曰：『葉君爲政，惟飲吾水。設施不煩，五風十雨。』

紀論

《西樵游覽記》曰：春及與霍益芳友善，常入西樵，主四峰山館。在西樵，築獨醒臺；處羅浮，建獨醒庵。取羅倫寄詩，有『獨醒對煙霞』之句。所修《肇慶》《順德》《惠安》諸志，良史才也。益芳欲與修山志。使其志西樵，必有可觀。後以被薦出山不果。

陳吾德

陳吾德，字懋修，新會人。嘉靖三十一年壬子鄉薦，四十四年成進士。授行人。奉使授蜀汶川王册，建豐城李尚書瑩，皆無私交。在豐城，與李中丞孟成論學，爲莫逆交。隆慶三年，擢工科給事中。兩廣多盜，將吏率虚文罔上。吾德列便宜八事，明賞罰，復兵防，議舟師，禁讕出，補假貸，核虚冒，慎撫勦，恤忠勞，皆允行。蓋自内海寇亂，皆籍民舟戰守，東場之敗，皆參將魏宗瀚盡移入南渡港，指揮李茂材力争之不能，酋一本至，煆盡，茂材死之，吾德所切齒也。明年正月朔日，日有食之，已而月復食。吾德言：『歲首日月并食，天之大灾，陛下宜屏斥一切玩好，應天以實。』詔遣中官督織造，吾德偕同官嚴用和切諫，報聞。帝從中官崔敏言，命市珍寶，户部尚書劉體乾、户科都給事中李己執奏，不從。吾德復偕己上疏曰：『伏睹登極詔書，罷采辦，蠲加派，且云「各監局以缺乏爲名，移文苛取，及所司阿附奉行者，言官即時論奏，治以重典」，海内聞之，歎若更生。比者左右近習，干請紛紜，買玉市珠，傳帖數下。人情惶駭，咸謂詔書不信，無所適從。邇時府庫久虚，民生困瘁，司度支者日夕憂危。陛下奈何以玩好故，費數十萬資乎？敏等獻諂營私，罪不可宥，乞極譴斥，以全詔書大信。』帝震怒，杖己百，錮刑部獄，斥吾德爲民。

神宗嗣位，起吾德兵科。萬曆元年，進右給事中，即劾中貴人鄭真傳内旨官其侄錦衣，總督劉燾奸藏不宜召用。張居正柄國，諫官言事必先請，吾德獨不往。禮部主事宋儒與兵部主事熊敦樸不相能，誣敦樸欲劾居正，屬尚書譚綸劾罷之。既而誣漸白，吾德遂劾儒，亦謫之外。居正以吾德不白己，嗛之。未幾，争成國公朱希忠贈定襄王爵，益忤居正。及慈寧宫後室灾，吾德力争，復疏陳五行休咎，江陵詆曰：『安用腐儒語也！』出爲饒州知府。正風俗，作人才，廣厲學官，談經校藝，誘進聖賢之道。爲條教，申鄉約，頒行於民間，勸以爲善去惡之意。其善惡皆有籍行之。出於至誠，莫不回心顧化。禁溺女，舉女名以陳姓。或以縣減網罟之徵定湖港之税，革浮羡，遠貨利。故事，外府不籍以待太守。吾德盡移入内府，不私出納，鍰金把握，易貪夫，便之，則以積貯陶天下所卯給〔二〕也。春秋之間，商舟輻輳，故徵於官，吏多侵漁邀功，因而掩取，至是屬儈常度外無私焉，即欲用予平賈。新安賈人列肆郡中爲質，偷兒得物，輒以售之，喪資之家，不能踪迹。有司亦視爲外府不問。一切逐之，權貴關説不聽。宗室結納有司，負勢驕奢，難繩以法。畏吾德嚴正，皆杜門斂手，即吹笙度曲，惟恐明府聞也。饒稱沃壤，樂浮、德安多山，亡命潛匿。番餘則濱彭蠡，接九江上流，不逞之徒與濤出没，萬年尤盜淵藪。吾德飭什伍，鼓勇鋭，有警，掌固扞諸岸，戈船扞諸江。三年眠者帖席。初至郡，城崩百餘雉，繕之，而城中皆列栅啓閉。有盜建昌王印章者，遁之南京見獲。居正客操江都御史王篆坐吾德部下失盜，謫馬邑典史。御史又劾其莅饒時違制講學，用庫金市學田，遂除名爲民。居正死，薦起思州推官，移寶慶同知，皆以親老不赴。

甲申，二親終。丁亥，詔起同知紹興。至則歲饑，奸民乘時并興爲亂，吾德職詰盜，殲渠魁二人，而撫其飢者。居五月，遷湖廣按察司僉事，分部武昌。巨寇劉汝國、虞孟新倡亂久，當事者往往坐視，幸脱去。吾德下車，毅然請討。别郡欲專功，寡謀僨事，則勢益猖。公率師詣壘，擐甲督戰，士無一不當百。己丑春二月，大破之，劉汝國、虞孟新就擒，餘奔遁無脱者。上功幕府。中丞邵某雖忌，不能掩也。冬十二月，自黄州行部歸武昌，遘疾，二日卒，年六十有二。

吾德長髯偉度，望之知非常人。罷歸，於有司未嘗通竿牘，一鄉利害則急之。庚午，群盗充斥，邑西梁村、雲鄉二壘反爲賊窟，白骨蔽野，吾德請材官鄧子龍屯守，復臨江之戍，至今賴焉。辛未，島夷由崖門入犯，人情洶洶，閭左悉起赴敵，吾德父子輸粟饋糧，島巢乃遁。里中惡少年謀以七月七日爲變，吾德密語守令朱别駕預待，不得動。明年春，大饑，結他鄉千餘徒起。擒之。於是勸分輸粟亭中賑困乏，亂遂已。既島夷由新寧犯邑，而西界孔棘。與鄧子龍計畫河守，賊不敢度。會朱别駕自五羊歸，受方略，舉兵西向，賊走出，許酋數十艘入内海劫掠，鄉人奔城，舟塞河下，白有司居以閑曠而慰藉之。於是時，鄧子龍從征藤峒，移書總兵張元勳召子龍，元勳白直指楊標，標促巡海副使劉隱屯香山，而令參將晏某從海上破賊，賊相戒不犯外海。月吉，與里父老會民讀法，語次尋繹，閭里化之。

丁丑，自昌邑歸，朝夕得奉給事公、太孺人甘膬。太孺人體羸，未嘗離側，就養八年，父母安之。丁内外艱，哀毁骨立，倚廬讀禮。饒州吊者相望於道。族人貧不能葬者，爲之賻；不能娶者，爲之禽。冠婚喪祭，惟古禮是循。昏無舉樂，喪無酒肉。歲時，率子弟拜家廟，無出門之祭。諸子有過，必正色相對，竟日不語，改之乃罷。登第二十餘年，無私財，食不重

味，衣不文綉。其學行一以白沙爲宗。（《明史》本傳，參葉春及撰《傳》）

【注】

〔一〕權根按：『卯給』，原誤作『印給』，據葉春及《石洞集》（文淵閣《四庫全書》本）卷十六《奉正大夫湖廣按察司僉事陳公行狀》改。

紀　事

先生守饒州，清嚴執法，豪有力斂迹相戒，凡横取者悉自還之。申鄉約六言，著《首尾吟》，七邑弦誦相聞。大旱禱雨，齋沐徒行，憂形於色，逾月得雨，乃止。歲荒，餔賑有方。置社倉爲永久計，贖鍰悉以市穀入邑倉。嚴保甲之法，真盜立斃杖下，夜户幾不閉。嚴溺女之禁，民多産女，給穀二石，犯者黥於門，二年，活女無算。嚴停喪之禁，以芝山官地畫界公民，各邑累世枕藉之棺，俱入土矣。暇日，與紳士講學歌詩、課藝，若家人、父子然。

有太祖總管公墓失百年。公嘗終夜興歎，會方士挾術游里中，謂公：『清泉、白石，一水、雙牛，是總管墓也。』審其像，果得之，碑隱於茀草中。張太母殯前山，見夢苦蟻，啓殯，三蟻適至，改葬三珠岡。此皆仁孝心通於神明，非苟而已也。

紀論

葉春及曰：岡州自公甫先生倡道江門之間，雖津人田父，猶有先哲遺風。公之學，一本公甫，故鄉人多化之。

盧寧

盧寧，字忠獻，别號冠巖，南海人。博學工文，而修正疆埶，能激昂任事。父津，正德丁卯舉鄉薦，辛未，以乙榜授鳳陽府訓導，學範師模，嚴整弗苛，改建平縣學。嘗曰：『江北之士，木質遲鈍，吾緣飾以文；江南藻發有斐，吾勖以道。』母老，乞終養歸。未幾，起爲長興知縣，竟不出。

嘉靖庚子，寧由順德學領鄉薦，甲辰登進士，觀通政司政，授崑山知縣。丁未，移知贛州興國縣事。誕章敷化，隨事更革，首發黠吏奸胥，縣治肅清。政自己出，富民多食無税之田，積税貧民，民無從出，一時迸竄，虚賦無收，有司恒受其累。使臣知寧才，委之。乃循畦履畝，參稽審畫，爬搜弓丈，經界以正，版籍無僞，遂行視陂塘，起水門，濬閼塞，勸農振業。凡民之役於官者，悉罷遣歸，民知力作，歲亦比登。縣故有禦寇墩堡，歲久圮廢，悉爲修復，置甲卒團守，境賴以安。又數臨學宮，集諸生講授揚搉，文教聿興。尤慎刑獄，御史按郡，合郡十邑獄囚，悉俾訊讞，多所平反，凡出死獄二十餘。有胡文寵者，坐殺人死罪，而實非所殺。群官以其家富，具獄，莫敢言。寧審得其枉，欲出之。或言成案不可更，前署諸公不可忤，萬一翻异，則有賄免之嫌。寧曰：『避嫌而殺人，吾所不忍！即得罪去，不辭也。』竟白其冤，出之。庚戌，擢守潼川。民懷其德，祠於縣治之右。

甲寅，遷南京户部員外郎，尋改刑部，後爲南京刑部郎中，己未陞山東登州知府，辛酉卒於官舍，年五十八。所著有《五鵲全集》《獻子講存》《策論纂要》《守潼宣訓》諸書。

先生受學於黃泰泉，泰泉議王、湛之學，而先生以不得及陽明之門爲憾，於甘泉則書札往來，求教不一也。先生謂『天地間有是氣則有性，性爲氣之官，而綱維乎氣者』是矣。然不知此綱維者，即氣之自爲綱維，因而名之曰性也。若別有一物以爲綱維，則理、氣二矣。又以『誠意之意是生理之初萌，純粹至精即周子「誠、神、幾」之「幾」也。其視意爲有善有惡者，加功密矣』，頗與子劉子之言意同。然子劉子以『意蘊於心，知藏於心意中最初之機，則知善知惡之知，是意爲存主，知爲初萌』。先生之所謂意，乃子劉子之所謂知也。雖同在未發之中，而其先後之序有不容紊亂者。

（《興國縣盧侯祠碑》，參《明儒學案》《盧君傳略》《盧氏家乘》）

紀　言

夫物，猶事也。事在心，不在外。凡吾心所著之事，即是物。格者，隨此心所著之事，而格其善惡一定之理也。夫事之在心，是非善惡，必有當然一定之則，於是以此心本然之明，覺而是正之，則何者爲善而當爲，何者爲惡而當去，舉不能外吾心之聰明與吾身之踐履矣，是能格物。

陽明子謂：『無善無惡者，心之體；有善有惡者，意之發；知善知惡者，知之良；爲善去惡者，物之格。』蓋學求知，孰善孰惡，必不能爲善而去惡。如所云，是先爲善去惡，而後求知善惡，《大學》當以誠正居先，而格物在致知之後矣。此所以起學者之疑也。陽明之學，主致良知，故衹格物，便一了百當。然此上智之事，非可概中才以下也。後學推演其義者，則曰『知良知也，虛靈不昧，天之性也』。致者，充極其虛靈之本體，不以一毫意欲自蔽，而明德在我也。物格者，感而遂通天下之故，而修、齊、治、平一以貫之，明明德於天下也。是以致知爲體，格物爲用，致知在先，格物反居後，未免於《大學》條次不倫，且既無一毫意欲之蔽，而充極乎天命之性，即無事矣，又何勞誠意於好善惡惡也耶？至以鏡譬之，謂知如鏡之明，致則磨鏡，格則鏡之照物。夫鏡必磨而後照，今格以照之，而後致以磨之，是先用之照，而後磨也。《大學》曷不言『致知而後格物』耶？

性者，天之命；心者，性之宅。性，祇是天地之性，無所謂氣質之性。性無不善，其爲不善，氣雜之也。心，祇義理之心，無所謂利欲之心。心無不正，其爲不正，習移之也。天地間有是氣，則有是性。性爲氣之官，而綱維乎氣者。氣或時得而拘之，不可得而泯之。氣有不美，性固能轉移之也。人之所不慮而知者，是爲良知。知即性也。良知之發，無有不善，或流爲邪妄，心亦無不自知之，但習於利欲而不能反正耳。而謂其本心之不正者，否也。

常戒慎，則心體自明；務平恕，則物宜自順。

問『生之謂性』。

曰：『此古語也，非始於告子也。此語説得最是。蓋生即氣，氣便寓性。孟子道性善，以生爲氣而深闢之。是氣之外，又別有所謂理者，不分理、氣爲二乎？至宋儒，又有天地之性、氣質之性之説，遂使性亦有二，而萬物無復統體一太極矣。夫理者，氣之綱；氣者，理之迹。氣即寓理，古未有以理、氣并言者。《易》曰：「一陰一陽之謂道。」釋之曰：「陰陽迭運者，氣也。其理，則所謂道。」理、氣并言，蓋昉諸此。夫陰陽五行萬物，氣也，而各一其性，理也。在人則耳目手足，氣也；而聰明持行，理也。程子曰：「性即氣，氣即性。」蓋懼人二之也。性即太極，氣衹是氣，不可復言有氣質之性。説著個性，即無不善。其爲不善，氣有雜糅，而性爲所累耳。氣之付畀，得其貴者爲人，得其賤者爲物，得其清而純者爲賢爲智，得其濁而駁者爲愚爲不肖，曷能齊一？而性則未嘗不一也。孟子始終不能服告子之心，爲其論未及此。』

問：『《中庸》説「天命之性」，又説「未發之中」，即孟子言性善否？』

曰：『「民受天地之中以生，故性無不善，而偏者非性也。《易》稱「繼之者善，成之者性」。繼而曰善，則成其有不善乎？若乃陰陽變合，而氣之流布，不無清濁純駁之异，故物之遇之，自有通蔽邪正之殊。其在天，日月星辰已不無明暗；其在地，山川土石已不無柔剛。而況於人乎？況於物乎？而其本然之性則未嘗不善也。是故學問之道惟在變化氣質，易其惡而致其中。所謂「未發之中」，非以日用應務者爲已發，而指夫退然休息，未與事接時爲未發也。蓋事物未來，念慮未動，要之必有主宰於其内，渾然全體，至靈而至寂，不測而不倚，是以虚無不受，感之即通。雖紛華盛麗，萬變起滅，而其寂然之本體則無時不寂然焉。所謂「未發之中」，非是之謂乎？於此而得養，則物欲無所蔽而發皆中節，大本達道，貫通流行，此盛德之所以日新，天命之所以不已也。』

致良知之旨，非始於陽明也。朱子謂康炳道曰：『致得吾心本然之知，豈復有所陷溺？』本然之知，非良知乎？心不爲物欲所陷溺，不可入聖乎？但朱子止就一義説，陽明認得十分端的，故執此一説，左來右去，直窮到底，累千萬而不離。

道心者，天然自有之義理，而非出於人心之外也。人心者，天然自有之情才，而道心之用，所以顯行也。寂感之際，茫然不知體察，則其流而爲邪妄，直易然耳，所謂危也。然雖蔽於物欲，流於邪僻，而其本然之良隨處發見，能察識而操存之，固甚微而甚安也。

天命之性，無聲無臭，不睹不聞，不可得而言也，故以仁義禮智明之，而性之本體因之可見，所謂因用以明體也。

陽明先生之致良知，當先辯於知也。夫知，有知覺之知，有意見之知，有本然之知，昧者均以爲良知。夫知覺之知，人與物一也，有真率，無節制。意見之知，萌於念慮，善惡幾焉。惟本然之知，出於性天之靈覺，不待學習，童而知愛親，長而知敬兄，感觸而應，孺子入井而怵惕，見呼蹴之食、無禮義之萬鍾而辭讓。此謂本然之良知所當致焉者也。致吾愛與不忍之知，即無一念一事之非仁，而萬物育矣；致吾敬與辭讓之知，即無一念一事之非義，而萬民正矣。

知行一，中人以上事也；知而行，中人以下事也。

君子之道，雖費而實隱。以見求道者，但當於隱求之，正不必泛求於費，使有遠人爲道之過也。隱者無聲無臭之謂，即莫見乎隱之隱，言道之本體也。道之本體不睹不聞，即之無朕，而萬物萬事萬象隨在各足。

伐柯之遠，無他，二故也。二則徒費瞻忽，無益於求也。乃若反而求之，則吾心自有一個天則，不落格式，不煩比度，所謂一也。心外無道，道不遠人也。人之爲道而遠人，是遠心以爲之，故失之逾遠也。某未能一焉，謂未能以心之所以教人致一也。求事父之理於其子，求事君之理於其臣，求朋友之理於其先施之友，求在外者也。執柯以伐柯者也，是二之也。乃若心也者，天之所以與我，其一念至誠，惻隱之意常一乎子臣弟友之間，即忠恕也。以此心事父，則夔夔齋慄者在我，不必求事之之則於舜也；以此心事君，則周之至德者在我，不必求事之之則於文王也；以此心施之友，則惠及朋友者在我，不必求先施之則於武公也。所謂一也。

心之本體，渾然中涵，不落方體，若虚而甚實，似寂而甚神，纔放下便沉滅昏雜，纔提起便知覺靈明，自非私欲蔽錮，梏之反覆，其真體固在也。此處正要體認，不知體認，却無倚著，便落想像，遇事感應，愈加昏雜。然則何妨於炯炯而欲常止止也？但既體認得真，却要存養得密，常令在中，勿致放失，庶幾全體呈露，大用顯行耳。其謂知覺常止常定，不可落念者，爲意必固我之私也；其謂感應常運常化，不可成念者，爲好樂憂患之不得其正也。

語其本體，謂之未發，語其感通，謂之發。若此心之靈，則非待有所感發而後有知也。

學者涵養，須於静中覺得有物，動時却自無事，乃不偏著。

悟非意見想像之謂，此心生機也。生機發動，則有自然之明覺。惟澄心凝慮，生機潛通，是自然有得。自然有得，然後無思而無不通。

問：『《大學》於誠意以下皆有傳，獨格致之義闕焉。何也？』曰：『物也，知也，意也，一物也。格也，致也，誠也，一事也。由心之感曰物，由心之靈曰知，由心之萌曰意，非异也，蓋心一也。即其感通之物而格之，以致吾本然之知，就吾意所知之物而好惡之，必無自欺之蔽，是謂格物、致知、誠意耳。聖門之學内求，故三者爲一；後人之學外求，故三者支焉。以三者各自爲義，則其以爲闕也固宜。

《記》曰：「人生而静，天之性也。感於物而動，性之欲也。物至知知，然後好惡形焉。」釋者以爲心之知因物生，意從知起，無内外，無先後，其致一焉者也。《記》之「物至」，非《大學》所謂「物」乎？《記》之「知知」，非《大學》所謂「知」乎？《記》之「好惡」，非《大學》所謂「意」乎？可好可惡，物也；識其可好可惡，知也；好之惡之，意也。今如人之心，其卒然以可好之物感也，則心之靈雖不與物謀，而即知其可好矣。何者？心之好之之理，與物之可好者遇也。如此，則所以好之者，當盡其知而止也。而好之不如好好色，是謂不致好之知；不致好之知，是謂不格物之善矣。今如人之心，其卒然以可惡之物感也，則心之靈雖不與物謀，而即知其可惡矣。何者？心之惡之之理，與物之可惡者遇也。如此，則所以惡之者，當盡其知而止也。而惡之不如惡惡臭，是謂不致惡之知；不致惡之知，是謂不格物之惡矣。故格物非他也，格吾知之物也，格吾意之物也；致知非他也，致吾物之知也，致吾意之知也；誠意非他也，誠吾物之意也，誠吾知之意也。雖然，要之在於此心欺否之間耳。故曰：所謂誠其意者，毋自欺也。無自欺，則如好好色，如惡惡臭，此之謂自慊矣。夫如是之謂物格，夫如是之謂知致，夫如是之謂意誠。

孟子曰：「萬物皆備於我矣，反身而誠，樂莫大焉。」惟萬物之理備於吾心，故德性之知周於萬物，反身而誠，則萬物之備於我者格，而德性之知致矣。此之謂自慊，蓋言樂也。然則如之何？亦於獨知之地，謹之而已。蓋德性之知，我自有之，有感之頃，我自知之，於此不用其謹，惡乎用其謹哉？』

問：『意者云何？』

曰：『天地之大德曰生，心則其生之理也，意則其生理之初萌也。天性純粹中，此爲最先端倪，絶無一毫夾雜，少頃即有許多計較遷就之私矣。少有計較遷就，即純粹端倪便不能直遂矣。故《大學》教人誠意，衹是要人實養得端倪在，隨地生幹生枝，吐華吐實，無非此一生理貫徹耳。故身心、國家、天下者，非他也，誠意之枝幹花實也。』

天地雖閉塞，而化未嘗息；日月雖沉晦，而明未嘗息；江河雖隱伏，而流未嘗息。故人心不可以動静言，纔説静，已是動。

喜、怒、哀、樂，率吾性，曰道；視、聽、言、動，行敬，曰德。

飢欲食，渴欲飲者，人心也。不以飢渴之害爲心害者，道心也。欲生惡死者，人心也。欲惡有甚於生死，而不爲苟得者，道心也。

卷二十

海瑞

海瑞，字汝賢，一字國開，瓊山人。

瑞，上世未詳。國初，以軍功世廣州衛指揮某者，隸籍番禺。洪武十六年，答兒從軍海南，著姓瓊山，不數傳，族氏蕃衍。有諱寬者，領鄉薦，知閩中縣事，即瑞大父。寬子廩生瀚，即瑞父也。

生而秀挺，稍知識，直欲學聖賢。居室間，人所易忽，公獨謂此正君子造端之道。位内位外，飭己刑家，一切男女僕役，至老死不逾閫閾。相往來處，伯仲姻婭肅雝，坐立跪拜惟禮。其論文則曰：『不過如畫師之寫神耳。窮一生讀書作文，於國家、身心毫無補益，何异宋人所謂「可惜一生心，用在五字上」乎？』故瑞之用心，匪特耻爲聲詩，即古今文詞，要以闡發性靈而止，不稟古則而自成一家。

嘉靖丙午，督學林公廉其行誼，大加奬賞。適出婦某訟公，且誣裝資，林公詰問，以出妻令其可嫁對，至所誣裝，俱不辯，惟貸償而已。林公益重之。己酉，督學蔡公試題，有『不曰白乎』之句，手公卷，珍玩移時，因詢公隱事，歎曰：『兹所謂涅而不緇者耶？』舉嘉靖己酉鄉試。所對《治黎策》曰：

天下之事，圖之固貴於有其法，而尤在於得其人。所謂法，經晝而條理之，卓以成績自許者，人之謂也。得其人而不得其法，則事必不能行；得其法而不得其人，則法必不能濟。人法兼資，而天下之治成。則夫今之瓊、黎，其處置之法固所當講，而以身任事之人，又非瓊人之所深望者乎？夫執事之問，革心宣化之圖，山川夷險之勢，叛服得失之由，愚生固曰得其人之爲貴，何也？誠見夫蠢，兹有衆可以一鼓而擒，而直爲是廩廩者，亦曰地險不可以馳驅，兵强不可以禦敵。不知自古及今之寇，未嘗不據險以爲强；自古及今之師，未嘗畏險而長寇。苟我不弱，天下無弱兵；苟我術周，天下無險地。

瓊、崖衛所之兵，自丘文莊奏不許徵調以來，今日已如驕子，其不足以應敵也明矣。故前郎温之敗，皆未戰怯，聞千里臨敵，先期於敗爲之也；先哨去而後哨改，彼欲進而此欲退爲之也。今日之禍，雖有以激之使然，然猖獗二年，崖民死徙將盡，未有能剿絶而安輯之者。尚得謂之有人乎？今王命赫然舉兵誅之，夫以萬全之力視此，直狐兔耳，其束身繫頸，計日可待也。然愚生之所憂者，元至元屯田立學，復起文河之憂，毛伏羌提師壓境，不開十字之道，欲爲目前苟安之圖，不思萬世無窮之利，根株之不拔，則未必後日之不如今也。

夫瓊、黎，中處環海，州縣譬之人，則心腹之疾也。失今不治，後將浸淫四潰，而爲四肢之患，皇甫規所謂『虺蛇入室，不可一日安焉』者也。故愚生以爲，今日之計，不過堅持開十字道之心，固執立州縣之計而已。自此之外，雖議之之盡其方，處之之盡其術，皆下策也。何者？昔之議者，謂盡殺黎類爲忍。而究其所以爲説，不過曰禁商人之貿易，則黎無以爲矢刃之資。夫利之所在，人共趨之，雖死有所不顧，而況於鐵首其戎者乎？是奸商雖不可不禁，而有不容於盡禁者矣。不過曰禁軍民之逃亡，則黎無以深劫奪之毒。夫徭役不擾，俯仰是資，固有樂之者，況於州縣復爲毆乎？是逃亡雖不可不禁，而有不容於終禁者矣。不過曰治土酋之刻削，則黎無以爲變亂之激。夫讀書知禮義者，浚剥良民，雖廉耻有所不顧，而況土酋之無知者乎？是貪酋雖不可不懲，而有不可盡懲者矣。始終誤宋者，在一『和』字。姑爲一時撫綏之計，不可以策黎也。革心宣化，效且遲於百年。官吏之遷陟不常，人性之貪暴不一，以一人之身而思以一德化之，不可以策黎也。所宜乘今日大軍之勢，首惡既平之後，開通十字大路，州縣所之可移者移之，屯田之可徙者徙之，遷良民之無田者佃其中，其不宜剿滅者徙之於外，夫然後爲百年之計，而瓊民享無窮之福矣。不然，今日赫然之舉，復如前日收兵之速，剿除雖盡，於小民無所益也。又安知後日之不如今，而復爲民害乎？又不然，而徒曰革心宣化云者，吾未見州縣之不立，十道之未通，而可以革心宣化也。嗚呼！此所以得其人之爲難，而非得其法之爲難也。愚生之所憂者如此而已矣。而其所以策於執事者，亦不過如此而已。若夫山川夷險之勢，叛復得失之憂，瓊志歷歷如照，愚生欲語而未暇焉。狂瞽之見，惟執事進而教之。

入都，即伏闕上《平黎策》，曰：

廣東舉人、臣海瑞謹奏：爲區處兵後地方，以絶後患，圖久安事。臣竊見瓊州一府，州縣濵海旋於外。譬之人，黎歧心腹，州縣四肢。黎歧爲寇，是心腹之疾也。心腹之疾不除，將必浸淫四潰，而爲四肢之患。州縣無久安之理。古先聖王之治遠方，寇亂征討，去不窮追，蓋施之要荒之外，吾與中國有所限隔之地。若瓊，則内之黎歧與外州縣，百姓、雞犬相聞，魚鹽、米貨相通。其間雖多峻嶺叢林，彼之出入往來，自有坦道路。自國初以至今日，除戍守軍民兵截殺斥整，飭兵備道督兵雕剿不計外，兩廣巡撫、都御史上請弘治十四年征儋州、昌化黎，嘉靖二十年征陵水縣、崖州，嘉靖二十九年征感恩縣、崖州黎，凡三大舉矣。每舉，調兩廣官兵十餘萬，費銀數十萬兩，前後屯兵防守，騷害居民，或三年或四年後止，然竟不能使黎寇讋服。迄今劫村殺人，無歲月無有。臣生長於瓊，飫聞黎患，痛瓊民歲月恤害，虛費陛下兵糧，迄無一臣爲地方長久計，以紓陛下南顧之憂者。請爲陛下言之。

夫瓊地，瓊山縣處其北，崖州處其南，萬州處其東，昌化處其西。瓊山縣轉西，歷澄邁縣、臨高縣、儋州、昌化縣、感恩縣，至崖州，計程一千一百里；自崖州轉東，歷陵水縣、萬州、樂會縣、會同縣、文昌縣，復之瓊山縣，計程九百四十里。是瓊州府，自南徂北，自東徂西，以圍三徑一計之，大約七百里程也。臣嘗博訪附黎居、慣行黎村人氏，近日大征，踏路官兵皆稱，自崖州羅活峒抵瓊山縣大坡頭營，三日可至，是黎歧盤踞地不過四百里而已。區區方四百里地，自國初以至今日，殘害國家赤子若此之毒而無已，調用國家官兵若此之衆，費用國家錢糧若此之多，兩廣有巡撫、都御史總其權，瓊州有兵備副使專其事，嘉靖十九年以來，又有守備、參將之設，迄不能一施剿撫安輯吾民，何故？武臣憚難畏寇，文臣養望待遷，圖目前苟安，不爲地方永久謀慮，黎小寇害，則隱匿不申，黎大寇害，調兵又苟且奏功，姑以應事塞責。瓊郡志書歷載識者開道立邑之議，又載弘治十四年大征議，及此而未行，爲深憾。彼非不明知之也，而莫或行焉。間有志立功業者，亦慮事掣肘難行，邀功起釁之說，我懼可懼，欲舉而止。無一人竭材力，盡忠實心，爲久遠計，爲陛下擔當事者。黎寇稔知之習，竊卑笑之，是以大兵一退，即旋轉耕其田，處其地，數年生長積聚，仍前爲州縣寇害，不少衰止。若使兵威震疊，不日此亦可以奏功，蒙顯賞擢，從而計久長。開通十字道路，設縣所、城池中峙，參將、府兵備道，則立犄角之形，成蠶食之勢矣。日磨月化，今日寧復有黎乎？

夫得黎無益於地方，處黎或周於計畫。謂不足，州縣置之可也。黎人居處皆寬廣峒場，耕作皆膏腴田地，非得地不可耕而食。文昌縣斬脚峒等黎、瓊山縣南歧峒等黎，今悉輸賦聽役，與吾治地百姓無异。儋州七方峒，今亦習書句，能正語。以此例之，非得人不可畜，而使黎固方四百里地也。凡我兵征討，無一次不搗巢穴，無一次不收成功。故臣嘗以爲，弘治十四年開道立縣，可無嘉靖二十年大征，嘉靖二十年開道立縣，可無二十九年大征，大征後開道立縣，可無歲餞。歲雕剿年年，守戍諉之曰『地土險惡，勞師無功』，藉口『聖王不治遠人』之説者，皆庸人苟禄偷安，不肯身爲地方，當事托詞也。往不可諫矣。今距大征僅三歲，兵威之震懾於黎人尚有遺，黎之生聚猶寡，開道立縣，今日可及爲也。不然，數年後，必一大變。一大變，必用兵十餘萬，必費銀數十萬，必殘破地方，必毒痛赤子。功虧一簣，坐失事機，陛下將奚取哉？臣雖未嘗手持矢刃，地多變故，區區事宜，則習聞知矣。倘得專任其事，馳驅兵革之間，俾黎土盡爲治地，黎歧動變，盡爲良民，臣亦能之。事不如效，請甘服上刑，以謝欺罔、虛費兵糧之罪。第臣平昔濡染翰墨之人，一旦言及軍旅，似可駭聽。夫瓊固有兵備副使之設矣，於此不爲，是謂虛位。伏乞陛下明敕群臣中知識事機，力可大任，不貪富貴，志在立功者，以之充兵備副使，以專治黎之任。

瓊去京師萬里，當事請裁或致遲誤。設縣立所，限其大概，乘機審勢，聽其便宜。凡一切招民置軍，設里建學，遷創縣所，屯田、巡司驛遞諸事，宜許撫按臣等從中節制。年年借用，許其調用西土兵、廣東漢達官軍打手約四千人。值故，許其調用約萬人，量撥一次大征銀糧之半以充其費。陛下三年考其成立之功，七年稽其變化之效，必得專任之柄，寬其行事，而又功少不完不遷其官，事少不效必重其罪。欲不盡心力而爲之，不可得也。永絶禍根，遺安萬代，省國家無已之費，紓陛下拊髀之變，可計日見矣。經略瓊州，計無有過於此者，諸臣無有一爲陛下言之，一爲陛下任之，臣每痛焉。伏惟皇上采納臣言，敕兵部咨行兩廣撫鎮衙門，會同巡按、守巡各官，從長計處，則地方幸甚，生靈幸甚。

時以疏下兵部議，覆獻説計便宜，燦若指掌，而議竟寢。署南平教諭。御史詣學宫，屬吏咸伏謁，瑞獨長揖，曰：『臺謁當以屬禮，此堂，師長教士地，不當屈。』遷淳安知縣，布袍脱粟，令老僕藝蔬自給。總督胡宗憲嘗語人曰：『昨聞海令爲母壽，市肉二斤矣。』宗憲子過淳安，怒驛吏，倒懸之。瑞曰：『曩胡公按部，令所過毋供張。今其行裝盛，必非胡公子。』發橐金數千，納之庫，馳告宗憲，憲無以罪。鄢懋卿行部過，供具甚薄，抗言邑小不足容車馬。懋卿恚甚，然素聞瑞名，爲斂威去，屬巡鹽御史袁淳論瑞及慈谿知縣霍與瑕。與瑕，尚書霍韜子，亦抗直不諂懋卿者也。時瑞已擢嘉興通判，坐謫興國州判官。久之，陸光祖爲文選，擢瑞户部主事。

時世宗享國日久，不視朝，深居西苑，專意齋醮。督撫大吏爭上符瑞，禮官輒表賀。廷臣自楊最、楊爵得罪後，無敢言時政者。四十五年二月，瑞獨上疏曰：

聞君者，天下臣民萬物之主也，其任至重。欲稱其任，亦惟以責寄臣，使盡言而已。臣請披瀝肝膽，爲陛下陳之：

昔漢文帝，賢主也，賈誼猶痛哭流涕而言。非苛責也，以文帝性仁而近柔，雖有及民之美，將不免於怠廢，此誼所大慮也。陛下天資英斷，過漢文遠甚。然文帝能充其仁恕之性，節用愛人，使天下貫朽粟陳，幾致刑措。陛下則鋭精未久，妄念牽之而去，反剛明之質而誤用之。至謂遐舉可得，一意修真，竭民脂膏，濫興土木，二十餘年不視朝，法紀弛矣。數年推廣事例，名器濫矣。二王不相見，人以爲薄於父子。以猜疑誹謗戮辱臣下，人以爲薄於君臣。樂西苑而不返，人以爲薄於夫婦。吏貪官横，民不聊生，水旱無時，盜賊滋熾。陛下試思今日天下，爲何如乎？邇者嚴嵩罷相，世蕃極刑，一時差快人意。然嵩罷之後，猶嵩未相之前而已，世非甚清明也，不及漢文帝遠甚。蓋天下之人不直陛下久矣。

古者人君有過，賴臣工匡弼。今乃修齋建醮，相率進香，仙桃天藥，同辭表賀。建宫築室，則將作竭力經營；購香市寶，則度支差求四出。陛下誤舉之，而諸臣誤順之，無一人肯爲陛下正言者，諛之甚也。然愧心餒氣，退有後言，欺君之罪何如！天下者，陛下之家，人未有不顧其家者，内外臣工皆所以奠陛下之家而磐石之者也。一意修真，是陛下之心惑。過於苛斷，是陛下之情偏。而謂陛下不顧其家，人情乎？諸臣徇私廢公得一官，多以欺敗，多以不事事敗，實有不足當陛下意者。其不然者，君心臣心偶不相值也，而遂謂陛下厭薄臣工，是以拒諫。執一二之不當，疑千百之皆然，陷陛下於過舉，而恬不知怪，諸臣之罪大矣。《記》曰『上人疑則百姓惑，下難知則君長勞』，此之謂也。則陛下之誤多矣，其大端在於齋醮，所以求長生也。自古聖賢垂訓，修身立命曰『順受其正』矣，未聞有所謂長生之説。堯、舜、禹、湯、文、武，聖之盛也，未能久世，下之，亦未見方外士自漢、唐、宋至今存者。陛下受術於陶仲文，以師稱之。仲文則既死矣，彼不長生，而陛下何獨求之？至於仙桃天藥，怪妄尤甚。昔宋真宗得天書於乾祐山，孫奭曰：『天何言哉？豈有書也！』桃必采而後得，藥必製而後成。今無故獲此二物，是有足而行耶？曰天賜者，有手執而付之耶？此左右奸人造爲妄誕以欺陛下，而陛下誤信之以爲實然，過矣。

陛下又將謂懸刑賞以督責臣下，則分理有人，天下無不可治，而修真爲無害己乎？《太甲》曰：『有言逆於汝心，必求諸道；有言遜於汝志，必求諸非道。』用人而必欲其唯言莫違，此陛下之計左也。既觀嚴嵩，有一不順陛下者乎？昔爲同心，今爲戮首矣。梁材守道守官，陛下以爲逆者也，歷任有聲，官户部者至今首稱之。然諸臣寧爲嵩之順，不爲材之逆，得非有以窺陛下之微，而潛爲趨避乎？即陛下亦何利於是？

陛下誠知齋醮無益，一旦翻然悔悟，日御正朝，與宰相、侍從、言官講求天下利害，洗數十年之積誤，置身於堯、舜、禹、湯、文、武之間，使諸臣亦得自洗數十年阿君之耻，置身於皋、夔、伊、傅之列，天下何憂不治，萬事何憂不理？此在陛下一振作間而已。釋此不爲，而切切於輕舉度世，敝精勞神，以求之於繫風捕影、茫然不可知之域，臣見勞苦終身，而終於無所成也。今大臣持禄而好諛，小臣畏罪而結舌，臣不勝憤恨。是以冒死願盡區區，惟陛下垂聽焉。

帝得疏，大怒，抵之，顧左右曰：『趣執之，無使得遁！』宦官黄錦在側曰：『此人素有癡名。聞其上疏時，自知觸忤當死，市一棺，訣妻子，待罪於朝，僮僕亦奔散無留者，是不遁也。』帝默然。少頃，復取讀之，日再三，爲感動太息，留中者數月。嘗曰：『此人可方比干，第朕非紂耳。』會帝有疾，煩懣不樂，召閣臣徐階議内禪，因曰：『海瑞言俱是。朕今久病，安能視事。』又曰：『朕不自謹惜，致此疾困。使朕能出御便殿，豈受此人詬詈耶？』遂逮瑞下詔獄，究主使者。尋移刑部，論死。獄上，仍留中。户部司務何以尚者，揣帝無殺瑞意，疏請釋之。帝怒，命錦衣衛杖之百，錮詔獄，晝夜搒訊。越二月，帝崩。穆宗立，兩人并獲釋。

帝初崩，外庭多未知。提牢主事[二]聞狀，以瑞且見用，設酒饌款之。瑞自疑當赴西市，恣飲啖不顧。主事因赴耳語：『宫車適晏駕，先生今即出大用矣。』瑞曰：『信然乎？』即大慟，遂嘔出所飲食，殞絶於地，終夜哭不絶聲。

既釋，復故官。俄改兵部。擢尚寶丞，調大理。

隆慶元年，徐階爲御史齊康所劾，瑞言：『階事先帝，無能救於神仙土木之誤，畏威保位，誠亦有之。然自執政以來，憂勤國事，休休有容，有足多者。康乃甘心鷹犬，搏噬善類，其罪又浮於高拱。』人韙其言。歷兩京左、右通政。三年己巳夏，以右僉都御史巡撫應天十府。屬吏憚其威，墨者多自免去。有勢家朱丹其門，聞瑞至，黝之。中人監織造者，爲減輿從。瑞鋭意興革，請濬吴淞、白茆，通流入海，民賴其利。素疾大户兼并，力摧豪强，撫窮弱。貧民田入於富室者，率奪還之。徐階罷相里居，按問其家無少貸。下令飆發淩厲，所司惴惴奉行，豪有力者至竄他郡以避。而奸民多乘機告訐，故家大姓時有被誣負屈者。又裁節郵傳冗費。士大夫出其境率不得供頓，由是怨頗興。都給事中舒化論瑞迂滯不達政體，宜以南京清秩處之，帝猶優詔奬瑞。已而給事中戴鳳翔劾瑞庇奸民，魚肉搢紳，沽名亂政，遂改督南京糧儲。瑞撫吳甫半歲，小民聞當去，號泣載道，家繪像祀之。將履新任，會高拱掌吏部，素銜瑞，并其職於南京户部，瑞遂謝病歸。萬曆初，張居正當國，亦不樂瑞，令巡按御史廉察之。御史至山中視，瑞設雞黍相對食，居舍蕭然，御史歎息去。居正憚瑞峭直，中外交薦，卒不召。

十二年冬，居正已卒，吏部擬用左通政。帝雅重瑞名，畀以前職。明年正月，召爲南京右僉都御史，改南京吏部右侍郎，瑞年已七十二矣。疏言衰老垂死，願比古人尸諫之義，大略謂：『陛下勵精圖治，而治化不臻者，貪吏之刑輕也。諸臣莫能言其故，反借待士有禮之説，交口而文其非。夫待士有禮，而民則何辜哉？』因舉太祖剥皮囊草及洪武三十年定律枉法八十貫論絞，謂今當用此懲貪。其他規切時政，語極剴切。獨勸帝虐刑，時議以爲非。御史梅鵾祚劾之。帝雖以瑞言爲過，然察忠誠，爲奪鵾祚俸。帝屢欲召用瑞，執政陰阻之，乃以爲南京右都御史。諸司素媮惰，瑞以身矯之。有御史偶陳戲樂，欲遵太祖法予之杖，百司惴恐，多患苦之。提學御史房寰恐見糾擿，欲先發，給事中鍾宇淳復慫恿，再上疏醜詆。瑞亦屢疏乞休，慰留不允。十五年丁亥冬，卒於留都。

瑞無子。卒時，僉都御史王用汲入視，葛幃敝籯，有寒士所不堪者。因泣下，醵金爲斂。小民罷市。喪出江上，白衣冠送者夾岸，酹而哭者百里不絶。贈太子太保，賜祭葬，謚忠介。

瑞生平爲學，以剛爲主，因自號剛峰，天下稱剛峰先生。嘗言：『欲天下治安，必行井田。不得已而限田，又不得已而均税，尚可存古人遺意。』故自爲縣以至巡撫，所至力行清丈，頒一條鞭法。意主於利民，而行事不能無偏云。所著有《備忘集》《淳安政事稿》行世。（《明史》本傳，參《忠介集》《理學備考》）

【注】

〔一〕權根按：『提牢主事』，原作『提牢司事』，據中華書局點校本《明史》卷二百二十六海瑞傳及下文『主事因赴耳語』改。

紀　言

天之生此人也，百責萃焉。古之人所謂『通天地人曰儒』。《大學》之八條目，知所先後其事也。人非生而知之者，孰能了此無惑？故從其先得者而問焉。

尊崇正學在君師，紹明絶學在宗師。至發蒙後學而提督之，又有教師職焉。此歐陽永叔祖昌黎之嚴謹而宗風之者，師固足重也。若人能攻我之病，我又能受人之攻，非義友耶？故尼父以善爲芝蘭，臧孫以善爲藥石。君子能降師親友，則霧掃空澄，纖毫不苟，浩然之氣塞乎蒼冥。果何至是？得力於師友者良多也。夫人外無師友之益，而欲所行之協於道，亦難矣。

天地四方之事，舉而屬之男丁之身，其負荷若之何也！故孟子善養浩然之氣，正以爲天地四方之射。漢人因有『生男如虎，猶恐其鼠』之説。予非敢以漢人爲適中見也。第中人之性，振其氣而挽之中也易，抑其氣而企之中也難。中行不得，惟過中之狂士屬心焉。仲尼之所以善於造就也。

浩然之氣原自天與，惟孟子發之，後世因之有士氣之論。夫士威武不能屈，富貴貧賤不能移，任以天下，誠非復養浩然。長河東注，百折而不回焉，不足與有爲也。以氣養士，無遺説矣。然孟子義慊以生，今人爭助之長，一切利則趨，勢則競，無長上，無謙遜，莫能由孟子之浩然，會堯舜之精一。小人而無忌憚也，皆以士氣言之。故朱晦翁告陳同甫曰：『真正大英雄，却於戰戰兢兢、臨深履薄得。若血氣粗豪，一點使不着也。』與孔子浩然之氣正相發。

人生天地間，祇一性分是所固有，見之日用，祇一職分惟所當爲。性分何在？天地萬物，本同一體，自天子以至途人，一也。性分在是，職分在是，自天子以至途人，作用一也。故天地萬物，舉而屬之我一人之身，舉而任之爲我一人日用常行之道，人不我用，然後退而守之，雖退而守之，而萬物一體之心則未嘗一日息也。從古聖賢道，蓋如此。

昔人皆以不仕則隱，出處二道對待言之。謂不得於君，則當處而隱逸。性分之樂，一彼一此，皆是也。其説定於孔子『邦有道則仕，邦無道則隱』之辨。孔子當春秋之時，亦無道之極者矣。齊、陳、蔡、宋之郊流行轍環，日不舍置。若丈人，若荷蕢、長沮、桀溺輩，至以果哉末難、潔身亂倫責之。則其云有道之仕有定仕也，其云無道之隱無定隱也。『出處』二字，不可并論；『去就』二字，亦不可并論。就者，君子仕人之正，去不得已爲之；出者，君子立身之正，處不得已爲之。孔子『無道則隱』，其隱也皇皇然有道則見之心；孔子『舍之則藏』，其藏也惓惓然用之則行之念。雖有用捨行藏之判，而『捨之則藏』即具於『用之則行』之中。有定出，無定處，非二道也。君子得志，與民由之；不得志，獨行其道。得不得，時也。志念如一，志與時旋，時其人不可而去〔一〕，時其人之可，而聖賢之志又轉之矣。此正是有定仕、無定隱之道，大中至正，通天下，合人己。孔子不遇終其身，六經垂憲。七篇仁義，孟子自許取法後王。春秋戰國之身，尚欲置之爲後千萬世之仕。身當其時，恬然隱處，秦越天下，爲一身，不爲天下計，孔、孟不爲之矣。

【注】

〔一〕權根按：『時其人不可而去』，原奪『時』字，據《海瑞集》（中華書局排印本）下編《論著類·出處》補。

善言仁者，莫如伊川，曰：『仁者以天地萬物爲一體。』天地萬物，爲人性所必有；天地萬物，爲人道所當行。仁人性也，少有不盡之分，而生人之道缺矣。我祖宗設官分布寰宇，待守令至隆，律守令亦急而峻。夫其特於守令加之意者，蓋天地萬物之性於守令也體之專，天地萬物之性於守令也行之切。『廣土衆民，君子欲之。』我性也。是故寒爲之衣，飢爲之食，争奪焉與之息，有倫理焉講明，使之知所趨，事爲之制，曲爲之防。猶之吾身，言身則疴癢呼吸之必調，言道則起居食息之惟謹。是故守率守之職，令率令之職，而聖道行乎其間矣。

聖人無近功速化。今日行之，明日見效，皆伯者詐術之私而已。此説似矣，實非。孔子言『必世後仁』，至三十年遲矣。然爲魯司寇，男女别途，豚羔不飾價。子貢謂『立之斯立，道之斯行，綏之斯來，動之斯和』，又未有若此速者。是則何爲？聖人即此道法，即此至誠惻怛之心，爲之可以見效於數十年之後，亦可以收效於俄頃之前。『必世後仁』之中，自有綏和動來之妙，不言其速而自無不速。今人每鄙書生迂儒無用，正以書生知王道之遲，不知王道之速也。急則治其標，治標亦醫家正道，而非旁門邪術。若謂我爲天德，爲王道，一謀畫，一施行，苟且因循，日挨一日，止以有待不可速做藉口，此天下所以厭儒人而尊孫、吴、管、晏也。伯以速道誤天下，儒以遲道誤天下，其害一而已矣。有賊臨城，一籌不展，抱守忠義，俯首就戮，聖人原無此等道理，原無此等忠義也。吕伯恭謂『莫速於聖人，莫遲於申韓；莫利於聖人，莫鈍於申韓』，此道此意，知道君子自可得之。於其速，不於其遲，伯道也；其爲遲，亦爲其速，王道也，天德也。

天地間和氣致祥，乖氣爲异，此理之必然也。然和氣孰爲大？曰：孝於親爲大。人能孝弟，則其心和順。即此和順之心，洞然八荒，皆在我闥。一和之所感召，而天下之能事畢矣。

不井田而能致天下之治者，無是理也。人必衣食有所資，然後爲善之心以生；日夕有所事，然後淫佚之念不作。井田者，衣食之資，日夕之事，返樸還淳之道，去盗絶訟之原，賴舉於此，故嘗以爲一井田而天下之事畢矣。

井田所以爲民，亦兼以足國。秦漢而下，間有欲爲民隱之恤久遠之計者，又苦於考究不詳，變通無術，奪富民之田以畀貧者，紛紛藉藉，無從下手。昔朱子論建國，謂：『必依山川形勢，無截然可方之理。』孟子『若夫潤澤之』，正此意也。必九百畝而後井，必方百里而後同，不足於九夫之地，百里之同而可耕可植者，將弃之乎？隨田之廣狹而爲多少之授，可井則井，不可井則一夫、二夫當之；可同則同，不可同則百夫、千夫當之。

井田者，井田之名也。人必有田而不必於井者，井田之實也。觀野行助法，國中什一自賦，聖人變通之權可想見矣。横渠曰：『世之病難行者，未始不以亟奪富人之田爲辭。』蓋謂其或以召亂也。然天下富人多乎？貧人多乎？田井而貧者得免奴佃富家之苦，吾知其欲從必矣。取富者有餘之田，而不奪其上下之養，彼亦安得而違之？反覆曉喻，委曲變通，必無召亂之事也。夫人貧富不相耀，以和其心，而後天下之治可定。今日太平之業，必世後仁之化舉，須於此而力行之，而民可與樂成矣。

人皆以井田爲聖王之養，庠序爲聖王之教。養民於先，教民於後，有養而後教行焉。若井田自爲養，庠序自爲教，不相涉矣。然《易·履卦》君子象之『以辨上下，定民志』，上下辨，民志定，教之成也。一夫，百畝之田，五畝之宅。百畝、五畝外，不加毫末。上下四旁，長短廣狹，彼此如一，而無不方。民志之定何如？伊川傳履〔一〕，歎：『後世自士庶至於公卿，日志於尊榮；農工商賈，日志於富侈。億兆之心交騖於利，天下紛然，如之何其可一也？欲其不亂，難矣。』降至今日，較伊川言，殆有甚焉。井田行，則民貧富不相耀，而心和矣；生長所習見，而志定矣。民情見美，則悦。止此田宅，何美可悦？富者欲過，貧者欲企，雖有其心，蓋無其由。無其由，而過、企之心滅矣。井田未嘗教民，而域民於教，致教之妙有若此。天下之治，井田爲之，學校不過輔翼之。先王之教，井田教於始，學校不過成教於終。一井田，而天下之事畢矣。

【注】

〔一〕權根按：『伊川傳履』，『履』，原作『屨』，據中華書局排印本《海瑞集》下編《論著類·使畢戰問井地》改。

朱、陸之論定久矣，何自而辨之？辨之以吾之心而已。

維天之命，其在人則爲性而具於心，古今共之，賢愚同之。得此而先，堯、舜、禹有『危微精一，允執厥中』之傳；得此而後，孟子有『求放心，先立其大』之論。未有捨去本心，别求之外，而曰聖人之道者。軻之死，不得其傳，而人心之天則在也。孟子曰：『大人者，不失其赤子之心者也。』恃有赤子之心，故雖出之千百載之前，其事千百載之下，可以一言而定。陸子之門人問陸子之學以何進，曰：『得之孟子。』則精一執中之旨，陸子得之矣。

乃朱子其學則異於是。《大學》『致知在格物』，借之爲誠意正心之用也。猶之惟精乃惟一之功，明善乃誠身之功，功在格致，道在誠正。朱子篤信《大學》，平生欲讀盡天下之書，議盡天下之事。『引而伸之，觸類而長之，天下之事畢矣』，天下之書可得而盡讀之乎？事可得而盡議之乎？説者謂朱子羽翼六經，嘉惠後學，其功不淺。夫朱子自少至老，無一日不在經書子史間，平生精力，盡於訓詁，而其所訓，又多聖賢經傳，豈得無功於後？聖真以此破碎，道一由此支離〔二〕，又不能不爲後人之誤。功過并之，而使人繫於枝葉，昧厥本原，其過爲大。

欲往京師，心識國都之所在，行遠自邇，計日可到。懵於定向，執途之人而訊之，歧路之中又有歧焉。訊之所不及，失之矣。大抵天下得意忘言，區區於文義講説之間，真趣薄矣。深造自得者，當見之。顔子默契道體，孔子『予欲無言』。天淵禪學，而其致虚之篤，一而已矣。然則朱子無乃得言而自薄於其意與？

【注】

〔一〕權根按：『聖真以此破碎，道一由此支離』，『真』原作『直』，『一』原闕，據中華書局排印本《海瑞集》下編《論著類·朱陸》改補。

孔子論性，曰：『性相近，習相遠。』雖未一一剖析，而天命氣質實兼於中。程子所謂『二之則不是』，『相近』一言盡之矣。論性不論氣，無以見其生禀之异；論氣不論性，無以見夫義理之同。夫義理之同，言性不可不析而爲二，無氣則此理無處安頓，曰理曰氣，無離合，無後先，性即在氣質中，非二物也。言性又不可不合而爲一，合之而未嘗不分。渾然之中，燦然者著焉。聖人之言妙矣。孟子論性，執一性善之説。夫人之所以信服於人，服其心也。服其心者，彼亦有所驗之於心，證之天下也。程、張先生於戰國，一言而告子服矣。告子不爲孟子服者，實孟子言之執於一，辨之不能詳，使之非告子諸人，故屢變以求勝也。告子所謂『仁内義外』，乃不知『仁義』二字字義。孟子不曰『心之德，愛之理，謂之仁』，『心之制，事之宜，謂之義』，區區執敬酌湯水之説，辨之不詳，亦徒多言無益也。

世俗待人，事上治下，一以鄉願道行之。群所稱辟性及所行太過者，多是中行之士。謂如此然後得中道，善處世，則必鄉願之爲而已。鄉願去大奸惡不甚遠。今人不爲大奸惡，必爲鄉願。事在一時，毒流後世，鄉願之害如此。説者謂孟子擴前聖所未發，指養氣言也。孟子之功不在禹下，當以惡鄉願爲第一。

紀　事

先生年四歲喪父瀚，太夫人謝氏年二十八守節，口授先生《孝經》《學》《庸》。

先生動必循禮。從子鵬與先生年埒，同鉛槧，同上春官，言必名，事必禀，毋稍假。司徒郎二溪楊公，鄉先達，年最長，於先生爲侄婿，先生纔弱冠，必持叔丈禮，不以長故貴故少貶。

先生掌教南平，諸凡恪守會典憲綱，上臺交稱歎服。閩中驛傳，不命有司，獨檄先生酌議。先謂驛遞千瘡百孔，盡由近年關文冒濫所致，當一切裁其不合法例者，復國初五馬三驢之法，此爲上策。若因職級崇卑，應付多寡，而借關不行，中策也。禁止迎送勞擾，就中稍爲調停節減，下策也。若先生由縣令至巡撫，則從上策矣。

先生任户部，諫肅皇帝疏始入，訪同鄉庶吉士王公於玉堂公署。自分必死，所遺後事，惟白金二十兩，曰：『死於爾乎，殯還我首丘足矣。』對酒論文，談古今治亂興衰甚悉。語及士大夫立身行己，惟以事事認真，集義養氣爲主。徐曰：『今之醫國者祇一味甘草，處世者祇兩字鄉願，正道何由而復？』語畢，從容赴朝房，席藁待罪，鼎鑊自甘，絶無纖微可憐之色。

紀論

王宏誨曰：今天下冠帶之倫，其賢豪自命者非少矣。然往往趣捨异路，而言行相詭。或借爲中行之説，陽闔而陰爲闢而不自知。其竄入於鄉願之中，或見謂『功業有道途可指取，有名節可戾契』，陵厲恣睢，而苟爲高而罔致，嚴於簠簋之飾。其平居之所慕説，蓋稜稜若异代人不可及，乃其行事之概，未及蓋棺而論定矣。名不虚立，士不虚傳。夫義士非其仁心爲質，蟬脱塵堨，不畏義死，毋榮倖生，則胡以毅然稱丈夫哉？海公者，非唐所稱楊綰流者耶？方綰之相唐，而大臣減音樂，動貴摘撤騶從，方拜命而轉化乃爾。此豈有聲音笑貌也乎哉？乃海公之砥節礪行，而縉紳又多遺議，何也？夫謂公意不可一世則可，謂公無用於世則不可。因其不可一世也，而遂詆其不得用於世，則又不可。烏乎！行爲國棟，德足世儀，惠以達名，介而遠利，剛標高碣，挽我叔季若海公者，吾不得而見之矣。

郭棐《通志》曰：姜尚書寶謂瑞『天下奇男子，志節兼狂狷』；王都御史用汲謂瑞『清同江流，節凌鍾山』，蓋知瑞者。

范彪西曰：觀先生《嚴師教戒》一書，可知先生之學鞭辟近裏如此。惜乎朱、陸之論，謂朱子『祇做得《大學》先之之功，不盡得《大學》後之之益』，因引王陽明譏朱子『氣魄極大，合下便要繼往開來，少年已著了許多書』之言，據爲定論。愚故曰：先生之學，陽明之學也，敢僭收之，俟與陽明同類并存云。

又曰：《唐陸宣公奏議》，朱子稱其纖細畢晰；明吕寧陵《實政録》，先聘君稱其利弊昭然。先生《備忘》十卷，殆步陸之後武而闢吕之先聲者乎？其爲學也近理矣，輯理學者多略焉。何居？豈以朱、陸一論揚陸抑朱之過與？揚陸抑朱，陽明之徒也。先生之學，不足於輯理學者在此，可以備輯理學者之討論亦在此。

卷二十一

葉夢熊

葉夢熊，字男兆，號龍潭，歸善人。春芳子。少有大志。嘉靖辛酉鄉薦，四十年進士，知福清縣。福清故健訟，熊吏治尚嚴，人不敢犯。入爲户部主事，轉餉寧夏，改山西道監察御史，以諫受把漢那吉降，貶郃陽丞。時順德岑用賓亦以言謫丞宜陽，尋卒，夢熊兼程馳至，經紀其喪。二載，移歸德司理，士民爲志去思碑。尋遷南户部主事，督鳳陽倉。鳳陽舊多額羨，及衛所官奪俸補支，每千金則以十之四入督理。夢熊奮然曰：『奈何以倉場爲市！』一切裁罷。

甲戌，轉本部郎中，累陞贛州知府，平黄鄉賊。贛當四省衝，人視爲利藪。夢熊下車，先節筦榷，立程書，與十縣更始，月課殿最，郡屬肅清。贛有劇賊葉甲，世穴居萬山中，後其孫楷縱横行劫，倡衆聚徒，有司不能制。夢熊白軍門江一麟芟滅之。議既定，密訪故嘗與賊交通者召來，復密授召楷所親任者，數月悉至，無不人人願歸向。於是下令就其地適中建社學，行鄉約，立保甲，令子弟有願學從延師督教。楷與二三酋長執迷不服。時楷子弟多隸轅門，夢熊召而遣歸，且諭之曰：『而家世梗化，朝廷代以不死，恩浩蕩矣。今能從籍爲編户乎？不則夷而巢穴。』子弟歸，楷業已率萬人反。即分兵豫據扼塞，令楷所部自爲兵，兵從中應。楷錯愕，率妻子將千人保馬蹄山，而千人亦半受牒，倒戈相向。楷知不免，與妻子自焚，騎士馘獻之，斬首三百級，餘黨悉平。疏聞，詔賜金幣。未及論功，以内艱去。

服釋，補安慶郡。會有弓田之令，上下操切，以阿張居正。夢熊務寬大，撫臺孫光祜下檄，欲并坡蕩，丈之，夢熊曰：『安慶多沮洳，冬望平蕪，春夏即爲魚鱉窟，若之何爲民厲階也？』光祜誣疏緩令，坐奪俸三月。壬午，擢雲南副使，備兵金騰。未赴，改浙江巡海副使。行部四明，至舟山，視諸險要，歎曰：『國家歲費糧餉，士僅保境内已乎！』於是悉召外海漁船，下令編次，各分界限，自爲部伍，教技擊，繪器械，不惟守望有賴，即在在皆兵，歲省餉金之半。臺省舉邊才，疏夢熊名，前後七上。

二年，調永平兵備。首謀於督府王一鶚，曰：『車戰火攻，破虜之長技也。適事久弛，宜依古式製輕車神炮，蓋車輕則易馳，炮重則及遠。』於是授法督造。會遼東告急，請施於遼，敵遂披靡。疏聞，取進大内，稱旨，令九邊製造如式。下詔慰勞，加左參政兵部紀録。丙戌大計，舉廉能第一，賜宴，轉山東按察使，尋晉右轄。

萬曆十七年冬，由山東布政使擢右僉都御史，巡撫貴州。每謂播酋楊應龍必變，卒如所料，人咸服其識。尋改陝西，會火酋告急，朝議調夢熊巡撫陝西。夢熊單車就道，至陝，直趨河州。繕甲兵，治車炮，日饗士卒，期雪洮河之憤。火酋率衆據莽剌兒工川，夢熊授計總兵尤繼先迎擊，破之，斬首二百餘級，俘獲無算，敵遂遁去。進右副都御史。以請討撦力克，與經略洛議相左，廷議方右洛，絀其議不用。會撦力克東歸，洛亦還宣大，乃移夢熊甘肅，與學曾共事。夢熊有膽决，敢爲，會拜反，上疏自請討賊，帝然之。六月，至靈州，與學曾合。辛卯，擢副都御史，巡撫甘肅。念甘肅遠懸河外，兵力單弱，疏造火器以制。上嘉納之，下部給馬價佐費。即於蘭州造大炮千計，軍威大振。松套聞之遠遁。

壬辰，逆賊哱拜父子倡亂寧夏，殺撫臣，劫主將，脅宗室爲叛。夢熊聞之，奮曰：『明盛之世，豈宜有此？不早撲滅，蔓將難圖。』疏請往討，誓不與哱賊俱生。上壯而許之。六月，赴寧夏。時敵三萬，營羅山。夢熊乘間趨靈州，與總督魏學曾會議，而攻戰無備且單弱，報急，夢熊憤謂學曾曰：『以少擊衆，可倖其成列乎？』遂命驍將麻貴、馬孔英帥鋭卒千人赴敵，用神炮大破之。敵奔城北，哱賊括城中子女、金帛。會甘肅兵至，神炮、器械盡皆精礪，苗兵奮戰無一不當百，敵遂遁去。賊堅壁不出。朝廷怒師老無功，逮總督下獄，而以夢熊代之。賜上方劍，文臣四品、武臣副參而下，得以軍令從事。夢熊受命，馳視形勢，遂築堤引河灌城，城多圮。有裨將堤防不密，水洩，立斬之。復率將士，親冒矢石，用炮火攻，焚其樓櫓。賊殊死守。夢熊慮糧不繼，乃遣行間臘書遺賊。賊佯請降，緩兵待援。無何，卜着二酋率衆二萬爲賊援。夢熊密授諸將，分爲五道，偃兵俟之。及期，諸將遵密策，悉中機宜。敵退，不敢近城。賊望寧夏，百户石棟、王英、畢邪氣三人約爲内附。會參將楊文領浙兵至，夢熊以所引灌城。水大漲，可艦而行，而南兵素習水，命操舟以戰，如履平地。賊益恐。尋以火克南關，關内商民争應之，石棟等從中反間。復給券以授協從劉、許，諸人益自疑貳，互相戕殺。都督李如松率兵攻之急，承恩遂斬劉東陽、許朝士、文秀首請降。諸將入關，衆欣欣舉酒相勞。夢熊獨下令曰：『奉命討賊，首賊未獲，何以報上？必滅哱氏，然後朝食！後期者斬！』於是如松督諸將奮擊之，遂克内城。拜縱火自焚，兵士奮而馘之，俘承恩、承寵并諸首逆以獻。

捷聞，上大悦，擢右都御史，兼兵部左侍郎，蔭子錦衣千户，勒石賀蘭山。即日移鎮，還固原，疏病乞骸骨，朝廷温旨勉留。乙未夏大閱，論功，加兵部尚書，蔭一子冑監。復三疏致仕，不允，改南京工部，加太子少保。十月，兵部復疏其功，詔進太子太保，加其子蔭錦衣衛指揮，世襲。復連疏乞休，直指受部檄趣之任。夢熊歎曰：『吾受恩深，非致身，何以報國乎？』將就道，俄以疾卒於家。訃聞，詔賜祭葬，加贈少保。

所著有詩文集、《五鎮奏疏》《籌邊議》《戰車録》《運籌决勝綱目》等書行世。

夢熊忠勇過人，多智略。寧夏之役，當事者皆憚於行，夢熊獨肩之，卒殲哱賊。廷論以伯爵酬首功，竟爲忌者沮議。嗟乎！先事而首鼠，後事而害成，鄙夫難與事君，可勝道哉。

（《明史》，參《福建通志》、郭棐《通志》）

紀言

《萬世文字之祖論》曰：聖人所以先天下而立極於無窮者，亦惟會道之精而已矣。夫道果有始乎？始而無始，道未嘗秘也。道果有終乎？終而無終，道未嘗息也。而其精則具於人心之初，通於天地，貫於古今，極於始終之變而未有窮，然不可以無所寄，而不得不寄之於文。文者，則根於無言，呈於有象，所以載道而行之也。聖人者出，則爲斯道之主，而會其精於一心。夫是以發之而爲文，法天下，傳後世。人見道之不廢於天下後世者，聖人爲之也，而不知其至文之所寄也；人見聖人之寄斯道者，文也，而不知其至精之所會也。天不息，而道亦不息，而聖人之文亦不息。噫！此其所以爲萬世文字之祖也。且夫道之在天下也，以爲出於天地矣，謂其原也，而所以居天地之先者孰主張？是以爲出於聖人矣，謂其至也，而所以爲聖人之精者孰綱維？是原矣，必有大原，是謂生天生地爲化之始；至矣，必有極至，是謂生人生物爲理之先。渾渾然爾矣，沌沌然爾矣，無意無象然爾矣。初，何有於道之名也？道且未有其名，亦何有文字也？故文字者，已非道之初矣。然而聖人未生，道在天地；聖人既生，道在聖人。聖人者，天之所生，以爲斯文計也。天地之心也，生民之命也，萬世之太平也，均之繫焉，故文之不可以已也。

當伏羲氏之作也，天垂象，見吉凶，聖人則之，以通神明之德，以類萬物之情，始於一畫而已。有象而無言也，有數而無文也。列之而八，推之而六十四，極之而千萬，以至於無算。非有异也，即其一焉者也。渾渾者至是而啓矣，沌沌者至是而闢矣，意象之無者至是而露矣。

夫聖人何心於一畫哉？天不愛道，河出《圖》，洛出《書》，造化且不秘也，况聖人乎？自是而精一之文出焉。十六字所以開心學之傳也。自是而爲湯銘武範焉，建中建極，亦心學也。是故潔净精微，《易》教也，窮其一之變矣；疏通知遠，《書》教也，彰其一之用矣；和柔惇厚，《詩》教也，道其一之情矣；恭儉莊敬，《禮》教也，綜其一之紀矣；屬辭比事，《春秋》教也，正其一之分矣。始之一畫，文非略也，固所以爲萬殊之宗；詳之六經，文非繁也，固所以爲一之著。作之於伏羲，此心之精也，前乎百世之既往，非此無以開其始；述之於列聖，此心之精也，後乎千百世之將來，非此無以要其終。何者？一畫在天，爲變化之始；在人，爲未發之中。若鑒之未照也，若太阿之未出匣也，不見其錯綜往來酬酢纖悉之動，所謂無體之文也。由是而萬化行焉，性情發焉，洪鐘扣而聲揚矣，璞玉啓而光焕矣。所謂成章之文也，天下人心之所同也，萬世人心之所同也。聖人會其天下萬世之文之精，而立人極於上，而文章之盛由此以傳之無窮，此其所以爲文字之祖也。是故堯、舜傳之禹，禹傳之湯，湯傳之文武周公，周公傳之孔子，而至於孟軻，均之會道之極也，均之具經世之文也。達而在上，則謨訓典章，詩歌篇帙，燦然灼然，非有加於一畫之初也。窮而在下，則删述修正，著爲經傳，炳炳然以教萬世，亦非有損於一畫之初也。

外是而《戰國策》，則亂世之文矣；《太玄書》，則衰世之文矣；《中説》續經之作，則僭世之文矣。要之，其精藴不足於内也，故其文不可以爲法。求之唐，則《原道》一篇，其庶幾乎，然而博愛之語，未得其真，亦未足以與於斯文也。求之宋，則濟濟盛矣。周子之《太極通書》，實與大《易》之旨相爲表裏。而程子《定性書》《易傳序》，則所以發明一畫之微。至於朱、蔡之《易學》，張子之《西銘》，亦何莫而非羽翼乎斯文也哉？

是故尚論古今之文字，伏羲其祖也。文王衍之，周公彖之，孔子繫之，繩其祖武者也。顔、曾、思、孟諸子之文，則無忝乃祖者也。而焚於秦，注於漢，決裂於唐，祖脉如綫矣。大明於宋，使如綫之緒復續，則有功於祖德者乎。噫！亦有本矣，所謂『吾心之精』是也。《易》有太極，而吾心即太極也。吾之心，通於天地，則天地之文會於我也；貫於古今，則古今之文會於我也。求之不睹不聞之中，以觀其未發作何氣象，則一畫之妙且渾然在我矣。精之莫見莫顯之際，以觀其衆動百爲之化，則一畫之變且恢然在我矣。文思而曰欽也，文明而曰塞也。緝熙敬止，文之所以爲文也。知此，可以論於文字之外矣。

紀事

先生年十六入庠序，究心性命之學。負笈南海何宗伯端恪公之門，公大奇之。嘗挾册入羅浮，日惟焚香静坐，暇則跨鐵橋，上下四百三十二峰，登飛雲觀日出，倘徉笑傲其上。

謫郃陽丞時，修元聖墓、先賢岳崧墓。郃及旁邑士人請受業，屨常滿户外。郃俗，喪用歌妓，嫁殫資産，先生開誠化導，士民從之。

家居逾二載，爲園種蔬，親知過訪，則烹茹盡歡，躬自簡約，以風後進。

紀論

馬鳴鑾曰：公真振代碩儒，非晚近時人品也。夫世俗所謂事業云，豈鮮乎？然或出於一身功名之計，而未必本於忠誠愛國，不能自已之情，雖慶譽赫然，而去聖賢作用遠矣。何者？未聞道也。當哱劉倡亂，全陝震驚，逆焰方張，妖言四起，嗟嗟！此何景耶？公飛章告變，極陳安危之苦，辭而身請討賊，以明臣義。方是時，利鈍禍福，總置之度外，矧功名哉？乃大難削平，竟售公志。雖其才智有絶人者，而一念樸忠，知有社稷，不知有身，其精誠可通神明而貫金石，非有道不能也。昔武鄉之烈，寧澹爲基；新建之績，良知爲宗。如公之成功，迅掣風霆，旂常日月，真不朽盛事。至其折衝定亂，意思安閑，視疆圉弗靖，若器之欹，隨手正之，而無自功之色，其於道也深哉。

楊起元曰：世之慕公者，咸謂公爲郡縣稱賢守令，爲御史稱賢御史，監司稱賢監司，逮乎膺節鉞，任督撫，則捍灾禦患，在在著社稷功，而不知此皆公之緒餘，而出之有本，則先立乎其大者也。

公早嗜正學，年十八，與仲叔絅齋公盟於文廟，欲俎豆其間，此其意固已遠矣。弱冠，奉厥考兩峰公遺言，往學於何端恪。是時從游之士屨常滿，惟討藝誦説而止。獨公與端恪公自晨興至丙夜，亹亹不懈。有所辨質，一惟依於忠孝大節。故當其做秀才時，便能視天地民物爲一體，以天下國家爲己任。兩峰公負大才，弗竟厥施。先生痛先志未酬，奮然思顯揚之，聞其永訣之詞，真可泣鬼神而貫金石。

事母石太夫人備極色養。晨興，飾冠服拜堂下，稟日所誦文會經書，目候太夫人手掣授之文成，報命然後出。與朋儕出，評騭此一念孝思，將何事業不可爲者？自登第，官至贛州守，皆奉太夫人邸舍，即俸入不以一錢私妻子。撫諸兄孤如己出，視庶弟友愛彌加，憐嫠姊之節，垂老而敬益篤，一以事太夫人事之。歷仕三十餘年，逮功成請老，家計勤勤，不异寒素。日惟召諸子侄，談笑咏歌，怡怡自樂。此其視手足骨肉爲一身，故無淫滯扞格之患。出服官政，融然物我無間。宦轍所至，皆廉能著聲，雖極之建，掀揭竪旂常。莫非自孝思一念中來，則公之學識其大者故也？戡定西夏，中外共壯其勳。觀其請討一疏，忠義憤激，矢不與賊共生，真若痌瘝乃身，以天下爲一家者。蓋其志氣矯矯自負，而能鑄以聖賢之學，是以當大事而不動心，卷而懷之，不可得而羈也。

往余問學金陵，公時爲留曹郎，朝夕相與論説，惟以天地民物一體相訓誨。又謂居官當如貞婦，惟知心無二天，一切繁華無所繫戀，使尊卑顯晦，皆能自盡職守而無缺陷。今稽其生平出處，惟以孝友孚邦家，樸忠報明主，功名富貴直敝屣視之。證諸幼學，殆非空言無補也。憶公常題其署曰：『闊地觀天天更闊，高山看天天又高。大人眼界浮天外，看到浮雲及羽毛。』噫！此可以觀公之心矣。凡此皆公學問之大者，故特揭而表之。

林培曰：公平虔寇，以郡守兼督撫之任討逆賊，以甘肅請寧夏之纓讓虔功，使人不知寧夏功高賞薄，而處之甚泰。此固洙泗之心，源聖賢之家法也。公真不作三代以下人物哉。

楊起元

楊起元，字貞復，别號復所。祖博羅泊頭村人，遷歸善。自幼聞正學，言動舉止，咸莊重不苟。年十五補諸生。賊躪東平，焚民舍，起元爲亂賊所掠，從容賦詩自若，賊异而釋之。明年隆慶丁卯，中鄉試第一。年二十三，試南宫不售，乃游金陵，下帷績學，邂逅盱江黎允儒，歡言相得。

萬曆五年丁丑成進士，選庶吉士。適羅汝芳以參政入賀，遂學焉。張居正方惡講學，汝芳被劾罷，而起元自如。己卯，起元授翰林院編修。丙戌分校禮闈。是歲，册封崇藩，歸省親，還朝，取道盱江，執贄羅近溪而稟學焉。往復參證，因大悟性命之宗，曰：『乃今如客得歸矣。』因次近溪會語爲《答問集》，又摘其論仁者爲《識仁編》，日諷誦之，并示學者。丁亥，進修撰。戊子，校士入闈試策，大發所學，同志争傳誦不置。己丑，復分校禮闈。三月，遷國子監司業。辛卯，晉司經局洗馬，纂修玉牒，充經筵講官，上《崇聖志勤聖學疏》。壬辰，復分校禮闈，先後所得名士。聞父喪，奔還。服闋，起國子監祭酒，以母老疏辭，不允，遂將母行。丙申，晉南京禮部右侍郎，修皇陵功成，上命祭告。至中都，士大夫暨生來問學，起元即《中》首篇反覆開諭〔二〕，中多興起者。丁酉秋，因灾异復上《恭勸勤學疏》。逾月，輯《高皇帝御製集》刻行之，於其中稍爲詮注。取《洪範》語，名曰《訓行録》，擬上未果。累官吏部左侍郎、拾遺。被劾，帝不問。戊戌，召起元爲北京吏部右侍郎，兼侍讀學士。未行，而母夫人卒於官舍，起元扶櫬還。己亥八月，營葬廬墓，哀毁之餘病卒，年五十三。訃聞，賜祭葬。天启初，謚文懿。

起元生平事親孝，與友弟厚。宗族閭黨，人有過，耳不欲聞，而惟就其所善奬成之。僮僕有違，亦不加鞭朴，微以意諭戒之而已。一聞羅近溪之學，無須臾忘。離一小像，出必告，返必面，歲時約同志祭奠於所居，以爲常。四方之士受學者，屨常滿户外。起元隨機指授，人人躍然意滿去。起元持論，以明德、新民、止至善爲宗，而要歸於孝弟慈，謂『孩提不學不慮之良心，即聖人之不思不勉。耳目手足之生生即心，愚夫愚婦之知能即聖。氣稟物欲，皆明德之寄寓；共睹共聞，即不睹不聞之本體』。大抵皆本師父之言推衍之，聞者始而疑，中而嘩以辨，久之群然服。起元直窺性原，無支離影響之弊，非世儒矯强義襲、半途而廢者比也。所著有《證學編》《楊子學解》《論存笥稿》《楊子格言》《楊子政序》，輯《白沙語録》《證道義》等書行於世。

（《明史》，參《理學備考》、韓日纘撰《傳》）

【注】

〔一〕權根按：『起元即《中》首篇反覆開諭』，『《中》』，當指『《中庸》』。

紀　言

或曰：『古人最初一念，即欲明明德於天下。何也？』

曰：『《大學》者，大人之學也。其起願也不大，則其究竟也亦不大矣。上古神聖，洞徹性體，知此學必由此起願而後成，故定爲教人之成法。遞相流傳，而古人以爲是學之固然也。體之爲言，禮也。天地萬物一體者，天地萬物一於禮也。仁者以禮爲體，不以形骸爲體。故曰「克己復禮爲仁」。《孝經》之教，以「不敢」爲先。「不敢」者，有所畏也。有所畏者，敬之謂也。敬者，人之真性乎？夫「身體髮膚，受之父母，不敢毀傷」，自赤子下胎之初已然矣。馴致於不敢惡，不敢慢，不敢服，不敢道，不敢行，不敢違小國之臣，不敢侮鰥寡，不敢失於臣妾，皆此心爲之，是不敢之爲孝也大矣。乃若五刑之罪，莫大於不孝者。凡刑之所加，皆敢之所致也。故《孝經》之教行，四海之内可以無刑人。』

與愚夫愚婦同其知能者，真聖人之道也。然而不爲愚夫愚婦者，以其能使天下萬世各安於愚夫愚婦之知能耳。若自離愚夫愚婦之知能，何以使天下萬世各安於愚夫愚婦之知能？非使天下萬世各安於愚夫愚婦之知能，則聖人者亦世之附贅懸疣也已。

赤子下胎，便知愛身。人之性靈，悉從愛身始。故《孝經》曰：『身體髮膚，受之父母，不敢毀傷。』孝之始也。孝爲百行之原，觀孝自『不敢毀傷』始，則百行皆從『不敢毀傷』始可知矣。以此持身，何所不謹？以此量人，何所不恕？君子之『三畏』，即孔子之所畏也；

君子之『三戒』，即孔子之所戒也；君子之『九思』，即孔子之所思也；『三樂』之益，『三友』之益，即孔子之所樂所友也。皆自言其日用行持之事，匪爲教人而設。

復然後見天地之心，見天地之心，然後能以天地萬物爲一體。天，吾覆也；地，吾載也；君，吾治也；親，吾嗣也；大賢，吾師也；小賢，吾友也；農，吾耕也；商，吾遷也；工，吾利用也；不善人，吾砥勵也；五穀瓜果，吾養也；梟毒，吾藥也。舉天地間，種種色色，吾之所不及聞、不及見者，無非與天下之人相關，則無非與我相關，則吾身之肌膚、毛髪、孔竅，固然而不可易，自然而不容作，當然而不可弃，惟上之各於其所而已。一復之際，便能見之。彼不復者，以私意較量。其間如入海較砂，衹自困而已矣。

『止至善，解曰善，而曷云乎至也？』

曰：『是天之載也，古之極也。子思曰：「上天之載，無聲無臭。至矣。」是至善之所自來也。孟子曰：「規矩，方圓之至；聖人，人倫之至。」是至善之所取則也。然則有二至善乎？非然也。董子曰：「道之大原出於天，天不變，則道亦不變。」自古以來，大聖至神，無不本天以爲學，而垂其則於後世。後世之學者，得徵而信焉。信古，所以信天也。古者，天之所寄也。天者，古之所出也。譬之規自圓、矩自方者，天也。立圓以規，立方以矩者，古也。

是至善也止之云者。

明德新民，皆本天以稽古，而準古以合天，如爲圓之止於規，爲方之止於矩，雖有離朱之明，不敢自用，雖有公輸之巧手，不敢自運也。何者？天之則至古而極也。雖欲加之，不可得而加也。雖欲損之，不可得而損也。然則將事事擬古而爲之乎？非也。子不觀之規矩乎？以之作室，萬萬其室則萬萬其形也，而規矩一也；以之制器，萬萬其器則萬萬其象也，而規矩一也。明德新民，亦自有其規矩而已矣。明德新民之規矩何也？古之欲明明德於天下者，而各有求端用力之地是也。平天下，先於國，先於家，先於身，先於心，先於意，先於知，先於物，是其規矩之統論者也。物如何而格，知如何而致，意如何誠，心如何而正，身如何而修，家如何而齊，國如何而治，天下如何而平，是其規矩之細論者也。知意身心，屬之乎明德也，而其體必涵乎民物；國家天下，屬之乎親民也，而其用必根於身心。是其規矩之錯綜者也。而自天子以至於庶人，是皆以修身爲本，則運是規矩者也。圓則行，方則止，《大學》言矩不言規，寓止之義也。矩亦規也。故《大學》一書，皆至善之所寓也。由之則治，不由之則亂；由之則安，不由之則危。治亂安危，主之自天也。由與不由，徵之以古也。而其感應流通有不爽者，以此見天之道寄之古，而古人之所爲，即天之所爲也。董子曰：「意者有所失於古之道與？有所悖於天之理與？」此之謂也。

堯、舜、禹、湯、文、武之不爲政久矣，然其道可考而知也。有目者所共見，有耳者所共聞，有心胸者所共記憶，有智識者所共率，由也。然有得焉，有不得焉，或以階治焉，或以召亂焉，何也？知不達天也。知不達天，則不知古人之精蘊，而所爲慕古者徒啜其糟粕而已矣。故以知天之人而用治古之道，是造父而弃騏驥也。其弃而不用，是王良而徒步也。知不達天而希古，是學步之嬰而遵九折之坂也，必無幸矣。顧有不知天而慕古者矣，未有知天而弃古者。孔子曰：「文武之政，布在方策。其人存，則其政舉。」「思知人，不可以不知天」，此之謂也。是故欲止於至善，必明乎善者也。明乎善者，知止者也。知止者，明明德者也。明明德者，格物以致其知者也。格物者，會通古人之成法，以觀於物之本末者也。故博學之，審問之，慎思明辨之，篤行之，然後可以明乎善。由此言之，知天然後能知古，亦必知古然後能知天。如十二律，還相爲宫，非善學者，其孰能一之？且夫止之云者，果且有止乎哉？是無窮之論也，的立而射者赴焉，至乎的而止也；皇畿立而四方趨焉，至乎皇畿而止也。明德親民之學，惡至而有的？惡至而有畿？堯治天下，至於七十載尚不知天下治與不治，乃之乎康衢而聽乎兒童之謡，又之乎擊壤而聽乎老人之歌。舜治天下五十載，亦不得自安，巡狩而至於蒼梧之野。孔子睹此而知二聖之難窮，是以有「其由病諸」之歎也。觀堯舜而其他可知也。此其心皆有所慕於至善也矣。」

『四勿』之『勿』，猶『弗』也，不必爲『禁止』辭。目者，面目；禮者，本體。顔子問禮之面目，孔子以當下視聽言動處點之。謂視聽言動無非本體，則弗能視聽言動。離此視聽言動，亦無從見本體矣。故曰：『等閑識得東風面，萬紫千紅總是春。』此孔顏針芥相投，有非俗學所能測者。若以『禁止』論，乃原憲制私之學，豈孔子所以語顏子乎？言動且不論，比如聲色一交於前，耳目不及掩，當下已視聽矣，禁止工夫從何而用？聖學原自易簡，不可自作煩難。昔賢云：『須從根本求生死，莫向支離辨濁清。』吾亦云：『須從易簡求仁禮，莫向煩難辨是非。』

仁在乎熟。仁者，人也。即此七尺之軀，天地萬物皆同一體。《大學》所謂『大人』是也。大人之學明明德，必極其明；親民，必極其新。然後爲止於至善。自非合内外，忘物我，渾渾融融，養到極純熟田地，安能使此七尺之軀，渾然與物同體，而成大人耶？成大人，而仁斯熟矣。

紀事

先生弱冠，每讀書，必釋卷尚論，或勸以紀誦，輒曰：『吾爲千聖傳心，寧爲古人載糟粕乎？』

先生過盱江謁近溪，出，語人曰：『吾坐師春風中，師未語，予未請問，惟睹會堂上長幼畢集，融融魚魚，此即唐虞太和氣象。』

先生分校禮闈，撤棘後，倏覺神思恍惚，亟告病歸。中途而肖齋公訃至。先生一聞，痛傷成疾，口不容粒。比入境，飛小舟，冒巨浪，不旬日抵惠。跣行匍匐，歸伏棺，慟哭幾絶。母撫之再四，先生徐蘇，牽衣拂太孺人淚，日强遣以安孺人，暮席地棺側，悲號不已，柴毁骨立。出肖齋公所閲書，畢陳靈右，宛如獨立過庭時。構廬墓側，至釋服猶然居之。

居官講學，未嘗少輟。受學者輻輳，得其片言隻字，咸曰：『嶺南楊夫子之書！』其傾倒一世如此。

紀　論

鄒元標曰：五嶺自新會開斯道之傳，增城繼之，及公起而不永年。然由盱江直接新會，以近溯孔孟嫡傳者，捨公誰屬？昔人云：『南海有聖人出。』此心同，此理同，信哉。或者以公尊師過議其迹，不知公之尊師，非當仁不讓，不能如是之勇。然公非尊師也，尊道也。噫！非身有諸己，誰復知在三之誼？此難與庸衆人道也。

卷二十二

劉鴻漸

劉鴻漸，字紹嘉，東莞人。少穎异，日誦數千言。年十五，見陽明論學提綱，語曰：『此心體也，謂之無惡可矣，謂之無善可乎？』父校大奇之，因盡出濂洛關閩之書使卒業。鴻漸所得日厚，遂擁皋比，講學邑中，一時執經者户屨常滿。其教法謂聖賢爲學，所稱主敬行恕，大要都從人己事物外面分明處做起，久之，心無不在，而仁自至，性自盡，命自立矣。

先是，嶺表之言理學者，海剛峰瑞專主陸，陳白沙獻章、楊復所起元依違朱、陸之間，鴻漸獨宗考亭。時海内方溺於《朱子晚年定論》之説，鴻漸與楚人瞿九思反覆論難。九思曰：『東莞有人焉。』鴻漸嘗言：『姚江之學，一傳而至龍溪，直是亂道，彼其所謂「四無」之説、「一了百當」者，言其所言，豈吾黨之所謂言乎？功夫雖兼動静，而必從動始；知行雖是合一，而必自知始；良知雖有可致，而必從窮究事物始。』及門陳國是、方遂千、阮一道輩相與闡而揚之，所作《格物要》《致知辨》傳誦一時。萬曆間，粤東有識之士不盡墮諸家雲霧者，鴻漸力也。

生平言笑不苟，所得脩脯悉以均諸弟，學者稱磐石先生。嘗六中副車，邑三山李文圭、仁和翁汝遇皆禮重之。年八十七卒。著有《易説》《蘭軒詩文集》《彙雅》《省勸録》諸書。

季子政，字起喬，性剛方寡言，常偃居一室，經旬始一出户，在里巷六十年，罕有識其面者。邃於《易》，晚遭鼎革，弃諸生，以吟咏自娱，尋卒。

（《廣州府志》，參《東莞志》）

紀　言

《格物要序》曰：天下未有不格物而能致知者也。釋子絶物以爲知，余姚先知而後物，二者微有不同，均非《大學》之所爲知也。《大學》之所爲知者，一則致之於其所已然，一則致之於其所未然。夫致之於其所已然，則良知是已。而不能不致之於其所未然，若不取之格物，而何取乎？且不特未然已也，即其所謂已然者，離事以尋求冥心，而獨運究其流失，卑者拘而不廣，高者虚而鮮實，僻者跌蹩而遠於中。彼所詡詡然自以爲知者，將有日漸於其非所知者矣。

古之聖人知其然，是故爲之學以聚之，問以辨之，寬以居之。凡内而天性人心之善，外而人倫日用之正，精而吾道源流之藴，微而异端學術之差，大而王霸純漓之别，極而上下古今氣數無窮之變，其所以格之者蔑不盡焉。非但爲是，涉獵於物，如無根之木、無源之水也。吾心之思可以通微，吾思之睿可以無乎不通。然非即物以用其思，則吾之睿亦終於有所蔽，有所止。惟格而通，通而至於全體大用一旦豁然，斯二者之患亡，而已、未然之知悉集於我矣。釋子絶物之知非知者也，余姚先知後物之知亦釋子之眷屬，非知者也。惟其非知，故所爲無善無惡之説當頭便舛。

夫天下有無惡之心者，天下乃有無善之心乎？心而無善，將所爲仁義禮智者何物乎？釋子以氣爲心，謂之無善可矣。吾儒以理爲心，亦謂之無善可乎？總緣其不藉格物而專務致良知，故若此。余姚之後，一傳而爲山陰，再傳而爲温陵。直是所鄉亂道而無忌憚已矣，予懼正學之狂惑而聖教之充塞也，爲著《格物要》，以與及門共證之。

《蘭軒示諸生》曰：海内之講道學，至今日而盛極矣，然横竪看來，都不出禪和圈子，以其根本弊病總在亟求心得故也。

夫求心亦曷嘗不是不知心，無空求之理，必須從學問以求。所謂從學問以求者，明天道，察人倫，講聖言，通世故，使之義敬交修，知仁克盡，而後自得隨之，非徒完養神明而已。若夫遺弃一切，屏黜百慮，專務虚静，以爲心得，此便是達磨面壁之學，任到得凈智妙圓，直證本體，終與吾道不相交涉。蓋釋子認心在氣之明覺，其貴先於絶物，故所求不過如是而止。吾儒認心在理之總統處，修身，齊家，治國，平天下，皆從此出，如何鑿空以求？今海内諸公，何嘗肯自謂禪？何嘗不高談學問？然看求心工夫，終另有一節事，納入學問裏面也得，不納入學問裏面也得，安得不剗去《大學》下手之第一事，而反以爲務外乎？

僕之提唱格物屢矣，率而致之，正所以件件樁樁，密引此心於天理民彜、聖經賢傳之内，此乃求心之大本領底，請細思着，請細驗着。

紀　事

節録劉祖啓撰《墓志》：公所著書有《彙雅》一百四十三卷、《省勸録》二十二卷、《易説》十六卷、駢言五卷、詩文三十卷，皆毁於賊。《劉氏家譜》五十四卷，燼於火。

公性孝友，侍曾大父疾，不解衣越五旬，非卧寢不跣，終身不露紒。

紀　論

郭文炳曰：莞人承粤學，大抵皆本江門、增城派系，而亦或旁紹姚江。雖皆一時名德，成就焯焯，然視考亭經術，區以別矣。其始終見道分明，不惑不二，毅然辭而闢之，獨清瀾陳氏、磐石劉氏，蓋當時之僅見。

唐伯元

唐伯元，字仁卿，澄海人。萬曆二年甲戌進士。歷知萬年、泰和二縣，并有惠政，民生祠之。遷南京户部主事，進郎中。伯元受業永豐吕懷，踐履篤實，而深疾王守仁新説。及守仁從祀文廟，上疏争之。因請黜陸九淵，而躋有若及周、程、張、朱五子於十哲之列，祀羅欽順、章懋、吕柟、魏校、吕懷、蔡清、羅洪先、王艮於鄉。疏方下部，旋爲南京給事中鍾宇淳所駁，伯元謫海州判官，轉保推官，擢禮部主事。具疏請端大本，間引世宗遺詔，語極忠剴。上感動。辛卯，典試湖廣。屢遷尚寶司丞。吏部尚書楊巍雅不喜守仁學，心善伯元前疏，用爲吏部員外郎。歷考功、文選郎中，佐尚書孫丕楊澄清吏治，苞苴不及其門。秩滿，推太常少卿，未得命。時吏部推補諸疏皆留中，伯元言：『賢愚同滯，朝野咨嗟，由臣擬議不當所致，乞賜罷斥。』帝不懌，特允其去，而諸疏仍留不下。居二年，甄别吏部諸郎，帝識伯元名，特命改南京他部，而伯元已前卒。

伯元清苦淡薄，人所不堪，甘之自如，爲嶺南士大夫儀表。其爲文根極理要，所著有《醉經樓集》，《禮編》，《易注》，《太乙堂》《采芳亭》稿，《白沙文編》，《二程語類》。

（《明史》本傳，參郭棐《通志》、《洛閩源流録》）

紀　言

《答人書》曰：自新學興，而名家著。其冒焉以居之者不少，然其言學也，則心而已矣。元聞古有學道，不聞學心；古有好學，不聞好心。『心學』二字，六經、孔孟所不道。今之言學者，蓋謂心即道也，而元不解也。何也？危微之旨在也，雖上聖而不敢言也。今人多怪元言學而違心，誰若執事責以不學之易了，而元亦可以無辭於執事。子曰：『有能一日用其力於仁矣乎？』又曰：『一日克己復禮。』又曰：『終日乾乾，行事也。』元未能也。孔門諸子，日月至焉，夫子猶未許其好學，而况乎曰至未能也，謂之不學可也？但未知執事所謂學者果仁邪？禮邪？事邪？抑心之謂邪？外仁、外禮、外事，以言爲心，雖執事亦知其不可。執事之意，必謂仁與禮與事即心也，用力於仁，用力於心也；復禮，復心也；行事，行心也。則元之不解猶昨也，謂之不學可也。

又曰：孳孳爲善者心，孳孳爲利者心，亦未必非心。危哉！心乎。判吉凶，別人禽，雖大聖猶必防乎其防，而敢言心學乎？心學者，以心爲學也。以心爲學，是以心爲性也。心能具性，而不能使心即性也。是故求放心則是，求心則非；求心則非，求於心則是。我所病乎心學者，爲其求心也。心果待求，必非與我同類；心果可學，則『以禮制心，以仁存心』之言，毋乃爲心障與？

官郎中時，進石經《大學》，上留覽焉。

王學曾

王學曾，字唯吾，南海人。萬曆四年丙子賢書，五年丁丑進士。授醴陵〔一〕知縣。俗豪横骫法，以三尺繩之，境内肅清。調崇陽。均土田，平徭役，隆學校，縣稱大治。擢南京御史。時吏民有罪，輒遣官校逮捕。學曾疏請止之，不納。

嘗疏請救言官孟一脉等，糾劾不避權貴。十三年，慈寧宫成，諸督工内侍俱蔭錦衣。學曾論其太濫，且劾工部尚書楊兆諛諂中官。兆惶恐，引罪。已，言龍江關密邇蕪湖，蕪湖已徵税，龍江不宜復徵，格不行。光山牛産一犢若麟，有司欲以聞，巡撫臧惟一不可。帝命禮部徵之，尚書沈鯉〔二〕諫，惟一亦疏論，不聽。學曾抗言：『麟生牛腹，次日即斃，則祥者已不祥矣。不祥之物，所司未嘗上聞，陛下何以聞之？毋亦左右小人以奇怪惑聖心也？今四方灾旱，老稚流離，啼飢號寒之聲，陛下不聞，宗室貧窮，饔餐弗給，愁困涕洟之態，陛下不聞，而獨已斃之麟聞。彼爲左右者，豈誠忠於陛下乎？願收還成命，内臣語涉邪妄者，即嚴斥之。』帝責其要名沽直，降興國判官。時御史蔡時鼎亦以言獲罪。南京御史王藩臣、給事王嗣美等文章救兩人。帝怒，奪俸一級。

學曾累遷南京刑部主事，召爲光禄丞。與少卿涂傑合疏争三王并封，忤旨，皆削籍。後數年，吏部尚書蔡國珍疏請起用，不納。學曾歸，闢飛雲洞，奉母二十載，偕御史區大倫輩倡明道學。撫臬聘修省乘，及南、番兩邑乘。鑒裁有體，咸稱信史。推銀臺參議，不報。旋卒於家。

學曾忠孝友愛，置嘗田，設義冢，邑中凡大議大事，靡不力請當事助成之。如建海鼇寺塔，濬復太平濠，尤爲合省之利。祀鄉賢。泰昌紀元，恤録先朝舊臣，降詔褒嘉，贈太僕寺少卿，賜祭一壇。所著有《入楚吟》《疏草》《壬癸存草》《山中約言》《西游草》《五羊約法》《飛雲》等集。

（《明史》本傳，參《南海志》《道學録》）

【注】

〔一〕權根按：『醴陵』，原作『禮俊』，據中華書局點校本《明史》卷二百三十三王學曾傳改。

〔二〕權根按：『沈鯉』，原作『沈理』，據《明史》卷二百三十三王學曾傳及卷二百十七沈鯉傳改。

區大倫

區大倫，字孝先，高明人。少負氣節。萬曆壬午舉孝廉，與兄大相肄業南雍。時海忠介在留臺，直聲震天下，大倫與之甚契洽。己丑成進士，宰東明，愛民如子，勸農桑，教孝讓，歲歉鬻子女者，悉爲贖還，出税契羨，買牛數百，以給貧乏。入覲，策蹇數千里，面目黧黑。

授御史，草疏必焚香涕泣，期於誠感。神宗朝，諫不親郊祀，奪職歸，築煙霞圃，爲往役書辭優免。一褐衣二十年，坐處皆穿。灌園讀書，晏如也。郡邑不識其面，有欲周其乏，却之以詩。潛心學脉，夢陳江門贈以詩句，遂更透悟，直標明明德爲宗旨。曾集訶林，與士大夫明辨。居數年，四方從者愈衆，共建蓬山、滄溪二書院爲會講。

光宗即位，起光禄丞，轉尚寶南太常少卿，署南祭酒，掌翰林院事。恢拓湛甘泉書院，講學留都。其學抑狂進狷，以挽頹風。辟禪僞，絶黨徇，以衛聖真，裨實用。熹宗初，進《聖學三劄》，保艾聖躬，規切時政，上嘉納。以大理寺左少卿入侍經筵。黨人側目。由太僕卿改南户部侍郎。時璫焰方熾，郎屬附離之意悉糾彈無所避，附離者恨欲中之。復奪職歸。崇禎即位，還原職需用。未幾，疾終於家。及門士執心喪凡若干人。常曰：『吾生爲二事，一崇正學，一佐太平。今耄矣，將寄撰述以俟知者。』疾且革，猶惓切後學，言不及家事。所著有

《大學定本》《四書翼》《南都講録》《端溪日録》《崇正闢邪録》《端溪詩稿》《江門游稿》《江州存稿》諸書。（《肇慶志》，参《洛閩源流録》）

陸粹明

陸粹明，字古樵，新會人。居恒清苦澹默，終日静坐，或閉户至經月不出。偶訪學吴、越間，與嘉善吴子往爲友。是年八月，先偕子往遇忠憲於武林，因謂曰：『祇要立大本，一日有一日之力，一月有一月之力。務要静，有定力，令我制事，毋使事制我。』忠憲旨之，遂介其書以交於自麓焉。（《洛閩源流録》）

蕭自麓

蕭自麓，潮陽人。以主敬爲學，出羅念庵之門，而最服魏莊渠之教。萬曆甲午冬，高忠憲謫尉揭陽，至潮，特訪之。自麓出念庵諸書以觀之，款以五篕，盡祛繁儀。忠憲將别，請教，自麓徐言曰：『公當潛養數年，不可發露。先輩皆背地用一陣堅苦功夫，得成就耳。』既而與書，極論敬一之義，末謂：『學貴含蓄深固，最忌洩漏。某嘗自思維，祇用功不密，洩露太早。敬爲執事誦之，無若某之徒老而自悔也。』

（《洛閩源流録》）

梁斗輝

梁斗輝，字忠旋，新會人。父大績，邑弟子員。以學行稱，領萬曆丁酉[一]鄉薦，以榷監之難羈管北寺。在獄五年，與湖廣僉憲馮應京、荆州司李華鈺、襄陽司李何棟如四十餘人講學不倦。所著有《經世實用》《黄河議》《薦辟人物考》《馬政書》《任官考》《十三經繹注疏》。萬曆三十二年[二]，以水灾修省，用閣臣沈一貫、諫垣梁有年等議，詔赦斗輝，及同邑同科舉人勞養魁、鍾聲朝，削籍歸里。應京聞之，曰：『聖學南矣。』

斗輝歸，授徒大雲寺，問業者數百人。詔赴禮闈，以禫服未除，不能就道。天啓二年，任湖廣通城教諭，擢國子學正。大司丞李孫宸雅重之，遷太平同知。剔奸蠹，逐優倡，禁游賭，闔郡肅然。至於折獄祥刑，稱『鐵面江防』云。署繁昌令，修啓聖宫、敬一亭。太平、繁昌俱建生祠。以事去官，林下二十餘年，絶迹公門，撰述《聖學正宗》諸書二十餘卷。卒年九十。

（金《志》，參《道學録》）

【注】

〔一〕權根按：『萬曆丁酉』，原作『萬曆丁卯』，誤，萬曆無『丁卯』。〔康熙〕《新會縣志》（影清康熙刻本）卷七《選舉志·举人》載梁斗輝中舉時間爲『萬曆丁酉』，今據改。〔康熙〕《廣東通志》（康熙三十六年刻本）卷十六、〔康熙〕《新會縣志》卷十二《人物志》梁斗輝傳亦作『萬曆丁卯』，并誤。

〔二〕權根按：『萬曆三十二年』，原作『萬曆四十二年』，誤。梁斗輝下獄，《明神宗實録》（『中研院史語所』校印本）卷三百四十六、《明史》卷一百二十五王正志傳、〔康熙〕《新會縣志》卷三《事紀》有載，均稱時間爲萬曆二十八年，《明神宗實録》、〔康熙〕《新會縣志》更明載乃是年四月。如此，則《粵東名儒言行録》既云『在獄五年』，又焉得稱『萬曆四十二年』始蒙恩出獄？〔康熙〕《新會縣志》卷三《事紀》記梁斗輝被赦歸里，乃萬曆三十二年九月，在獄前后五年。是。今據改。〔康熙〕《廣東通志》卷十六、〔康熙〕《新會縣志》卷十二《人物志》梁斗輝傳作『萬曆四十二年』，并誤。

卷二十三

國朝

勞翀

勞翀，字景雲，南海人。貢生。性孝友，邃理學。康熙壬戌授廣寧教諭，構博文、約禮二齋，核士之惰窳者。會海寇内擾，翀作書詳諭，招其子弟投戈講藝，悍氣遂醇。擢高州府教授。高當兵燹，學舍爲兵占居，翀乃清之，并葺圮陋，恭刊聖祖仁皇帝《訓飭士子文》，人予一通，朝夕講貫，責以躬行，士知淬厲。知府鄭梁重其學行，已繕薦牘，適以憂去不果。服闋，補韶州，一如教廣寧時，士皆景附。復丁内艱歸。時邑有水灾，傾橐以贈，全活三百餘家。再補瓊州，海外聞其名，慶得師。未幾，卒於官。祀鄉賢。著有《他山集》《遺安堂稿》。子仁，能世其家，任乳源教諭，歿有遺愛。

（廣東阮《志》）

盧挺

盧挺，字松士，東莞人。生五月而孤。年十四就塾，遇寇至，與諸童子避匿，寇搜得挺，問其餘，挺堅稱無人，衆得免。挺思母，晝夜哭，寇感動釋歸。弱冠，舉康熙十七年鄉試。出入必跪請母命，一上公車輒止。爲歸善縣教諭，訓士先德行，後文藝，講學必本於真知實踐。邑田之逋賦者與墟市私斂，舊歸師儒。挺曰：『學校非壟斷，何以溷我？』悉却之。故事，提帥出巡，廣文必送迎。挺獨不往。歲饑，佐有司散賑，役詭就食少婦，移令重警之。遷瓊州府教授，以老致仕。年八十三卒。遺命喪事不得用緇黄。著有《四書宗注》《羅浮山囊》《嶺南詩拔》《同然録》《宫墻録》《孝經童説》《安民三要》《家禮易知》，《樸園》詩集、文集，《冷游草》《鶴和草》。每日書其言行以自考，復名《介悔録》。

（《廣州府志》，參邑《志》）

紀言

二帝三王之治，至周而極盛。自有生民以來，言學至孔子而極盛。大盛則必大衰。是以繼以暴秦壞法焚書，天地變亂之運至此極矣。

春秋之世，天若不生孔子修明六經，發揚於顔、曾、思、孟，以傳堯、舜、禹、湯、文、武之道，千萬世何所依據耶？自秦火肆焰以後，聖哲之萌孽難興，五百年之昌期不驗。歷漢、魏、晉、五代、唐，宋始有周、程、朱、張五君子，起而遠接千餘年將絶之緒。天豈喪斯文哉？程、朱未生之先，識大識小，未嘗無人。雖未入聖人之閫奥，亦或衛斯道之藩籬。若董江都、諸葛武侯、王文中子、韓昌黎輩，亦皆闢异端，扶正教，能引一綫之脉於若斷若續之中。天豈喪斯文哉！

天若不生程、朱講學明經，以闡孔、孟之微言大義，後世又何所依據耶？醇儒之興，莫盛於宋。五子之外，群儒蔚起，講學昌明，皆由周、程、張、朱倡之故。凡論古今之道，以孔、孟爲祖宗；論孔、孟之道，以程、朱爲嫡裔。其餘諸儒之姿，學不能盡同，而大綱不背程、朱者，皆爲程、朱之支派，否則行誼政事，文辭見稱於世者，則稱其行誼已矣，稱其政事已矣，稱其文辭已矣，以言醇乎醇則未也。當時正學雖明，而异端蜂起，有捨儒而趨佛者，有變爲儒佛同之説者，又變爲本同末异之説者，又變爲改頭换面、陽儒陰釋之説者，得朱子力距之息之，障百川而回狂瀾，其功豈在禹之治水下哉？

明初，首命諸儒纂輯《朱注大全》，頒行天下，制科取士以爲的。雖科舉詞章之習浮而失實，然亦多躬行守正之儒，如薛文清數君子，皆宗程、朱之學而有得者，豈肯指正路而爲迂途，借空門爲捷徑耶？奈何昔之邪説經朱子所駁者，後人又拾其涎而揚其波，以祖陸而疑朱，又變爲朱陸同之説，又變爲早异晚同之説，又變爲陽朱陰陸之説。雖有人起而辨之者，然世衰力孤，徒爲慨歎。今聖主謂朱子學爲至醇，功爲至大，升配十哲，典禮加崇，群言折衷於聖人，百世不易其公論。後之循途守轍者，可以聞風而興起，即有矜奇索隱者，亦可以歸正而息喙矣。

夫古今來治亂相沿，邪正相乘，此衰則彼盛，陽長則陰消，亦惟無捨正路，無曠安宅，使無可乘之虚而已。學者讀聖賢書，求我心之同，自少至老，其敢一日怠荒乎哉？

紀　論

蓼伊先生曰：鶴亭居恒博極群書，鑽研理奥，蓋篤學君子也。

陳璸曰：盧松士博極群書，以詩、古文辭知名海内，所著《宫墻録》一書尤大有功名教也。

葉適曰：鶴亭先生自束髮即講求聖賢之學，著述等身，教諭歸善，黜浮崇實，一以品行爲先。士之邪趨者畏先生知，如畏王彦方也。

陳遇夫

陳遇夫[一]，字廷際，新寧人。舉康熙庚午鄉試第一。久之，當謁選，遇夫自以垂老，恐弗克報效，遂不仕。雍正元年詔舉孝廉方正，邑令薦之，遇夫力辭。生平潔身砥行，敦崇禮節，淹貫載籍，論著卓然。撰《正學續》，以明漢唐諸儒學統相承，未嘗中紀。重訂楊起元所輯《白沙語録》，以明陳獻章之學由博返約，非墮禪悟。别有《詩文集史見》《古今文詞詩賦見》《迂言》等書。年七十有一卒。

子瀚，康熙甲午省元。父子領解，爲時所稱。瀚字本深，性至孝，居喪哀毀骨立。取予一介不苟，而重推解。歲凶，出粟以賑貧乏。未仕卒，著有《觀海堂義》《嶼門集》。

（廣東阮《志》）

【注】

〔一〕原注：『榜姓梅。』

紀言

學以行道也。學正學，所以行正道也。道生天地，而行於天地。天地不能離道，則麗於人，人亦不能離道。而聖人之道往往不行於後世者，非聖人之道不可行也。氣運有盛衰，教化有醇雜。自古禮廢，古樂壞，井田封建之制失，而黨庠術序尚賢絀惡之具循名失實，雖有賢君哲相希縱往古，亦衹因時度勢，潤色典故，終不能改弦易轍而更新之。夫仁義道德之行於天下，優游漸漬，非如申商、桑孔，可按期取效也。出之者，非忠信誠篤，以身設教，縱有良法，豈能淪浹人心，而執古道以施當今？格格然如圓鑿方枘之不相入，不得不就於因循苟且之爲。而儒生呫嗶所謂窮經致用者，皆塵羹土飯，紙上之空言而已矣。挾書律，除漢儒，掇拾舊聞，修補章句，行事得失，輒援經義以相證。其時弊在各執一説，而不能相通，自當塗典午以至五代李唐，厭注疏之繁雜，務觀大意而浸淫於佛老，波蕩於詞章。其時弊在學尚圓通，而莫知所守。宋儒之譏，所自來也。夫聖人之道，天道也，治本也。時有隆污三綱五常之理，未嘗一日不在。天下見淺見深，識大識小，莫不有聖人之道行乎其間，但毋索之渺茫，毋失之膠固，毋支離煩瑣，分門别户以自生淆亂。雖質有敏鈍，性有剛柔，出其所學，皆足以匡主庇民，正人心而厚風俗，而豈其迂也？

余少時常閲宋明儒者彈駁漢唐之説，心竊疑之，以爲聖賢之道如日月麗天，遺經具在，豈自漢至唐一千年，好學深思，得聖賢之旨者僅一二人而止？意獨史者不深考也。蓋史所列儒林，皆箋疏校讎之學，不核品行，此史家一例。而求道學於史册者，僅取之儒林傳中，而不考究全史，故多遺也。

道學之傳，肇於羲《易》，而馬遷《史記》自黄帝始，孔子删《書》，斷自唐虞。傳信也，其可信者傳之，其不可得而傳者，則亦莫得而傳之也。百家所紀，不可勝書，搜而譜之，則班氏之人表也，或失則誣。必以六經、孔孟所稱述者爲宗，則稱述所不及者，未必無聖賢也，其及者，則既言之矣，或失則固。至於評高下，較長短，以數千年以下之心思學識，執古人片言半語，進退數千載以上之聖賢，蚍蜉之撼，恐不免也。贅語贊揚，强作解事，更無庸矣。

楊中立有言：聖人以爲尋常事者，莊周則夸言之，如《逍遥游》《養生主》，曲譬廣喻，張大其説。論其要，則《逍遥遊》乃子思所謂『無入而不自得』，《養生主》乃孟子所謂『行所無事』而已。

龜山真是善讀諸子，見聖人之道之大，百家騰躍，終入其中也。後之學者，不知聖道之大而自小之，一字之偏，指爲詬病，朱陸异同之辨，吹毛索瘢，争詰不已。成弘間，吾鄉陳白沙先生，世指爲陸學，時江西創復白鹿洞書院，方伯使者以書幣敦請爲學者師，固辭不往。人多疑之。吾觀後來明儒學術之裂、門户之争，始知白沙不以講學自居，不以議論强人聽從，誠深識也。自薛、胡諸公與陳、王异派，迨其後也，各標宗旨，祖薛敬軒者爲河東學，祖吴康齋、胡敬齋者爲崇仁學，陳、湛之徒爲白沙學、甘泉學，王陽明、錢緒山、王龍溪爲姚江學。浙學流派漸多。遂有江右學、泰州學、三原學、南學、北學、楚中學、閩粤學、止修學。至萬曆之季，顧涇陽、高景逸爲東林學，附者尤衆，而攻者蜂起，遂成朋黨，梯怨階禍，可勝惜哉。胡今山謂：『明儒厭宋人訓詁支離，標宗旨以爲的，其弊尤甚於訓詁。』此語最當愚意。宗旨之説，原從講學起，見如今學究、先生講科舉之學，每章標一大旨，使講者不致散漫，聽者易於貫串耳。而執此爲入德之門，則歧路之中又有歧焉。其誤實甚矣。

夫道一而已矣。自小學以至大學，經訓具在，可考而知有何宗旨秘傳，所以三王之世，上無异教，下無异學，而治化大行。夫學術者，治術所從出也，必道德一而後風俗同。自春秋之衰，以至戰國，先王之教廢，人自爲説，家自爲書，以故老、莊、楊、墨、管、商、申、韓、鄒、列之徒，各出其見以亂天下，而天下遂大亂。夫知愚賢不肖，資禀不齊，聖人約之以歸於中，患其不合耳。烏有患其不分，而析之使分哉？莊周有言：『學者不幸，不見天地之純。』古人之大體道術，將爲天下裂，漆園先見，反出吾儒之上，可慨也。

紀論

張恒曰：志發於言，徵於行，乃可以知其人而定交。余讀雨村陳先生《海角蓬書》，其言高潔澹遠，以是覘其志之過人。

其叙荻園也，洞然於得失、廢興、天人之際，何其達也。言必稱先人，而藏書繼志，蒿荻比擬，非孝思其曷能若是？其言進，則欲樹偉績於天壤；退，則欲修明先王之道。此豈占俾章句之腐儒所能語哉！其叙待園也，有待無待，本之於心，何其言之精微也。其寄咏諸什，皆與序言相符。斯人也，吾樂與之交。

丁亥冬，同寓珠江大佛寺，盤桓兩月，屢辱請問，教我鴻章，深喜同志。吾道不孤矣。今年夏六月，先生訪余邸中，相與訂先儒書，志同道合，樂數晨夕。以先生壯歲掄元，才品卓犖，孰不欲與之游處？四方仕宦貴顯，投刺往來，先生顧寂處荻園，嘯傲泉石，落落然無所干謁，邑宰欲見而不可得，居然有洩段遺風焉。言符其志，志符其行，求之於今，豈易哉？

周陳鰲曰：先生穎悟天生，髫年即志道德，導以捷徑不由，啖以利禄不顧，自樂其樂，無求於世。登庚午榜首，幾四十年無有識其面者。懼白沙之道之將傾也，集《語録》一通以詔來學。閉户著書，爲詩文辭盈几累牘。不事浮華，歸於大雅，足以明道而止。不韙宋人『道喪千載』之説，檢搜全史，得漢唐大儒二十有七人，人立一傳，述其學之所由來，行之所造極，加以論評，名曰《正學續》。續者何？續孔孟也，曷喪焉！是書成，使百世下諸儒先身没而名不彰，道不顯，一旦重開生面，如聞其語，如見其人。先生有功於諸儒，亦即有功於删述。經濟學術，因是可窺見一斑，豈不偉哉？

胡方

胡方，字大靈，新會金竹岡人。學者稱金竹先生。由番禺籍補諸生，久之，充歲貢。講求義理之學，敦崇實行。年十二應童子試，廣州司李涂某奇其文，延與語，謂當薦之學使，方端坐不答，亦不再至。總督吴興祚聞其名，使其客招之，走匿不能得也。四十歲後陋巷敝廬，杜門不出。注《周易》六卷、《四子書》十卷，句梳字櫛，補先儒所未及。制義千首有奇，與著書相表裏。注《莊子》四卷，三《禮》、《左》、《國》諸史古文悉有考訂批疏。其居喪，稻草藉柩旁地寢，三年不入内。先人田廬悉與弟，而自以硯耕。得錢雜置硯旁，族若姻之不能自存者，令取之盡則止。有達官賫重金乞其文爲壽，不應；吏懾之，不應；家人告以絶粒，不應。不妄取一錢，或窺其乏，饋之，雖其親昵，無辭不受也。見一行之善，即農夫野老，訂生平歡。鄉曲子弟偶蹈不韙，有願就鞭扑，不願聞其事於方者。里中語曰：『願被他人笞，勿使胡君知。他人笞猶可，胡君愧煞我。』間令童子適市，販者知爲胡家童，不飾價，不售僞，其誠感人如此。

元和惠士奇上薦疏於朝，略曰：『臣視學廣東逾五載矣，每試一郡，輒問其鄉之人物，欲得一積學力行、有道而文者爲諸生楷式。獨番禺學歲貢生胡方人品端，學術醇，一介不苟，五經盡通，能詩工書，注《易》及四書，多所開發，接理學之傳，粤人比之江門陳獻章。其教人從日用酬酢求義理，從尋常應對見文章大要，以力行爲主，不徒以語言文字也。惜其年衰老，不能效奔走之勞，尚足備羽儀之用，伏乞錫之命服，并依古養老之禮，令有司月致羊酒以寵异之，俾士子咸知讀書立品。』實雍正四年事也。

先是，方僑居南海之鹽步，惠檥舟至村外，遣吴生者至其家求一見，急揮手曰：『學政未蕆事，不可見，不可見。』出吴而扃其門。惠再至，索所著書，僅乃得之。惠試竣，仍介吴生，則假一冠投刺，至，長揖曰：『今日齋沐謁知己。方年邁，無受教地，不能執弟子禮。』數語遂起，惠握其手曰：『縱不肯多語，敢問先生鄉人誰能爲文章者？』答曰：『并世中無人。必欲求之，惟明季梁朝鐘耳。』惠遂求梁文，并其文刻之，名曰《嶺南文選》。惠常語吴生曰：『胡君貌似顧寧人，豐厚端偉，皆富貴福澤之象，不於其生，必享大名於身後。』蓋方之知己，當時一惠而已。卒，年七十四。

（阮《志》，參《南澗文集》）

紀言

天下之亂，由於學術之壞。學術之壞，由於修己治人之道之不精。修己治人之道之不精，由於用心之不一。

孔子之以書籍垂教者，六經而已。《書》則《三墳》已在所削，《詩》則三千删爲三百，

《春秋》則約其文而著其義。其所以務簡若是者，不獨以爲學者修己治人之道取之於此而已足，且恐有以分乎其心而不精也。自《左氏傳》出，詞貴潤色，事尚怪奇。至於屈、宋騷賦用興，司馬相如、楊雄之流復掘其泥而揚其波。嗣是以還，文字之濫，日新月長而不可止。蓋古人之文，皆爲文字而設，後世則於人事之外，自爲一事，如周客之畫策、宋人之刻楮，徒供耳目之玩，而毫無所用之然，因是而猥瑣之書，皆爲學者有用之物而争貴之，故著述之家，益以其可售於世，而作之不已。學者有一之不及博，即恐不足以勝人而盡博之，則雖絶世聰明之士，罄終身之歲月，猶且不給，其肆力於經史者，能幾何時？

夫修己治人之道在於經史，今皆交一臂而弃之，而其學之不足觀矣。漢武初求遺書，此時六經未出，良爲急務。其後至於積如丘山。及後世，聚書之多，皆以爲帝王盛事。此文士之溺見，而非知治體者之論也。許文正曰：『也須焚書一番。』白沙子曰：『此暴秦之政。』而文正言之，誠有所不得已也。今去文正之世又數百年，書又加於文正之世數倍。

愚謂苟有聖王者起，必先定天下文字之式。使朝廷制誥、章疏，一準《尚書》、西漢廟堂祀享之樂章；學士、大夫往來之贈答，一準風、雅、頌；碑銘，準唐宋八家。縱仍以文試士，則止取經義策論，而惟以樸素爲宗。其餘詩賦、四六，一切人事可已之文，概從禁絶。而後刊定天下之書，五經、三《禮》、四子之外，存歷代之史而嚴修之，皆去其所載害禁之文，如《史記》『長楊』、『子虛』之類。其詞之粉飾，若《後漢書》以下者，則更之。醫藥、農圃、歷數諸家，亦芟其枝葉，留其切要。郡國之志，去其『文藝』一門，即人物傳中閑雜之文，亦悉沙汰。古今著述，其與經發明者附之經，關乎政治者附之史，諸凡不在此列者附之丙丁，私藏者稍仿秦挾書律。如此，然後士之學術可正，天下可得而治也。

或曰：『群書之行，由於文習之敝。文習一正，則群書者資章甫以適越，將不禁而自廢，此簿正祭器，以止獵較之義也，何用禁爲？』余曰：『人之溺於文也甚矣，非法之所能勝。此如平寇盜者，絶其糧食，斷其救援，使之喪其所恃，則不得不解散。若藉之兵而資之糧，則雖臨之以大軍，俘獲斬殺，而負固如故也。故白沙子曰「此暴秦之政」。而君子有所不得已也，天下苗莠不并立，莠之不耘，而期苗之暢茂，不可得也，況於苗一而莠且千百乎？』

人物到復其性，而後可相安以生，則教歸是養，此義不離仁之理。

紀　事

事父母，色養靡不周，而心常如不及。遇有病，則憂形於色，未嘗離左右。心通《内經・素問》等書，藥皆嘗而後進，夜則必衣冠侍，未嘗就寢，或一月至數月，卒亦不覺爲困。自少不苟且，五六歲時，雖與之餅果，不受。一日，從王父出，或因其不受，陰繫於其衣後幅，初不知也，歸至半途，或告之，則大慚，急解而去。

學者仕與未仕，雖白首，猶凛凛奉其教。有貧困之極，終身不肯入公庭，爲應試文字，皆務有所發明，不肯爲浮滑以詭遇者。同輩每相語曰：『吾夫子教也。』當事子弟聞聲向慕，如將不及，以得見爲喜，曰：『教我矣。』有以蔭得官則大慚，曰：『吾未能信，得毋辱我。』夫子告之曰：『爲官能不愛錢，致力於官守，有何不可？』其人聞即自誓，卒不負其言。

紀論

惠士奇曰：無論粵東僻遠，即以江浙人文之藪，亦未有及焉。

卷二十四

曾受一

曾受一，字正萬，東安人。乾隆戊午舉於鄉，官縣令。少讀書，慨然有求道之志。嘗述洙泗以來迄元明諸儒授受淵源，博采史傳，爲《尊聞録》八卷。又考歷代禮樂政刑治亂得失之大，推本經義，間涉諸史，成《學古録》六卷，發明正學，儒行粹然。

其治縣也，一本儒術。初知四川珙縣。調江津。江津號稱難治，且值歲祲，受一日夜籌賑災弭盗之方，勸邑人以有餘貸不足。明年秋熟，復勸民節儉，貯粟義倉千餘石爲備荒計，農時輒巡行阡陌，勞其勤而策其惰者。建旌善坊於署前，大書忠孝節烈諸士女名氏，以興風化。尋署合州，除巨盗宋殿玉等，以宋興華脱逃降調去。後六年，守巴縣，治如江津。兩邑俱建曾夫子祠尸祝之。所著有《四書講義》、《朱子或問》、文集、纂注若干卷。

（廣東阮《志》）

紀言

受自束髮入家塾，釋菜先師，讀其遺書，私淑有志。晚官西蜀，朔望展拜，春秋獻奠，執事有恪，豈貌爲隆禮。凡以學其道，故退而自思前日之所以學，今日之所以仕，其弗畔於學者有幾。每一追維，愧汗浹背。己丑冬，緣事就閒，因念疇昔區區所聞，不敢失墮。曾子云：『尊其所聞，則高明矣。』受雖愚陋，其敢委厥聞於榛莽耶？

夫聖人之道即己之道。孟子所謂『道一而已』，非豐於聖而歉於己也。天命謂性，率性謂道，聖與我無二性，焉有二道哉？惟氣拘物，蔽汩其性，而莫之率，是以遠乎聖，而即於禽。聖人憫之，於是修道以爲教，而使學之以復其性，而全其爲人。夫苟知道之在人，與聖無异，作聖作狂，殊於其學，則必翻然悔前此用心之歧誤，而於聖道自生向慕之誠。千古學道諸賢，亦有尚友之志矣。

夫三代以上，堯、舜、湯、文，作之君而道彰於治，人無不被斯道之澤。三代以下，孔子不得位，作之師而道傳於學，雖曰『删述六經，垂訓萬世』，而教不獵等，得其精微者，亦僅及門高弟而已。而顔子早夭，故由孔子而後，曾子、子思紹其微，至孟子而其統中絕。

自孟子而後，周、程師弟繼其絶，至朱子而其學益明。凡皆真知灼見，古聖心法之微，一中之理，存之爲天德，發之爲王道，雖顯晦殊時，出處异致，而心心印合，易地皆然。彌綸於世，非有餘；退藏於密，非不足也。若夫七十子，自閔、冉、端木而外，如師、商僅有一體，求予數被非斥，雖親炙聖教，而聞道或少焉。降及漢唐，諸儒半溺於讖緯術數，半溺於訓詁詞章，尤多可議。而能孜孜矻矻，掇拾殘篇於煨燼，隱約經旨以立言，考其生平大節，無慚儒者，要皆聖人之所不擯。蓋道在六經，經傳則道亦傳，深之會道於一本，淺之識道於散殊，本末皆道也，淺深皆學也。故必克紹心源，允堪繼統，則謂軻之死，不得其傳可也，必周、程出而後可言聞知也。若節而取之，則漢、隋、唐諸人自伏勝以下，存者十二人。其中諸葛武侯，程子稱其有王佐才。董江都正誼不謀利，明道不計功。推道之大原，出於天，明於天，性知自貴於物。鄒、魯之後，無及此者。韓昌黎識所以爲性者五，其《原道》雖不及《太極》《西銘》，而議論卓然，非他儒比，不得謂千四百年間無延斯道於一綫者矣。至宋，自程、朱以後，闡明道學，幾無餘藴，門人轉相傳述，源流益廣。

元明及今，咸相遵守。惟陸、王主静悟，而叱問學爲支離，宗旨稍殊。第其人皆賢知之過，壁立千仞，非沉溺利名、卑污之流所得議也。然捨下學而徑求上達，流弊有不可究詰者。聖人所以思狂簡，而憂其不知所裁，良有由矣。受既悔去日孔多，往不可諫，平生所聞，不甘聽其散軼，致蹈淪喪，輒復遠紹旁搜，思尋墜緒，每悼史遷叙孔子世家、及門列傳，無當於聖賢之精旨，并考本朝釐定從祀諸賢儒，録其本傳，酌加增删，補其遺缺，其克嗣統者幾人，得支派者幾人，造道孰淺孰深，講學孰偏孰正，折衷前哲，附以鄙見，略爲論次，庶幾淵源弗昧，不至迷謬終身。至歷代未經從祀，而學行可觀者，亦分别附録，以俟後之采擇論定焉。海内學道君子，倘憫其同志，宥其庸妄，而進教之，則大幸矣。

『人與聖，其性有异乎？』曰：『不异。』『人與聖，其氣質有异乎？』曰：『异。』

夫性，麗於氣質者也。性麗氣質，則不能不囿於氣質。氣質有欲，拘於初，必蔽於後。惟聖人氣質清明，義理昭著。氣質既不得而拘之，物欲自不得而蔽之，於是聖之與人不异其本然之性，而异其氣質之性。惟异其氣質之性，故人不可不以聖爲學；惟不异其本然之性，故聖皆可以學而至。蓋氣有清濁，則不能皆智，無愚，而道或不明；質有粹駁，則不能皆賢，無不肖，而道或不行。道既不明、不行，惟有因任氣質，循縱物欲，而天命之性滅矣。聖人於是有修道之教，使夫人學之以去其氣質之欲，以全其本然之性，然後愚可變爲智，不肖可變爲賢，而道始無不明、不行之患。堯、舜、文王、周公、孔子，性之之聖，以聖而學者也；禹、湯、武王，反之之聖，以學而聖者也。是以人主雖居九五之位，亦必折節下學。凡以明行乎道而已。

夫聖人之道何在？在六經、四書而已。而《大學》聖經，一章、三綱、八目，實括聖道之全。六經、四書，皆發明乎此者也。物不格，知不至，道不可以言明。意不誠，心不正，身不修，家國、天下不能舉而措之，道不可以言行。雖曰『明之』，而未知所止；雖曰『行之』，而未得所止。或安於小成，或狃於小康，均不可以言明行之極至。其間先本後末，先始後終，功不一功，而皆不可闕；序復有序，而總不可紊。然而格物致知者，明善之要；誠意獨慎者，誠身之本。道之所以明且行，必於此立其基也。

人莫不從事學問，而不可謂之格物致知，何者？物無不包，而其大者則在於一己之身心倫理。世之博物洽聞者，徒以誇多鬥靡而已，程子所以砭上蔡之玩物喪志也，此俗學也。有高明者掃除六經，以爲皆我注脚，良知根心無待外求，不博而求徑約，此异學也。朱子云：『心雖主乎一身，而其體之虛實，足以管乎天下之理；理雖散在萬事，而其用之微妙，實不外乎吾人之心。』异學不知天下之理即吾心之理，遺物而失之空虛；而俗學則并不知天下之理胥攝乎吾之一心，逐物而失之泛濫。必也去此二弊，而居敬以窮理，立誠以格物，自念慮之微，以及言行之著，察其爲理爲欲。自讀書考古，以及度務揆幾，衷於至精至當，每事必究其所當然，及其所以然，以漸而進，以類而推，積累之久，豁然貫通真知。夫一本散爲萬殊，萬殊總歸一本，斯衆物之表裏精粗無不到，吾心之全體大用無不明矣。至於格致之要，則真景元《大學衍義》所謂『審治體者，尤爲當務之急』。然六經、四書治體之精要畢具，而心法治法莫備於『虞廷十六字』。蓋治天下之大道，不外一中，即聖經所謂『至善』『平天下』，《傳》所謂『矩』也。格致工夫，祇要剖析得孰爲人心，孰爲道心，於以擴充道心，節制人心，精以察乎二者之間而不雜，一以守乎道心之正而不離，而無過不及之中可得，而允執至善之理得，絜矩之用行矣。

二帝三王，或相禪一堂，或遥接异代，要皆本一中以爲授受。六經、四子，殊途同歸，無非教人明盡此心之理，維持一中之德而已。治體之當審，孰有過於此哉？善惡之當好當惡，始患其不明，而善惡之爲好爲惡，繼患其不誠，亦既灼然知之，而吾意所發，顧乃苟且自欺，不求自慊者，以有私欲雜乎其中。道心不能爲主，而人心未悉聽命也。理、欲不容并立，在《易》姤之爲卦，一陰生五陽，皆不能立矣。夫好惡之實而慊，不實而欺，皆吾幽獨所自知，故必致慎於獨知之處，勘驗分明，不使私欲得留其根株，而意乃可誠也。意既誠，則無私意人欲之擾，心始可得而正。故曾子於誠意特立單傳，朱子以誠意爲人鬼關，過得此關，始免於物欲陰邪，而可謂之人也。真西山《大學衍義》於誠意正心之要，立爲二目，曰『崇敬畏』，曰『戒逸欲』是矣。然合誠正以爲言猶未得，曾子專重之指，蓋好惡所以不實，皆以爲是，己所獨知，不免苟焉以自恕。緣此一念之自恕，而私欲遂植根於此，雖曰好善惡惡，不過循外爲人而已。曾子特下『慎獨』二字，謂其欺慊對勘之關不容有纖毫自恕之念。朱子又提出『審幾』二字，更從欺慊分根之始，即不容有纖毫冒昧之私也。故丘仲深於誠意正心之要，特補一目曰『審幾微』，而以『謹理欲之初分』『察事幾之萌動』『防奸萌之漸長』『炳治亂之幾先』四者，又爲『審幾微』之細目焉。其視真氏較爲詳密，而於誠意之功，尤爲有下手吃緊處矣。

自古帝王聚人才於學校而教之，有理義以養其心，有倫紀以範其身，有禮樂以陶淑其情性，使之優游饜飫，勿助勿忘。迨其學之既成，登於仕版，則詩書之氣發爲藹吉。愷以强教，悌以悦安，所謂『學道愛人』也；遇有大政，裁以古義，所謂『學古入官，議事以制』也；躬行倡導，有而後求，無而後非，所謂『藏身以恕，故能喻諸人』也。蓋學以求道於己體也，仕以行道於世用也。明體達用，古之學也。自正學不明，學校之所講求者，或以訓詁，或以辭章，而於一己身心性情切要之處，鮮所理會。及其筮仕，則前所講求之訓詁、辭章，舉歸無用，而汲汲從事於簿書，期會乃始以政爲學，則是用不根於體，仕、學如出兩途，而仕非所以行其學，於是學校之設，幾爲具文矣。慨自周末七國戰争，迄於暴秦焚書坑儒，不必論矣。漢高初定天下，未遑庠序之事。武帝始興大學，立五經博士，置弟子五十人，能通一經以上補文學掌故，高第者爲郎中。成帝增弟子員至三千人。班固贊儒林，謂：『傳業寖盛，枝葉繁滋，一經説百餘萬言，大師至千餘人。蓋利禄之路則然。』

夫不尚躬行，而尚辭説，不知爲己，惟禄是干，班所譏刺，誠切中其病矣。後漢光武幸大學，立十四博士，建明堂、辟雍、靈臺。明帝臨辟雍，尊養三老，五更諸儒，執經問難，冠帶縉紳之人，圜橋門而觀聽者以億萬計。唐太宗貞觀初，廣學舍千二百區，數幸國學，增廣生員，高麗諸國酋長亦遣子弟入學，徒衆至八千餘人。宋神宗立太學生『三舍法』，元豐間置八十齋，齋容三十人，外舍生二千人，内舍三百，上舍百，每月考試，舉業優等上中書，上舍生多至顯仕。歷代之學，不可謂不盛。然試問唐虞『危微精一』之心法，后夔教胄『直温寬栗』，臯陶之九德『彰厥有常』，《洪範》之三德『剛柔正直』，與孔門『博文約禮』，《大學》『格致誠正』，《中庸》『戒懼慎獨』，凡身心性情切要之處，師有以是爲教，弟子有以是爲學者乎？其由學而仕，有學道愛人，保民若赤，議事以制，政乃不迷，藏身以恕，不令而行，實爲明體而達用者乎？則是其學之盛，大抵皆相驅相率於禄利之路。而班固所譏，實後世之通病已。

伊川嘗謂學有三：『有訓詁之學，有辭章之學，有儒者之學。欲通道，捨儒者之學不可。』漢唐以後，大率訓詁、辭章，而非真從事儒者之學，故不能通道以適於治也。朱子嘗議：『學校必選實有道德之人，使爲學官，以來實學之士。裁減解額、捨選謬濫之恩，以塞利誘之途。』仁宗時，太學之法寬，簡國子先生，必求天下賢士，其尤賢者，如胡翼之之徒。當時，士不遠萬里來就師之，端爲道藝，不爲利禄，猶有古法遺意。熙寧以來，太學但爲聲利之場，掌教者不過善爲科舉之文，得雋場屋，有志義理之士既無求於學，其來者不過爲解額之濫、捨選之私，非國家所以立學教人之本意也。莫若遵仁宗之制，擇有道德可爲人師者以爲學官，而久其任，使之講明道藝，裁去利誘之途，俾干進之流無所爲而至。此議即欲其爲儒者之學，與明道《學校奏疏》，先陶成其師，分布天下；伊川《看詳學制》，悉改試爲課，以息争心，其意一也。

不擇道德之師，徒開禄利之路，則葉適所謂『崇、觀間以俊秀聞於學者，旋爲大官，而宣和、靖康誤朝之臣，即學校所謂名士』，亦無怪其然矣。何者？居平講習，無非爲利，則懷利以事其君，不顧社稷之安危，固其然也。考仁宗時，范仲淹請興學校，務本行實，後以教授蘇、湖之胡瑗專管太學。其初，人未信服，乃使其徒盛僑、顧臨輩董率其事，令孫覺説《孟子》，擇弟子姿之所近，分處經義治事，兩齋士人稍稍從之，然同列皆不悦，謗議蜂起。蓋獨爲所不爲，柳子厚所謂蜀日越雪，見者既稀，宜其狂吠也。賴仁宗委任之專，瑗亦不顧非議，强力不倦，以卒有立。其弟子恂恂有規矩，偶適於外，見者不問，而知爲安定弟子，仕於四方，多適於用。此朱子所稱『有道德』『尤賢者』也。後元世祖以許衡爲祭酒，擇蒙古弟子俾教之。衡喜曰：『若輩太璞未雕，視聽專一，置之善類中，涵養數年，必大爲用。』乃徵其弟子王梓、劉季偉等十二人爲齋長，以朱子《小學》諸書授弟子。其爲教，因覺以明善，因明以開蔽。少暇，即習禮，少者令習拜跪揖讓，進退應對。久之，諸生咸知三綱五常爲生人之道，人人自得。後世爲太學師者，若胡與許，庶幾以儒者之學爲教矣。

夫人之氣質不能無偏，習俗不能無壞，所貴乎建學立教者，在矯變其氣稟、習俗之偏弊，歸於中和純粹而已。至於德行道藝，漸次該備，司徒興舉其賢能，通達强立，臻於大成，司馬論辨以官材，則孔子所謂『禄在其中』，而學者惟當以身心性情之不克治爲憂，不可有外心也。若不變其氣稟習俗，而惟教以訓詁、辭章，則雖經師如馬融、戴聖，文詞若楊雄、安石，亦足爲學校之羞，况於以利誘之，使天下之士惟計功謀利之汲汲，豈復有正誼明道之學哉？謂後世人材不能如古，不知非人材之咎，實學校所以教養之者失其道也。

夫學校之所以失其道者，則惟視爲鋪張，治其粉飾太平，姑以網羅天下聰明之士，非實以聖賢之才望之，而又有不得實有道德可爲人師者以居其職，或有其人而末俗，動以道學相詬厲，不免於群然怪吠，使不得安其職而久其任，以迄於有立也。然秉彝好德，根於人心，自有不可泯滅者。古來聖賢之學，孰不欽而慕之？聖賢之教，孰不遵而從之？是在振興之得其人，陶冶之專且久，有以浹洽深入乎人心，庶幾明體達用之士日出，又何慮學之終不如古哉？

天生人而予以四肢百體，凡眩而具者，豈僅塊然之質？必有所以宰乎其質者。故曰：『形色，天性也。』蓋理寓於氣，氣麗於質，理不離乎氣質，是謂形色氣質不離乎理，是謂天性。

《洪範》言：人之五事，應乎天之五行。順天性而五事修，則天之休徵，應肅、乂、哲、謀、聖，所以致時雨、時暘、時燠、時寒、時風之瑞也；逆天性而五事失，則天之咎徵，應狂、僭、豫、急、蒙，所以召恒雨、恒暘、恒燠、恒寒、恒風之灾也。然五事之修失，惟視其敬與不，敬則修；不敬則失。故《九疇》之目，次二曰『敬用五事』，而《曲禮》首曰：『毋不敬，儼若思，安定辭。』所謂修己以敬，即安人，安百姓之本也。蓋貌、言、視、聽，皆形色也。心居中，能思，以爲之主心職。其思，則貌之德恭，言之德從，視之德明，聽之德聰，思之德睿；其用，則恭作肅，從作乂，明作哲，聰作謀，睿作聖。此聖人聲律身度，無形色之非，天性所以踐形惟肖，而建其有極也。

程子云：『惟上下一於恭敬，則天地自位，萬物自育。』果能敬用五事以建極，則驗用庶徵，自致五者之來備，且各以其叙，而庶草無不蕃廡也。劉康公曰：『民受天地之中以生，所謂命也。是以有禮義、動作、威儀之則以定命也。能者養之以福，不能者敗以取禍。』是故若敖伐羅，一舉趾而伯比料師行之必敗；邾、魯相見，一執玉而子貢識二君之死亡。郄伯語犯，犯則陵人，叔迂誣人，季伐掩人，單襄聞三郄之言，而决其有殃；視遠絶誼，足高弃德，言爽反信，聽淫離名，單襄見晉君之容，而知其必禍。夫言必聞表著之位，視不過結襘之中，而單子視下言徐，則叔向又卜其無守氣矣。

在兩漢，五行傳説及五事占應雖不免有所附會，而見於《尚書·洪範》者，其理自不可誣也。曾子曰：『動容貌，斯遠暴慢；正顔色，斯近信；出辭氣，斯遠鄙倍。』此君子所貴之道。而修身之要，爲政之本，必在乎是。初不必屑屑講求於儀文器數之末也。孔子答顔子問仁，曰：『非禮勿視，勿聽，勿言，勿動。』非禮者，己也，形色之私也。克己去私，以復於禮，則皆天性之流行，而仁全矣。顔、曾，孔門高弟，而其體道盡仁之功，初不外乎容貌辭氣、視聽言動之間也。《曲禮》所謂『正爾容，聽必恭』，『毋側聽，毋噭應，毋淫視，毋怠荒』，『視，上於面則傲，下於帶則憂，傾則奸』，此皆所當戒者也。《玉藻》所謂『君子之容舒遲，見所尊者齊遬。足容重，手容恭，目容端，口容止，聲容静，頭容直，氣容肅，立容德，色容莊』，此皆所當法者也。《論語》謂木訥則近仁，以其心不外馳也；巧令則鮮仁，以其致飾於外也。《孟子》謂『耳目之官不思，而蔽於物，物交物，則引之而去』，以其爲小體，不可從也。故睟面盎背，施於四體，動容周旋，無不中禮，盛德之至也。和順積中，英華發外，仁義之人，其言藹如，有德有言也。心兮本虚，應物無迹，操之有要，視爲之，則視遠所以惟明而不蔽於近也。人有秉彝，本乎天性，知誘物化，遂亡其正，聽德所以惟聰而不惑於邪也。威儀爲德之符，習於容止，或少誠實，不根心，何以能生色也？吉人之辭常寡，傷易則誕，傷煩則支，心不定，安能重以舒也？孰視若無睹，回頭錯應人，心不在，則神不宰，斯耳目皆曠其官也。

是以心正而後身可得修，立乎其大而後小不能奪。一身之貌、言、視、聽，咸筦於思，能思而後五事各有其德，而天性全，五德各有其用，而休徵叶。道無不該，而本則在乎修身，其他皆爲瑣節。仁之任重，而功則在乎四目爲之，初不由人。蓋天之所以與人，人之所以承天者，均不外乎此。《詩》曰：『天生烝民，有物有則。』苟具人之形色而亡乎人之天性，則是無則之物，昂然七尺，徒挾空質，以游於世，何以爲人而别於禽獸哉？

紀論

吴白華曰：東安曾氏受一，玩性命之旨者數十年。嘗撰次孔子、孟子，下至宋、元、明諸儒，爲《尊聞録》八卷，以繼往學。又以舉政之暇，舉歷代禮樂政刑治亂得失之大，推本經義，間涉諸史，成《學古録》百數十篇。攬其綱要，而無『叔孫綿蕝』之棼；擷其菁華，而非『舉子《兔園》』之册。以是爲有本之學，亦以是爲有用之文。

引用書目

《漢書》（漢）班固編撰，中華書局，一九六二年
《宋史》（元）脱脱等修，中華書局，一九七七年
《明史》（清）張廷玉等修，中華書局，一九七四年
《明神宗實録》『中研院史語所』校印本，一九六二年
〔萬曆〕《廣東通志》（明）郭棐纂修，日本内閣文庫藏明萬曆三十年刻本
〔康熙〕《廣東通志》（清）金光祖等纂，康熙三十六年刻本
〔道光〕《廣東通志》（清）阮元修，《續修四庫全書》本，上海古籍出版社，二〇〇一年
〔崇禎〕《東莞縣志》（明）張二果、曾起莘纂，楊寶霖點校，東莞市人民政府，一九九五年
〔康熙〕《東莞縣志》（清）郭文炳纂，影康熙刻本，東莞市人民政府，一九九四年

〔康熙〕《新會縣志》（清）賈雒英修，《日本藏中國罕見地方志叢刊》影清康熙二十九年刻本，書目文獻出版社，一九九一年

〔光緒〕《惠州府志》（清）劉桂年修，《中國方志叢書》影光緒七年刻本，成文出版社，一九六六年

《明儒學案》（明）黄宗羲撰，沈芝盈點校，中華書局，二〇〇八年

《粤大記》（明）郭棐纂，《日本藏中國罕見地方志叢刊》影明萬曆間刻本，書目文獻出版社，一九九一年

《西樵游覽記》（清）劉子秀撰，（清）黄亨、譚藥晨補刊，清道光十三年刻本

《西樵志》（清）馬符録編，《西樵歷史文化文獻叢書》本，廣西師範大學出版社，二〇一二年

《韓昌黎文集校注》（唐）韓愈撰，馬其昶校注，馬茂元整理，《中國古典文學叢書》本，上海古籍出版社，一九八六年

《琴軒集》（明）陳璉撰，《東莞歷代著作叢書》影清康熙六十年刻本，上海古籍出版社，二〇一一年

《西樵遺稿》（明）方獻夫撰，《四庫全書存目叢書》影清康熙三十五年刻本，齊魯書社，一九九七年

《渭厓文集》（明）霍韜撰，《四庫全書存目叢書》影明萬曆四年刻本，齊魯書社，一九九七年

《石洞集》（明）葉春及撰，文淵閣《四庫全書》本

《海瑞集》（明）海瑞撰，陳義鍾編校，中華書局，一九六二年